열국지의 재발견

열국지의 재발견

초판 1쇄 인쇄　2021년 4월 27일
초판 1쇄 발행　2021년 5월　6일
－

지은이　김준태
펴낸이　이방원
편　집　조상희 · 김명희 · 안효희 · 정조연 · 정우경 · 송원빈 · 최선희
디자인　손경화 · 박혜옥 · 양혜진　　**영　업**　최성수
－

펴낸곳　세창출판사
　　　　신고번호 제1990-000013호　주소 03736 서울시 서대문구 경기대로 58 경기빌딩 602호
　　　　전화 02-723-8660　팩스 02-720-4579　이메일 edit@sechangpub.co.kr　홈페이지 http://www.sechangpub.co.kr
　　　　블로그 blog.naver.com/scpc1992　페이스북 fb.me/Sechangofficial　인스타그램 @sechang_official
－

ISBN　979-11-6684-019-7　03910

열국지의 재발견

김준태 지음

列國志

齊秦宋楚魏

세창출판사

『열국지』, 정식 명칭 『동주열국지東周列國志』는 상당히 낯선 이름이다. 『삼국지』는 누구나 한 번쯤 읽어 봤을 테고 『수호지』나 『서유기』도 접해 본 사람들이 많겠지만 『열국지』를 들어 본 사람은 드물 것이다. 완독까지 한 사람은 더 말할 것도 없다. 그렇다면 동병상련, 백발백중, 와신상담, 관포지교, 결초보은 등의 고사성어는 어떤가? 대부분 '아, 그거 알아! 가끔 쓰기도 해'라고 생각할 것이다. 이 말들이 『열국지』에서 비롯되었다는 것은 모르더라도 말이다.

　사실 『열국지』는 『삼국지』나 『수호지』 등에 비해 소설적인 재미가 부족하다. 시대 배경이 춘추전국 시대 550여 년에 걸쳐 있고, 등장인물도 수백 명이나 되니 정신이 없다. 어떤 인물에게 애정을 느껴 볼라치면 금방 퇴장해 버린다. 벼슬 이름, 지역 이름, 옛날 용어들도 어렵다. 끝까지 읽어 내려면 상당한 인내심이 필요하다.

그럼에도 불구하고 왜『열국지』에 대해 이야기하려 하는가? 첫째, 풍몽룡과 채원방의 손을 거쳐『열국지』가 다듬어지는 과정에서『사기』,『서경』,『자치통감』,『전국책』,『춘추좌전』,『춘추공양전』등 해당 시대를 다룬 역사서들이 집약되었기 때문이다. 춘추전국 시대는 제자백가諸子百家가 탄생한 시기다. 동아시아 문명의 시원始原과도 같다. 소설과 정통역사서의 장점을 함께 가진『열국지』는 이 시대를 이해하는 좋은 길라잡이가 된다. 둘째, 앞서 소개했다시피『열국지』는 수많은 고사성어의 보고寶庫다. 우리는 이 시대가 만들어 낸 고사성어를 지금껏 사용하면서 알게 모르게 영향을 받아 오고 있다. 따라서『열국지』를 읽는다는 것은 오늘날 우리의 문화 DNA를 확인하는 작업이기도 하다. 셋째,『열국지』에서는 수많은 인물이 수많은 사건을 만들어 낸다. 인간의 원초적인 감정에서부터 인간으로서의 도리, 자기개발, 인간관계, 처세술, 음모와 책략, 외교 전략, 국가 경영과 리더십 등 현대사회에도 교훈을 줄 수 있는 주제가 망라되어 있다. 읽기에 따라서 박제된 고전이 아니라 지금도 생명력을 가진 삶의 지침서가 될 수 있는 것이다.

이 책에는 30가지 주제로『열국지』의 이야기가 정리되어 있다. 대부분 특정한 인물과 그 인물이 상징하는 메시지를 담았다.『열국지』가 워낙 방대하기 때문에, 충분히 중요하지만 빠진 인물도 많을 것이다. 한 가지 메시지에 집중하다 보니 해당 인물의 이야기를 온전히 그려 내지도 못했다. 그러니 이 책은 감히『열국지』의 요약본이 될 수는 없다. 다만 『열국지』에 흥미를 갖고, 『열국지』를 읽어 가는 데 길잡이가 될 수는 있을 것이다.

더불어 이 책은 여러 번역서의 도움을 받았다. 한문 원전을 텍스트로 삼긴 했지만 김구용 선생(솔, 2012)과 김영문 선생(글항아리, 2015)의 『동주열국지』 번역이 없었다면 많이 헤매었을 것이다. 또한 『사기』, 『전국책』, 『춘추좌전』 등의 번역자들께도 깊이 감사드린다. 끝으로, 이 책이 나오기까지 변함없는 사랑과 응원을 보내 주신 부모님과 지영이, 은사 최일범 교수님께 고맙다는 인사를 올리며, 원고를 쓸 때마다 정성껏 읽고 의견을 준 후배 안승현, 연재의 기회를 주셨던 남승률 부국장님, 좋은 책으로 만들어 주신 세창출판사 여러분께도 진심 어린 감사의 인사를 전한다. 여전히 미숙하지만 최선을 다한 시간이 이 책에 스며 있다.

2021년 4월
김준태

이 책에 등장하는 나라들

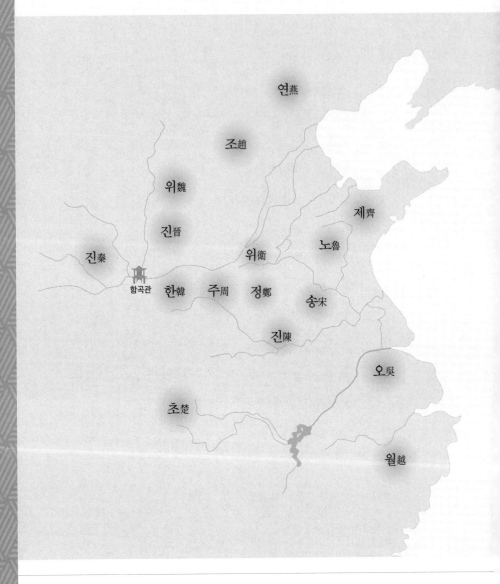

연燕

조趙

위魏

진晉

진秦

함곡관

한韓　주周　정鄭

위衛

노魯

제齊

송宋

진陳

오吳

초楚

월越

🏯 거莒 군주가 삼황오제三皇五帝 중 한 사람인 황제黃帝의 후손이라는 기록도 있고, 역시 오제에 속하는 소호少昊의 후손이라는 기록도 있으나 확실하지 않다. 제나라에 인접해 있던 약소국으로 제나라의 영향을 많이 받았다.

🏯 괵虢 주나라 무왕이 은나라를 멸망시킨 후 아우인 괵숙虢叔과 괵중虢仲을 각각 서괵과 동괵의 제후로 책봉했다. 서괵은 주나라가 동쪽으로 천도할 때 함께 옮겼는데 다시 북괵과 남괵으로 나뉘었다. 4장의 '가도멸괵' 고사에서 '멸괵'은 이 북괵과 남괵을 함께 멸망시킨 것이다.

🏯 노魯 주나라 주공周公이 제후로 봉해진 나라다. 주공은 유교에서 성인聖人으로 추앙받는 정치가이자 동아시아 국가 체제의 교범이 된 『주례周禮』를 정리한 인물로도 알려져 있다. 주공이 나이 어린 조카 성왕成王의 섭정이 되어 국정을 책임지느라 실제 노나라의 군주로 부임한 것은 그의 아들 백금伯禽이다. 주나라의 문명과 예절을 가장 잘 보존한 나라라는 평가를 받지만, 삼환三桓이라 불렸던 계손씨, 숙손씨, 맹손씨 세 가문이 전횡을 휘두르면서 국정이 안정되지 못했다. 공자孔子가 노나라 출신이다.

🏯 등滕 주나라 무왕이 은나라를 멸망시킨 후 아우인 착숙錯叔 수繡를 봉해 세워진 나라다. 기원전 414년 월나라에 의해 무너졌으나 다시 세워졌다가 기원전 296년 송나라 강왕康王에게 완전히 멸망당했다.

🏯 송宋 주나라가 은나라를 멸망시킨 후, 은나라의 마지막 임금 주왕紂王의 이복형 미자계微子啓를 제후로 봉한 나라다. 미자계는 비간, 기자와 더불어 은나라

말기 세 명의 현자賢者로 꼽혔는데, 주왕의 폭정에 간언하였지만 소용이 없자 달 아났다. 주나라가 미자계를 공작公爵으로 삼아 은나라의 제사를 이어 갈 수 있도록 배려한 것은, 전前 왕조 세력을 포섭하기 위한 조치다. 이후 미자계가 자식을 남기지 못하고 죽자 송나라는 미자계의 동생인 미중연의 후손들이 이어 갔다. 5장에서 다룰 양공은 송나라의 20대 군주이다. 기원전 286년 송나라 군주의 폭정을 응징해야 한다는 명분으로 쳐들어온 제나라, 위나라, 초나라 3국 연합군에 의해 멸망했다.

🔔 연燕　주나라 무왕武王의 아우 소공召公이 봉해진 나라다. 소공은 주공과 더불어 주나라의 천하가 안정되는 데 크게 기여하였다. 조선 세종 때 강원도 백성 구휼에 큰 공을 세운 황희를 기린 대臺의 명칭이 '소공대召公臺'일 정도로, 백성을 위해 헌신한 정치가를 대표하는 인물이다. 연나라 말기 세자 단丹이 자객 형가荆軻를 보내 진시황의 암살을 시도한 사건이 유명하다. 기원전 222년 진나라에 의해 멸망했다.

🔔 오吳　주나라 태왕太王 고공단보古公亶父가 훌륭한 왕재王才를 가진 손자 창昌에게 보위를 물려주고 싶어 하자, 태왕의 장남인 태백泰伯과 차남인 중옹仲雍은 창의 아버지 계력季歷에게 왕위를 양보하고 남쪽 땅으로 숨었다. 그곳에서 세운 나라가 오나라로, 태백이 처음 군주가 되었으나 자식이 없어서 중옹이 대를 이었다. 훗날 왕이 된 창(문왕)이 정식으로 제후에 봉했다. 합려와 부차에 이르러 크게 번성하였는데, 부차가 살려 준 월나라 왕 구천에 의해 멸망당한다.

🏯 우虞　주나라 무왕이 은나라를 멸망시킨 후 고공단보의 고손자 우중虞仲을 봉한 나라이다. 백리해가 처음 관직생활을 했던 나라로, 진晉나라의 가도멸괵假道滅虢에 속아 망했다.

🏯 월越　하나라의 임금 소강少康의 서자 무여無餘가 봉해진 나라로, 하나라의 시조 우왕의 제사를 받들어 왔다. 중원의 여러 제후국들과는 한발 떨어져서 독자적인 세력을 구축했으며, 오나라와는 사이가 좋지 않아 오월동주吳越同舟 등의 고사성어를 낳기도 했다. 구천이 왕으로 있을 때, 부차에게 크게 패하였으나 치욕을 감내하고 복수에 성공, 오나라를 멸망시켰다. 구천이 죽은 후에는 국력이 약해졌으며 초나라의 공격을 받아 멸망당했다.

🏯 위衛　주나라 무왕의 동복 막냇동생인 강숙康叔이 봉해진 나라다. 뒤를 이은 군주들이 변변치 못하였고 북쪽 유목민족(北狄)의 연이은 침략을 받아 국력이 쇠약해졌다. 진秦나라의 속국으로 전락한다.

🏯 위魏　진晉나라가 유력 가문인 한씨, 조씨, 위씨에 의해 셋으로 나뉘면서 세워진 나라다. 16장에서 소개할 초대 군주 문후文侯 대에서부터 곧바로 강국으로 떠올라 '전국칠웅戰國七雄'의 반열에 올랐다. 하지만 내부의 권력투쟁과 지나친 영토 확장 전쟁으로 인하여 국력이 쇠퇴하였고 뛰어난 인재들을 알아보지 못하는 어리석은 모습을 보였다. 20장의 위앙과 21장의 손빈, 28장의 범수가 모두 위나라에서 쓰이지 못한 인재들이다. 기원전 225년 진秦나라에게 멸망당한다.

🏛 은殷 상商나라라고도 부른다. 유학儒學에서는 하夏·은殷·주周 삼대를 왕도王道가 펼쳐졌던 이상국가로 상정한다. 은나라의 건국자인 탕왕湯王도 요堯임금과 순舜임금, 하나라의 건국자 우왕禹王, 주나라의 천하통일을 이끈 문왕文王·무왕武王·주공周公과 함께 성인聖人의 반열에 올라 있다. 탕왕은 폭정을 휘두른 하나라의 걸왕桀王을 끌어내리고 천자天子의 자리에 올랐는데 은나라의 마지막 왕 주왕紂王이 다시 포악한 정치를 펼치면서 주나라의 무왕에게 멸망당했다.

🏛 정鄭 주나라 선왕宣王이 아우 우友를 봉한 나라로 기원전 375년 한韓나라에 의해 멸망당했다. 정나라의 시조 우(환공)는 정세를 살피는 눈이 탁월하여 주나라의 쇠약을 예견하고 주나라가 약해진 후에도 명맥을 이어 갈 수 있는 땅을 찾아 나라를 옮겼다고 한다. 대부분의 시기를 약소국으로 보냈고 특히 진晉나라와 초나라라는 강대국의 영향력 아래에 놓였다. 다만 9장에서 다룰 자산子産의 집정 기간 동안에는 열국과 어깨를 나란히 할 정도로 부강했다.

🏛 제齊 춘추 시대와 전국 시대에 걸쳐 강국으로 존재했다. 무왕을 도와 주나라가 천하를 통일하는 데 큰 공을 세운 강태공姜太公이 제후로 봉해진 나라이며, 춘추 시대의 첫 패권 국가였다. 교통의 요지이자 소금, 철 등 각종 물산物産이 풍부했고, 관중, 안영, 손무, 손빈 등 수많은 인재를 배출했다. 원래는 강씨의 나라였으나 강력한 세도가이자 재상이었던 전화田和가 왕위를 찬탈하였다. 이 시점이 춘추 시대와 전국 시대의 분기점과 거의 비슷한데, 각각 강제姜齊와 전제田齊로 부르기도 한다. 진시황에게 멸망당했으며 제나라의 마지막 왕은 비참하게 굶어 죽었다.

🏯 조趙   전국 시대 주요 7국(전국칠웅)의 하나로 6장에 등장하는 진晉나라 문공의 신하 조최의 후손이 세웠다. 진나라의 신하였던 열후烈侯 조적趙籍이 한씨, 위씨 가문과 손을 잡고 진나라를 무너뜨린 후 영토를 삼분하여 나누어 가졌다. 역사에서는 이때부터 '전국 시대'가 시작되는 것으로 본다. 25장에서 다룰 무령왕 대에 전성기를 누렸으며, 염파, 인상여, 이목, 평원군 등 많은 인재를 배출했다. 기원전 222년 완전히 멸망하였는데, 부귀영화의 덧없음과 인생의 허무함을 뜻하는 '한단지몽邯鄲之夢'이라는 고사성어에서 '한단'이 바로 조나라의 수도다.

🏯 조曹   주나라 무왕이 아우 숙叔 진탁振鐸을 봉해 세워진 나라다. 국력이 약해서 툭하면 다른 제후국들의 침략 대상이 되었고, 기원전 487년 송나라를 공격했다가 오히려 송 경공景公에게 멸망당했다.

🏯 주周   은나라의 뒤를 이어 중원을 지배한 국가로, 문왕에 의해 나라의 기틀이 확립되었으며 무왕 대에 이르러 천자天子의 나라가 되었다. 『주례周禮』라는 책을 통해 확인할 수 있는 주나라의 제도와 예법, 질서는 이후 동아시아 문명에 큰 영향을 끼친다. 그런데 주나라는 중앙 집권 국가로서의 역량을 갖추지 못했기 때문에 대신 봉건제도를 채택하였고, 책봉된 제후들의 힘이 강해지면서 왕실의 권위가 점차 약화되었다. 그리하여 동주東周 시대에 오면 주나라의 존재는 유명무실해진다. 그나마 춘추 시대에는 주나라 천자가 존중을 받았으나 전국 시대가 되면서 누구도 거들떠보지 않는 존재로 전락해 버렸다. 진시황의 아버지 장양왕의 공격을 받아 멸망했다.

🏯 주邾   중국 고대 전설상의 군주 전욱顓頊의 5대손인 안안晏安이 시조로 알

려져 있다. 안안의 5대손 조협曹挾이 봉해진 나라다. 전국 시대에는 나라 이름이 추鄒나라로 바뀌었다. 맹자의 고향이기도 하다.

🏯 중산中山 백적白狄 부족의 씨족인 선우씨鮮虞氏 계열이 세운 나라다. 위나라 와 조나라의 공격을 받아 멸망했다.

🏯 증鄫 하나라의 후예 곡렬曲列이 봉해진 나라다. 기원전 567년 거나라에게 멸망당했다.

🏯 진陳 순舜임금의 후손인 호공胡公 만滿이 봉해진 나라다. 초나라에게 멸망 되었다. 그런데 이 진나라 왕실의 후예가 성을 전田씨로 바꾸고 제나라로 이주 하여 제나라의 왕위를 찬탈한다. 이 때문에 전국 시대의 제나라는 전씨 가문의 제나라, 즉 '전제田齊'라고 불린다.

🏯 진晉 주나라 성왕이 동생 숙우叔虞를 당唐 땅의 제후로 봉했는데 숙우의 아 들 섭燮이 진수晉水에 거주하게 되면서 진나라로 불리게 되었다. 문공文公 때 패자 霸者가 되면서 춘추 시대의 강대국으로 떠올랐고, 도공悼公과 같은 뛰어난 군주 를 배출하기도 했지만, 이 두 사람을 제외하면 대부분 무능하고 탐욕스러운 군 주가 보위를 이으면서 국력이 크게 약화되었다. 결국 신하였던 위씨, 한씨, 조씨 에 의해 멸망당하게 된다. 위·조·한이 진나라에서 비롯되었으므로 이 세 나라 를 '삼진三晉'이라고 부르기도 한다.

🏯 진秦 춘추 시대와 전국 시대에 걸쳐 모두 강한 국력을 가지고 있었던 나라

는 제나라와 초나라, 그리고 이 진나라 정도다. 하나라 우왕 때의 명재상 백익伯益이 시조 격으로, 백익은 우왕의 치수사업을 도운 공로로 영嬴씨 성을 하사받았다. 그의 후손인 진비자秦非子가 주나라 효왕에 의해 진읍秦邑에 봉해져 서융西戎을 방어하는 임무를 맡았고, 기원전 771년 주나라 평왕의 낙읍 천도를 호위한 공로를 인정받아 정식으로 제후국이 되었다. 그 후 4장에서 소개할 목공穆公이 백리해百里奚를 등용하여 번영의 기틀을 닦았으며, 전국 시대 후반부에는 법가法家사상을 채택하여 초강대국으로 떠오른다. 이 진나라의 시황제가 전국 시대를 끝내고 천하를 통일한다.

🏯 초楚 남방의 양자강 일대를 통치했던 나라로 다른 제후국들과는 결을 달리한다. 사마천의 『사기史記』에 따르면 초나라는 중국 전설상의 군주인 삼황오제三皇五帝 중 고양씨高陽氏 전욱顓頊의 후예라고 한다. 전욱의 증손자인 오회吳回가 불을 관리하는 관직인 '축융祝融(훗날 불의 신이라고 불린다)'의 자리에 있었는데, 오회의 여섯째 아들 계련季連이 초나라의 시조가 되었다는 것이다. 계련의 후손 웅역熊繹이 주나라 성왕 때 제후로 봉해졌다고 기록되어 있다. 하지만 다른 제후국들이 주나라 왕실을 떠받들 때부터 '왕王'을 자칭했고, 주나라 소왕이 초나라 정벌에 나선 것 등으로 볼 때, 독자 노선을 걸었던 것으로 보인다. 이민족 국가로 출발했다가 후에 중국 문명에 편입되었을 확률이 높다. 다른 제후 국가들에게 '미개한 나라'라는 뜻의 형초荊楚, 형만荊蠻이라 불리며 무시당하는 일이 많았다. 초나라 장왕 때 패자霸者가 되었으며 훗날 진시황에게 멸망당했다. 항우가 군사를 일으킬 때 바로 이 초나라 부흥의 기치를 내걸었다.

🏯 하夏 순임금으로부터 보위를 물려받은 우왕이 세운 나라다. 세습군주제

가 시작되었으며 '하상주단대공정夏商周斷代工程'을 통해 기원전 2070년경 건국된 것으로 추정하고 있다. 사마천의 『사기』 등 역사서에 하 왕조의 군주별 사건들이 상세히 기록되어 있기 때문에 실존했던 왕조로 믿어지나, 고고학적인 측면에서는 아직 입증되지 않았다. 하나라의 마지막 임금 걸왕桀王은 은나라의 마지막 임금 주왕紂王과 함께 중국 역사의 대표적인 폭군으로 꼽힌다.

🏯 한韓 진晉나라의 유력 가문이었던 한씨 집안이 위씨, 조씨와 함께 진나라를 셋으로 나누어 가진 다음 세운 나라다. 신불해申不害를 등용하여 한때 강대국으로 부상했지만, 서쪽의 진나라와 남쪽의 초나라로부터 집중 압박을 받으면서 국력이 쇠약해졌다. 유명한 법가 사상가 한비자韓非子가 한나라 출신이다. 진시황에게 제일 먼저 멸망당했다.

열국지의 재발견

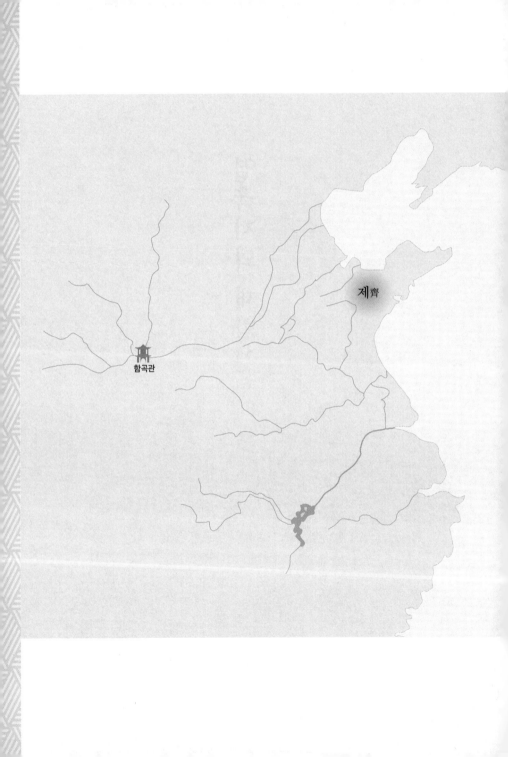

1장

강태공의 기다림

이 책의 소재는 『열국지』에 등장하는 인물과 일화이다. 다만 첫 장만큼은 부득이하게 예외로 해야 할 것 같다. 동주東周[1] 시대의 핵심 국가이자 앞으로의 이야기에서 빼놓을 수 없는 제齊나라의 출발을 소개할 필요가 있기 때문이다. 따라서 주나라 문왕과 무왕을 도와 천하를 통일한 일등공신이자 제나라의 시조가 된 인물로부터 이야기를 시작하려고 한다.

우선 질문을 하나 해 보자. 꿈을 이룰 수 있을 때까지, 혹은 꿈을 이룰 수 있는 기회가 주어질 때까지 몇 년이나 기다릴 수 있을까? 1년? 5년? 최대 10년? 만약 언제까지 기다려야 하는지 알 수 있고, 또 성공한다는 보장만 있다면 설령 오랜 시간이 걸린다 하더라도 참아 낼 수 있을 것이다. 하지만 기약 없는 기다림 앞에서 흔들리지 않고 버틸 수 있는 사람은 드물다. 단 몇 년도 버거울지 모른다. 기다리다 지쳐서 포기하고 결국에는 다른 길을 찾아 나서게 되는 것이다. 그런데 여기 무려 72년이나 '때'를 기다렸던 사람이 있다. 배를 곯는 날이 허다했고 생활고를 견디다 못한 아내는 집을 나가 버렸지만, 조용히 실력을 키우며 미래를 준비한 사람이 있다. 당시 사람들의 평균수명을 두 배 이상 넘겼을 정도로 늙어 갔어도 마음속에 품은 꿈을 끝내 포기하지 않았다. 오늘날 낚시꾼의 대명사로 쓰이고 있는 이름, '강태공'[2]의 이야기다.

강태공의 본명은 강상姜尙이다. 선조가 여呂 땅을 식읍食邑[3]으로 받았다고 하여 여상呂尙이라고도 불린다. 주나라 문왕이 강태공을 초빙하면서 선왕 태공太公이 바라던(望) 성인聖人이라고 불렀기 때문에 '태공망太公望'이라는 이름도 얻었다. 그는 일흔두 살이 될 때까지 매우 가난하게 살았다고 한다. 극진棘津이라는 나루터에서 지내며 하는 일이라고는 독서와 낚시뿐이었다. 그렇다고 물고기를 잡아다가 살림에 보탠 것도 아니다. 그가 드리운 낚싯대에는 바늘이 없었다고 한다. 바늘이 있었지만 곧게 펴져 있었다는 말도 있다. 어느 쪽이든 물고기를 낚는 일에는 관심이 없었던 것이다. 강태공이 낚시터에서 기다린 것은 물고기가 아니라 '때'였다. 자신을 알아주는 사람을 만나고, 자신의 능력을 마음껏 펼칠 수 있는 그런 시간 말이다. 그는 그 '때'를 낚기 위해 무려 72년의 세월을 기다린 것이다.

더구나 강태공이 평생을 숨어 살았다고 하여 무명의 은둔 선비였던 것 같지는 않다. 능력이 없어서 70여 년 동안 백수로 지낸 것은 아니라는 말이다. 일찍이 은나라 주왕을 섬겼지만 주왕이 바른 도리를 행하지 않아 떠났다는 설도 있고, 맹자에 의하면 당시에 이미 '천하의 큰 어른(大老)'으로 존경받았다고 한다. 그의 명망은 이미 알 사람은 다 알았던 상황이었을 수 있다. 마음만 먹으면 얼마든지 출세할 기회가 있었지만 아직 때가 이르지 않았다고 판단했기 때문에 궁핍한 생활을 감내하며 세상과 인연을 끊은 것이다.

주나라 문왕과 강태공의 첫 만남도 이러한 맥락에서 이해할 수 있다. 어느 날 문왕이 사냥을 나가려 하자 점쟁이가 이런 점괘를 주었다고 한다. "이번 사냥에서 사로잡을 것은 용도 아니고 이무기도 아니며 호랑이도 아니고 곰도 아닙니다. 임금을 보좌할 신하를 얻게 될 것입니다." 이 말을 듣고 사냥길에 나선 문왕이 도중에 강태공을 만났다는 것이다. 강태공과의 조우를 초월적인 계시에 의한 것처럼 묘사하고 있지만, 실상 강태공의 소문을 들은 문왕이 그를 찾아간 것이라고 보아야 한다. 아무튼 두 사람은 깊은 이야기를 나눈 끝에 의기투합했는데, 문왕은 "나의 선왕인 태공께서는 생전에 '성인이 주나라에 나타나게 되면 주나라가 그로 인하여 크게 흥성할 것'이라고 말씀하셨습니다. 선생이 정녕 그 성인이 아니십니까? 선생을 기다린 지 오래되었습니다"라며 기뻐했다고 한다.

그 후 강태공은 문왕의 재상이 되었고 뒤이어 보위에 오른 무왕까지 계속 섬기며 탁월한 능력을 발휘했다. 여든 살을 넘긴 뒤에도

대진(戴進), 〈위빈수조
도(渭濱垂釣圖)〉, 비단
에 수묵담채, 139.6×
75.4cm, 대만 국립고
궁박물원 소장.

임금을 훌륭히 보좌하고 신하들을 이끌며 주나라가 천하를 통일하도록 만들었다. 사마천이 "후세에 용병술과 권모를 말할 때 태공을 모범으로 삼는다"라고 평가할 정도로 그의 활약은 눈부셨다. 당시 인구를 감안했을 때 신빙성이 떨어지는 내용이긴 하지만, 4만 5천 명의 병력으로 은나라 72만 대군을 격파했다는 일화까지 전해 온다. 그는 그 공로로 동쪽 제나라 땅을 다스리는 제후에 봉해졌는데, 길쌈을 장려하고 생선과 소금을 유통시켰으며, 인적·물적 교류를 활성화하여 나라를 부강하게 만들었다고 전해진다. 관중과 안영 등 명재상을 배출하며 중국 문명에 큰 영향을 끼친 제나라의 시작이다.

만약 강태공이 중간에 포기했다면 어떻게 되었을까? 보다 쉬운 삶을 선택하였다면, 언제 올지 모를 '자신의 시간'을 기다리지 못한 채 섣불리 세상으로 나갔다면, 역사는 지금과는 다른 모습이지 않았을까? 그 오랜 세월을 견뎌 내며 자신이 쓰일 때를 기다리고 준비했기 때문에 '강태공'이라는 이름이 지금까지도 회자되고 있는 것이다.

끝으로 남은 이야기 하나. 생활고를 견디다 못해 도망간 강태공의 아내는 그가 재상이 된 후 다시 그를 찾아왔다. 한참 아내를 바라보던 강태공은 갑자기 옆에 있던 물잔을 엎었다. "이 물을 다시 담을 수 있겠소?" 당황해하는 아내에게 강태공은 말한다. "한번 쏟은 물을 다시 담을 수 없듯 그대도 한번 떠났으니 다시 돌아올 수 없소." 이미 저지른 일이니 되돌릴 수 있을 거라고 기대하지 말라는 것이었다. '복수불

반분覆水不返盆'이라는 고사성어가 여기서 유래했다.

그런데 짚고 넘어갈 것이 있다. 어쨌든 강태공은 수십 년 동안 가장으로서의 책임을 다하지 못했다. 그러니 아내가 얼마나 고달팠을까? 남편이라고 있는 사람이 집안 생계는 나 몰라라 하고 때를 기다린다며 낚시질이나 하고 있었으니 말이다. 그나마 물고기도 잡아 오지 못하고. 견디고 견디다 못해 도망을 간 것은 충분히 이해할 만하다. 물론 버리고 떠났으면 끝이지 이제와 남편이 잘나가자 다시 찾아온 아내의 행동이 잘했다는 것은 아니다. 다만 강태공의 대응은 속이 좁은 면이 있다. 받아들여 주지는 않더라도 한때나마 자신의 생계를 대신 책임져 주었던 아내에게 보답은 해야 하지 않는가 말이다. 그래서일까? 중국의 고전신화소설『봉신연의封神演義』에 보면 강태공이 아내를 신선神仙의 말석에 봉해 주는 장면이 나온다.[4] 강태공의 행동에 대한 민중의 아쉬움이 이런 식으로 투영되었는지도 모르겠다.

1) 기원전 771년 견융의 침입으로 주나라는 수도를 호경에서 낙읍으로 옮겼다. 이를 기준으로 이전 시대를 '서주(西周)', 이후 시대를 '동주(東周)'라고 부른다. 동주 시대부터 주나라 천자의 힘이 약해지고 제후들의 권력이 강화되었는데 소위 말하는 '춘추전국 시대'의 시작이다. 『열국지』도 이 시점부터 시작한다. 그래서 『열국지』를 다른 말로 '동주(東周) 열국지'라고 부르는 것이다.

2) 여기서 '공'은 단순한 높임의 표현이 아니라 '공작(公爵)' 작위를 말한다. 춘추전국 시대에는 공작-후작(侯爵)-백작(伯爵)-자작(子爵)-남작(男爵)의 오등작(五等爵)이 시행되었는데 왕족이나 공적이 뛰어난 사람들에게 내려졌다. 시대별로 9등작, 11등작, 12등작 등 다양한 모습으로 운영되었으나 이 '공후백자남' 체계가 기본이 된다. 이 책에 등장하는 제나라 환공(桓公), 진나라 문공(文公) 등은 '공작'의 작위를 받은 것이고, 위나라 문후(文侯)는 '후작'에 봉해진 것이다. 이 책에 나오지는 않지만 노나라에서 공자와 대립했던 인물이 '계환자(季桓子)'인데 여기서 '자'가 자작을 뜻한다.

3) 나라에서 왕족이나 공을 세운 신하에게 하사하는 땅으로, 해당 토지에 대한 수조권(收租權)과 인력 징발권을 행사할 수 있다. 세부 운영은 시대나 나라에 따라 달랐기 때문에 일반화해서 설명하기는 어렵다. 녹읍(祿邑)과의 차이는 녹읍이 특정 관직에 대한 봉록 개념이라면, 식읍은 관직과 상관없이 받는 것이다.

4) 강태공(강자아)은 『봉신연의』의 주요 인물 중 하나다. 『봉신연의』는 은나라와 주나라 간 천하를 둘러싼 쟁패에 신선과 요괴들을 대거 개입시키고 있다. 주나라가 은나라를 멸망시킨 후, 강태공은 하늘로부터 지상의 신(神)들을 책봉할 수 있는 권한을 받았는데, 이때 아내에게도 작은 신의 지위를 주었다는 것이다.

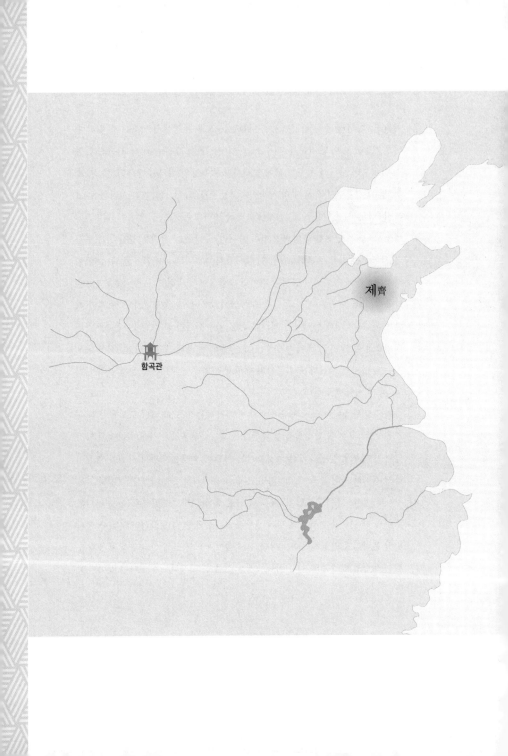

2장

포숙아의 처신

친구 간의 변치 않는 믿음과 우정을 가리키는 고사성어 '관포지교管鮑之交'의 주인공인 관중管仲과 포숙아鮑叔牙. 일찍이 사마천은 춘추 시대 제나라의 명재상 관중의 열전을 지으며 "세상 사람들은 관중의 현명함을 칭송하기보다는 사람을 알아보는 눈을 가진 포숙아를 더 찬미하였다"라고 적었다. 하지만 실제로 역사의 주목과 찬사를 받은 것은 관중이지 포숙아가 아니다. 『관자管子』[1]라는 책과 함께 제자백가의 반열에 오르고, 공자로부터 "관중이 없었다면 우리는 머리를 풀고 옷깃을 왼편으로 하는 오랑캐가 되었을 것이다"라는 평가를 받았으며, '관갈管葛(관중과 제갈량)'이라는 단어가 만들어질 정도로 명재상의 대명사가 된 것은 어디까지나 관중이었다. 관포지교에 얽힌 일화를 제외한다면 포숙아는 철저히 잊혀 있었다.

　그러나 포숙아는 단순히 관중의 친구나 조연으로 치부될 인물이 아니다. 관중으로부터 "나를 낳아 준 사람은 부모이며 나를 알아주는 사람은 포숙아다"라는 찬탄을 들어서가 아니다. 그의 안목 자체가 관중을 능가하는 면이 있다. 이는 그가 주군을 선택하고 군주로 옹립하는 과정에서 잘 드러난다.

　당시 제나라 임금 희공僖公에게는 제아諸兒, 규糾, 소백小白이라는 세 아들이 있었다. 이 중 적장자 제아가 보위를 이어 양공襄公이 되었는데 자식이 없었던 그는 이복동생인 규와 소백을 후계자로 키우기 위해 사부를 정해 이들을 보좌하게 했다. 이때 관중이 형인 규의 스승이 되고 포숙아는 동생인 소백의 스승이 된다. 그런데 양공은 노나라 환공桓公에게 시집을 간 이복 누이동생 문강文姜과 남녀관계를 맺는 등 음탕하여 문제가 많은 군주였다. 이를 본 포숙아는 소백에게 "제가 들으니 괴상하고 음탕한 사람에게는 반드시 재앙이 뒤따른다고 하였습니다. 저는 공자公子2)와 함께 다른 나라로 가서 후일을 도모하고 싶습니다"라고 하였다. 그러고는 소백과 함께 인근에 있는 거莒나라로 떠난다. 거나라가 소백의 외가인 이유도 있었지만 무엇보다 제나라와 가까워서 무슨 일이 생기면 즉시 돌아올 수 있는 위치였기 때문이다.

　양공에게 재앙이 닥칠 것이라는 포숙아의 예언은 얼마 지나지 않아서 실현되었다. 양공이 사촌 공손무지公孫無知에게 시해당한 것이다. 생명의 위협을 느낀 관중도 주군인 규를 모시고 규의 외가인 노魯나라로 피신하였는데, 이때 제나라와의 거리 차이가 소백과 규의 운명을 바꾸게 된다. 신하들의 반발로 공손무지가 죽음을 맞자 비어 있는 보위를 놓고 경쟁하는 과정에서 소백이 조금 더 빨리 귀국한 것이다. 이 와중에 포숙아가 관중과 무력으로 맞서고, 관중이 소백의 행보를 저지하기 위해 그에게 화살을 쏘아 날린 일들이 벌어졌다.[3]

제나라에 도착한 포숙아는 규와 소백 사이에서 주저하는 신하들을 설득했다. "소백이 먼저 도착하셨다는 것은 하늘의 뜻이 어디에 있는지를 보여 주는 것입니다. 더구나 규 공자가 임금이 되신다면 어찌 되겠습니까? 규 공자의 외가인 노나라가 이를 기화로 우리에게 사사건건 간섭할 것입니다. 이를 감당할 수 있겠습니까?" 형인 규가 명분에서 우위를 가지고 있었지만 국익이라는 실리를 내세움으로써 소백의 옹립을 정당화한 것이다. 이 소백이 바로 춘추 시대의 첫 번째 패자霸者[4] 제환공齊桓公이다.

포숙아는 이어서 규를 제거하고자 나섰다. 규를 제나라의 임금으로 만들겠다며 쳐들어온 노나라 대군을 격파했고, 노나라에는 반역자인 규를 죽이라고 요구했다. 노나라 군주 장공은 제나라의 보복을 피하기 위해 결국 규를 처형하고 만다. 그런데 이때 포숙아는 습붕隰朋을 사신으로 보내며 어떻게든 관중을 살려 데려오라고 신신당부했다고 한다. 관중의 능력을 눈여겨본 노나라가 그를 보내기를 꺼려 했지만 "관중은 우리 임금을 시해하려 한 원수입니다. 임금께서 그 원한이 골수에 사무쳐 친히 관중의 목을 베고 싶어 하십니다"라는 이유를 내세워 압송토록 했다.

그리하여 관중이 제나라로 압송되자 포숙아는 국경까지 나아가 그를 마중했다. 포숙아는 관중의 결박을 풀어 주며 함께 일하자고 권유한다. 관중이 주군 규와의 의리를 저버릴 수 없다며 주저하자,[5] 포숙아는 "큰일을 하는 자는 조그만 일에 신경을 쓰지 않는 법이며, 큰 공을 세우는 자는 조그만 절개 때문에 목숨을 버리지 않는 법이네. 하물며 자네는 천하를 다스릴 수 있는 인재가 아닌가. 필부의 절개 때문에 대업을 저버리지 마시게"라고 설득했다. "나에게 활을 쏜 것을 생각하면 그의 살을 씹어 먹어도 시원치가 않다"라며 관중의 등용을 반대했던 환공에게도 "관중은 당대 최고의 인재입니다. 그를 등용하시면 주군에게 천하를 가져다줄 것입니다"라며 적극 추천한다.

나아가 포숙아는 자신의 자리까지 관중에게 양보했다. 환공이 그를 재상에 임명하려 하자 "신은 매사에 삼가고 조심할 뿐이니 그저 예에 따라 법을 지키는 일이나 맡을 정도의 그릇입니다. 이는 신하라면 누구나 할 수 있는 일입니다. 나라를 다스리는 큰 임무를 감당하기에는 부족합니다"라며 고개를 저었다. "임금께서 제나라의 주인이 되는 것에 만족하신다면 소신으로 충분하겠습니다만 천하의 패자가 되고자 하신다면 반드시 관중을 등용하셔야 합니다"라고 말했다는 기록도 있다. 현재의 수준을 유지하고 국정을 안정시키는 일 정도라면 자신이 할 수 있겠지만, 나라를 크게 성장시켜 천하를 제패하도록 이끌기에는 역부족이라는 것이다.

그러면서 포숙아는 이렇게 말한다. "신이 관중만 못한 것이 다섯 가지가 있습니다. 우선, 백성에게 너그럽고 부드럽게 은혜를 베풀어야 하는데 저는 그만 못합니다. 둘째, 국가를 다스리려면 그 근본을 굳건하게 만들어야 하는데 저는 그만 못합니다. 셋째, 충성과 믿음으로써 백성을 단결시켜야 하는데 저는 그만 못합니다. 넷째, 예의禮義를 확립하여 세상에 펼쳐야 하는데 저는 그만 못합니다. 마지막으로 군사들을 격려하고 지휘하여 용감하게 싸우고 물러서지 않도록 해야 하는데 저는 그만 못합니다."

포숙아의 설명을 들은 환공이 고개를 끄덕이며 관중을 불러오라고 하자 포숙아는 말을 덧붙였다. "평범하지 않은 사람에게는 평범하지 않은 예로써 대우해야 하는 법입니다. 인재를 가볍게 대하면 임금 또한 가벼워집니다. 관중을 아버지나 형을 대하는 것처럼 영접하십시오. 주공께서는 원수일지라도 어질면 존경하고, 능력이 있으면 무겁게 쓴다는 소문이 널리 퍼질 것입니다. 그리되면 천하의 뛰어난 인재들이 앞다퉈 우리 제나라에서 일하고 싶어 할 것입니다."

흔히 자신의 목숨을 노린 원수를 용서하고 중용한 환공의 용인술을 높게 평가한다. 물론 쉽지 않은 결단이었다. 하지만 환공이 그와 같은 결정을 하게 된 직접적인 이유는 다른 누구도 아닌 포숙아의 권유 때문이었다. 자신을 임금으로 만들어 준 일등공신이며 가장 믿고 의지하는 포숙아가 강력히 추천을 하니, '어디 한번 시험이나 해 보자'라는 심정으로 관중을 등용했을 가능성이 높다. 게다가 임금에게는 원래 사적인 감정보다는 공익을 우선해야 한다는 도덕적 의무 기제가 있다. 현명한 임금이라면 그 사람의 과거가 어떠했느냐, 그 사람과 나의 관계가 어떠하냐보다는 그가 앞으로 자신에게 도움이 될지 안 될지를 따진다. 환공도 그러했던 것이고, 당나라 태종이 자신을 죽이려 한 위징을, 조선의 세종대왕이 자신의 보위계승을 끝까지 반대한 황희를 재상으로 삼았듯이 이러한 사례는 역사 속에서 드물지 않게 발견된다.

그러나 '신하'인 포숙아는 다르다. 주어진 임무를 충실히 수행하면 될 뿐, 자신을 희생하면서까지 다른 신하에게 기회를 양보할 필요는 없다. 포숙아라고 임금을 도와 나라를 훌륭히 다스리고 천하를 경영하고 싶은 포부가 없었을까? 앞서 살펴보았듯이 그는 결코 능력이 모자라지 않았다. 관중만은 못했더라도 적어도 평균 이상은 되었을 것이다. 그럼에도 그는 나라와 주군을 위해 더 나은 선택지를 제공하며 미련 없이 양보하는 용단을 내린 것이다.

이러한 포숙아의 선택은 두 가지 측면에서 생각해 볼 수 있다. 우선 그는 자신의 단점을 잘 알고 있었다. 관중은 죽기 직전에 후임자로 포숙아가 어떻겠냐는 환공의 질문을 받자 "포숙아는 군자여서 정치를 하는 데 한계가 있습니다. 그는 선악善惡을 대하는 태도가 지나치게 분명합니다. 물론 선을 좋아하는 것은 좋은 일입니다. 문제는 작은 악이라도 못 견뎌 하는 것입니다. 어떤 사람이 한 번 나쁜 짓을 하면 포숙아는 평생 그 사람을 미워합니다. 이러니 누가 그 밑에서 견뎌 낼 수 있겠습니까?"라고 대답했다. 이 말은 들은 포숙아는 "관중은 나라에 충성할 뿐 내가 친구라 해서 나랏일을 잘못 판단하지 않는다"라며 공감했다고 한다. 다른 하나는 포숙아가 관중을 추천할 때 한 말 속에 있다. 만약 자신이 재상이 되면 그저 임금의 핵심 측근이 재상이 되는 것이다. 하지만 임금의 원수인 관중이 재상이 되면 '제나라 임금은 어질고 능력만 있으면 자신의 원수라 해도 용서하고 귀하게 쓴다'는 평가를 얻게 된다. 그리되면 훌륭한 인재들이 너도 나도 몰려들 거라는 것이다. 이는 자신의 역량을 객관적으로 평가하고 대신 최적임자를 추천했을 뿐 아니라 장기적인 인재 수급까지 고려한 판단이었다.

이후 포숙아는 관중을 도와 가며 묵묵하게 조정을 지켰다. 관중에 비한다면 미미한 비중이지만 조정에서 없어서는 안 될 역할을 했다. 환공의 월권을 지적하고 관중의 잘못을 비판하는 등 간언諫言[6]을 담당한 것이다. 관중이 죽고, 뒤이어 관중이 지명한 후계자인 습붕이 죽은 후에야 포숙아는 재상이 되었는데, 이도 환공의 간곡한 권유를 뿌리칠 수가 없었기 때문이다. 그런데 이때 포숙아는 자신이 재상을 맡는 조건으로 역아易牙·수초竪貂·개방開方 세 사람을 내쫓으라고 요청했다. 역아는 사람고기를 먹어 본 적이 없다는 환공의 말에 자신의 어린 아들을 삶아 바친 인물이고, 수초는 환공을 모시고 싶다며 스스로 거세하여 환관이 되었다. 개방은 환공의 곁을 한시도 떠날 수 없다며 부모가 죽었는데도 집으로 돌아가지 않았다. 환공은 이들 세 사람이 자신을 얼마나 사랑하기에 그랬겠냐며 높이 평가했지만 관중은 이들을 멀리하라고 요구한 바 있다. 자신의 이익을 위해 인륜을 저버린 사람들이니 장차 무슨 짓을 저지를지 모른다는 것이다. 관중은 그동안은 자신이 둑이 되어 이들이 흘러넘치지 못하도록 막았지만, 둑이 무너지고 나면 장차 나라에 어떤 해악을 끼칠지 알 수 없다고 경고했었다. 관중의 생각에 공감했던 포숙아 또한 이들을 축출하라고 건의한 것이다.

그러나 포숙아의 요청은 받아들여지지 않았다. 환공이 세 사람을 잠시 궁 밖으로 내보냈다가 다시 불러들였기 때문이다. 포숙아가 "관중의 유언을 잊으셨습니까?"라고 항의했지만, 환공은 "관중의 유언이 과도했다고 생각한다"라며 듣질 않았다. 이 사건으로 인해 포숙아는 울분을 참지 못해 화병으로 세상을 떠난다.『열국지』는 "포숙아가 죽자 세 사람의 눈앞에 걸릴 것이 없었다"라고 기록하고 있는데, 환공은 이들 세 간신의 농간으로 비극적인 최후를 맞게 된다. 포숙아가 이 모습을 보지 않고 먼저 죽었으니 그나마 다행이라 해야 할까?

곽희(郭熙), 〈조춘도(早春圖)〉, 비단에 수묵담채, 108.1×158.3cm, 대만 국립고궁박물원 소장.

관포지교管鮑之交

관중과 포숙아는 어렸을 때부터 절친한 친구였다. 청년이 되자 두 사람은 함께 장사를 했는데, 수익금을 나눌 때면 관중은 별로 한 일도 없으면서 항상 더 많이 챙겨 갔다고 한다. 직원들이 불평하자 포숙아는 이렇게 말했다. "관중이 욕심이 많아서 그런 것이 아닐세. 관중의 집이 가난하지 않은가? 그래서 내가 양보하는 것이야." 전쟁에 나갔을 때도 관중은 위험을 피하고 안전한 곳만 찾아다녔다. 군사들이 관중을 보고 비겁하다며 비웃자 포숙아가 변호했다. "홀로 노모를 모시고 있기 때문에 부득이 저러는 것이네. 어찌 관중이 정말 겁쟁이겠는가?"

그뿐만이 아니다. 두 사람이 무슨 일을 하든지 관중은 늘 자신에게 유리한 쪽으로 일을 진행시켰다. 누군가 이를 지적하자 포숙아가 말했다. "지금은 단지 관중이 때를 만나지 못해 불우하여 그런 걸세. 그가 때를 만난다면 어느 하나도 잘못 처리하는 것이 없을 것이야." 이 말을 전해 들은 관중은 "나를 낳아 준 이는 부모지만 나를 알아준 이는 포숙아구나"라며 감격하였다고 한다. 이처럼 굳이 설명하지 않아도 상대방의 처지를 이해해 주고 서로의 마음을 알아주는 친구라는 뜻에서 관중과 포숙아의 사귐, '관포지교'라는 말이 나오게 되었다.

1) '관자'란 관중을 높여 부르는 말이며, 『관자』는 관중이 지었다고 알려진 책이다. 법가(法家)와 도가(道家)의 요소들이 혼합되어 있으며 주로 정치·정책에 관한 내용들이 담겨 있다.

2) 제나라의 군주가 '공(公)'의 작위에 있기 때문에 아들들을 '공자(公子)'라고 부른다. 왕의 아들을 왕자(王子)라고 부르는 식이다.

3) 관중은 소백의 귀국을 저지하기 위해 길목을 지키고 있다가 화살을 날렸는데, 화살이 빗나가 소백의 혁대를 맞추었다. 순간 소백은 기지를 발휘하여 혀를 깨물고 마치 화살에 맞은 듯이 연기한다. 소백이 죽었다고 생각한 관중은 안심하였고 그 틈을 노려 소백은 재빠르게 보위를 차지했다.

4) 제후들의 우두머리로 제후국 간의 갈등과 분쟁을 조정하는 역할을 맡는다. 제후국의 모임인 '회맹(會盟)'에서 추대되며 형식적이지만 주나라 천자의 승인 절차를 밟는다. 춘추 시대를 대표하는 5명의 패자를 흔히 '춘추오패(春秋五霸)'라고 부르는데, 일반적으로 제나라 환공, 진나라 문공, 초나라 장왕, 오나라 부차, 월나라 구천을 꼽지만, 뒤의 두 사람에 대해서는 다른 의견을 제시하는 사람들도 있다.

5) 바로 이 점이 관중에게 비판이 가해진 주된 이유였다. 특히 의리(義理)를 중시했던 송나라의 성리학자들은 관중을 부정적으로 평가했다. 다만 공자가 천하를 안정시켜 백성을 보호하고 오랑캐로부터 중원을 지킨 관중의 공로를 인정한 바 있기 때문에, 무조건 비난하지는 못했다.

6) 임금의 잘못을 지적하고 과오를 바로잡기 위해 올리는 말이다. 이 간언의 임무를 맡는 관리를 언관(言官) 또는 간관(諫官)이라고 불렀다. 조선 시대에는 사헌부와 사간원의 관리들이 이 역할을 담당했다.

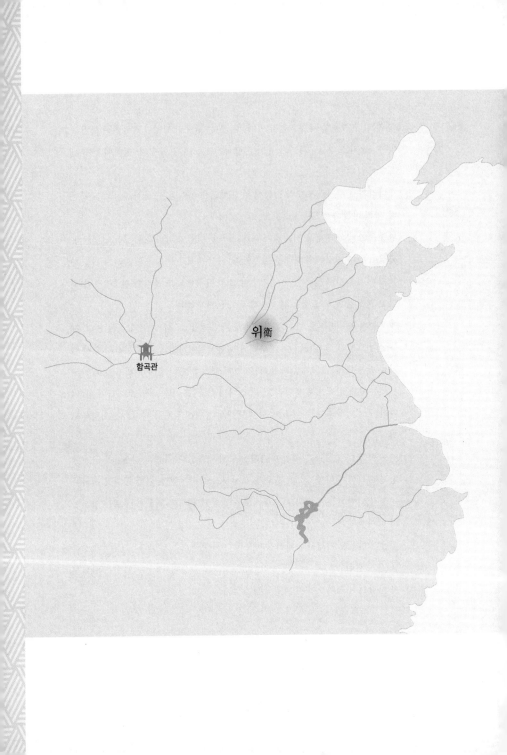

3장

홍연의 희생

춘추 시대 위衛나라는 주나라 무왕의 동복 막냇동생 강숙康叔을 시조로 출발했다.[1] 강숙의 8대손인 무공에 이르러 크게 번영하는 듯 보였으나 권력투쟁이 계속되고 지도층의 패륜이 자행되면서 급격히 쇠락해 갔다. 무공의 손자 환공桓公은 아우에게 시해되었고, 환공의 또 다른 아우 선공宣公은 세자의 부인이 될 사람, 즉 예비 며느리를 빼앗은 것도 모자라 도적을 사주하여 세자를 죽였다. 선공의 아들 혜공은 형제들의 반란으로 망명하였다가 제나라의 도움을 받아 겨우 왕위를 되찾았다. 이러니 나라가 잘될 턱이 있겠는가. 설상가상으로 몰락의 속도를 더 빠르게 만들어 준 군주가 나타났으니, 학鶴을 너무나 사랑했던 의공懿公이다.

의공은 무언가에 꽂히면 정신없이 탐닉하는 성격이었다. 그는 학의 고고한 자태에 마음을 빼앗긴 나머지 학을 바치는 사람에게 후한 상을 내렸다. 윗사람이 무언가를 좋아하면 아랫사람은 그것을 아부의 도구로 삼는 법이다. 게다가 상까지 내렸으니, 위나라 백성들은 너도나도 학을 잡아다 의공에게 진상하였고, 얼마 지나지 않아 궁궐 안은 온통 학으로 가득 차게 되었다. 그뿐만이 아니다. 의공은 자기가 기르는 수백 마리 학에게 모두 벼슬과 녹봉을 하사했다. 학을 키우는 사람에게도 많은 녹을 주었고 먹이도 최상급으로만 썼다. 의공이 외출할 때면 학들도 대열을 갖춰 뒤따르게 했는데, 이 무리를 이끄는 학을 '학장군'이라고 불렀다.

더욱이 큰 문제는 의공이 학에만 정신이 팔려 있고 나랏일을 돌볼 생각은 하지 않았다는 것이다. 학이 병에 들어 말라 가기라도 할라치면 너무나 가슴 아파하면서도 백성이 굶주리고 죽어 가는 것은 전혀 신경 쓰지 않았다. 뭐가 중요한지도 모르는 사람이 임금이랍시고 앉아 있으니 나라가 잘 돌아간다면 오히려 이상할 일이다. 이러한 임금의 쓸데없는 취미 생활로 인하여 위나라의 국가재정은 고갈되었고, 지도자의 무관심과 무책임 때문에 국정은 극도의 혼란에 빠졌다. 북쪽 오랑캐 2만 기병이 위나라로 쳐들어오자 속절없이 무너지게 된 것은 그 때문이었다. 가뜩이나 사기가 땅에 떨어져 있던 위나라 군대는 제대로 싸우지도 않고 흩어졌다고 한다. "학을 출전시켜 오랑캐를 무찌르게 하면 되지 않습니까? 그동안 학을 우대하느라 백성들을 버리셨으니, 백성들이 어찌 나라를 위해 희생하겠습니까?"라는 사람들의 힐난에 의공은 크게 후회했지만 너무 늦어 버린 뒤였다.

『열국지』에 따르면 당시 억지로 징집된 위나라 백성들은 이런 노래를 부르며 전장에 나갔다고 한다. "학은 국록을 먹고 백성은 농사에 힘쓰네 / 학은 수레를 타고 백성은 전쟁에 나서네 / 오랑캐의 창 끝이 날카로워 맞서지 못하리니 싸우려 해도 대부분 죽고 말 것을 / 지금 학들은 어디 가 있나? 우리만 구구하게 행군하고 있구나." 결국 위나라 군대는 전멸하였고 백성들은 잔인하게 살육당했으며 의공 또한 목숨을 잃었다. 오랑캐군은 의공의 시체를 산산조각 내 놓았다고 한다.

그런데 이때 홍연弘演이라는 신하가 등장했다. 위나라의 대신이었던 홍연은 진陳나라에 사신으로 다녀오던 길에 조국의 비참한 소식을 전해 들었다. 보통 사람이라면 나라가 망하다시피 했으니 체념하고 자신의 안위를 고민했을 테지만 그는 달랐다. 다른 나라로 망명하자는 권유도 받아들이지 않는다. 홍연은 주위의 만류를 무릅쓰고 의공이 전사한 전쟁터로 달려갔다. 살아남은 내시의 안내로 의공의 시신을 겨우 찾았지만 전신이 갈기갈기 찢겨 온전한 곳이 없었고 오로지 간肝 하나만 형태를 갖추고 있었다. 홍연은 간을 향해 절하며 대성통곡했다. 그러고는 "주상의 유해를 모실 곳이 없으니 이제 내 몸으로 관棺을 만들 것이다"라며 칼로 자신의 배를 갈랐다. 배 속에 의공의 간을 집어넣은 홍연은 따라온 하인에게 다음과 같은 당부를 남기며 눈을 감았다. "만약 새로운 주상이 즉위하시거든 선왕이 여기 계시다고 꼭 아뢰어다오."

당시 중원의 패자였던 제나라 환공을 비롯하여 이웃 제후들은 위나라의 비극을 안타까워하면서도 이미 손을 쓸 수 없는 상황이라고 여기고 있었다. 위나라의 새 군주 문공文公[2]이 즉위하긴 했으나 거느린 수레는 겨우 30승乘이었고, 임금이 거처할 궁궐도 없어 초가집에 머무르고 있으니 얼마 지나지 않아 위나라는 자연스레 사라지리라 생각했다. 춘추 시대의 제후는 보통 천승千乘, 대부大夫[3]는 백승百乘의 수레를 소유한다. 위나라 문공은 일개 대신에게도 미치지 못했던 것이다.

그러나 홍연의 비장한 최후를 전해 들은 환공은 태도를 바꾸었다. 환공은 "무도한 임금 밑에도 그 같은 충신이 있었단 말인가? 위나라는 없어지지 않겠구나!"라고 감탄했다. 홍연 같은 충신을 키워 낸 나라라면, 홍연이 그와 같은 충성을 바치는 나라라면, 그 저력을 무시할 수 없다는 것이다. 환공은 직접 제후들을 거느리고 위나라로 가서 위나라 재건 작업을 지휘했다. 위나라의 종묘를 다시 세우고 도성을 건설하는 일을 책임져 주었다. 패자霸者로서 망해 가는 제후국을 구원하고 명맥을 이어 주었다는 명성을 얻으려는 목적이지만, 만약 홍연의 일을 듣지 못했다면 그냥 방치했을 가능성이 높다.

무릇 한사람의 행동이 나라의 운명을 바꿀 수 있다고 말하기란 어렵다. 하지만 그런 계기를 제공할 수는 있다. 홍연은 죽은 임금을 위해 자신의 목숨을 바쳤다. 그 희생이 다른 사람의 찬탄을 불러일으킬 정도로 고귀하고 처연한 것이었기 때문에 열국 제후들의 마음을 움직이고, 망해 가는 나라를 구할 수 있었던 것이다.

1) 위나라 지역이 옛날 은나라의 본거지였기 때문에, 강숙의 형이었던 섭정 주공은 강숙을 봉지(封地)로 보내며 "은나라의 어진 사람과 군자, 덕망이 높은 사람들에게 옛날 은나라가 번영한 이유와 멸망한 까닭에 대해 물어보고 배우도록 하라. 반드시 백성을 아끼는 데 힘써라"라고 당부했다고 한다. 『서경』의 「강고(康誥)」편이 주공이 왕을 대신하여 강숙에게 훈계한 기록이다.

2) 위의공의 조카다. 위의공의 아들이 2장에 나오는 제나라의 세 간신 중 한 사람인 개방이다. 위의공-개방 부자에 대한 여론이 좋지 않았기 때문에 문공이 옹립되었다. 그런데 문공과 개방이 동일인이라는 주장도 있다. 여기서는 『열국지』를 기준으로 한다.

3) 경(卿)과 사(士)의 중간에 위치한 신분으로 제후를 보좌하는 역할을 맡았다. 그런데 시간이 흐르면서 관직명, 품계를 나타내는 의미로 사용되게 된다. 조선 시대의 '사대부(士大夫)'는 이 '대부'와 '사'가 합쳐진 말이다.

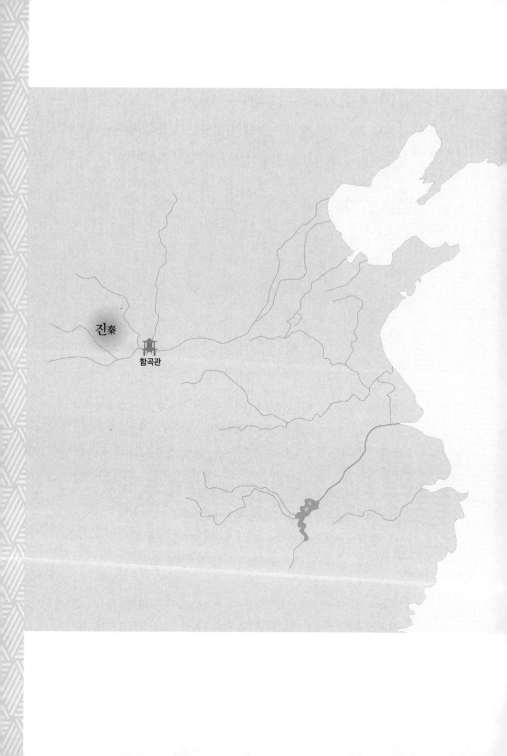

4장

백
리
해
의 고
난

"올해 연세가 어찌 되시오?"

"일흔밖에 안 됐습니다."

"애석하구려. 나이가 너무 많으시오."

기다리던 인재와 만났지만 그는 이미 백발
이 성성한 노인이었다. 연로한 그와는 대업을 도모하기 힘들 거라는
생각에 임금은 아쉬움을 감추지 못했다. 그러자 노인이 말한다. "날
아가는 새를 잡고 맹수와 맞서 싸우라고 하신다면 신은 분명히 나이
가 들었습니다. 하지만 나랏일을 맡아 보라고 하신다면 신은 아직
젊습니다. 일찍이 여상은 나이 여든에 문왕을 도와 주나라의 기틀을
세웠습니다. 그에 비한다면 신은 10년이나 어립니다."

여기서 여상은 1장에서 소개한 강태공으로, 은나라를 멸망시키

고 주나라의 천하를 완성한 인물이다. 자신의 나이가 많은 것처럼 보이지만 여상보다 열 살이나 젊으니 충분히 그에 못지않은 성과를 낼 수 있다는 것이다. 이 노인이 바로 진秦나라의 임금 목공穆公이 "과인에게 그대가 있는 것은 제환공에게 관중이 있는 것과 마찬가지다"라고 극찬했던 백리해百里奚다.

백리해는 오랫동안 가난하고 불우했다. 가족 걱정은 하지 말고 세상으로 나아가 포부를 펼쳐 보라는 아내의 격려를 받으며 현실로 뛰어들었지만 실패가 계속됐다. 다행히 그의 능력을 알아준 건숙蹇叔을 만나 의형제를 맺었고 건숙의 추천을 받아 우虞나라에서 관직에 오른다. 건숙은 우나라 임금 우공虞公의 수준을 낮게 평가하면서도 현명한 재상 궁지기宮之奇가 있으니 잠시 몸을 의탁하라고 권유했다.

그런데 얼마 지나지 않아 우나라에 위기가 닥쳤다. 당시 북쪽 지역의 강자 진晉나라는 국경을 맞대고 있던 우나라와 괵虢나라를 호시탐탐 노리고 있었다. 두 나라의 견고한 동맹에 막혀 좀처럼 기회를 얻지 못하자 진나라는 계략을 꾸민다. 미인계를 써서 괵나라의 임금을 흔들어 놓는 한편, 우공에게는 값비싼 뇌물을 보내 괵나라를 치기 위한 길을 빌려 달라고 요청했다. 뇌물에 혹한 우공은 진나라의 제의를 받아들였는데, 궁지기가 "그동안 진나라가 감히 우리를 공격하지 못한 것은 우나라와 괵나라가 입술과 이처럼 서로 돕고 있었기 때문입니다. 오늘 괵나라가 망하면 내일 그 참화는 우리에게 닥쳐올 것입니다"라며 반대했지만 소용이 없었다. 진짜 의도를 숨기고 거짓 명분을 내세운다는 의미의 '가도멸괵假道滅虢'[1])과 어느 한쪽이 망하면 다른 한쪽도 그 영향을 받아 위태롭다는 뜻의 '순망치한脣亡齒寒'이라는 고사성어가 모두 이 사건에서 유래했다.

그 뒤 우나라가 망하자 우나라에서 벼슬을 살던 백리해도 포로로 붙잡혔다. 그는 망국을 막으려 노력하지 않았는데, "우공에게 간언하는 것은 길에다 귀한 구슬을 버리는 것과 마찬가지"라고 생각했기 때문이다. 궁지기에게는 조만간 나라가 끝장날 것이라며 망명을 권유하기도 했다. 우나라의 종말이 피할 수 없는 운명이라고 본 것이다. 그렇다면 왜 백리해 자신은 피신하지 않았을까? 그는 끝까지 우공의 곁을 지켰다. 무능하고 우매한 임금이지만 그로부터 녹봉을 받아 온 이상, 이렇게나마 보답을 하겠다는 것이었다. 진나라가 같이 일하자고 권유했을 때에도 우공과의 의리를 지켜야 한다며 거절한다.

안타깝게도 이러한 백리해의 선택은 더 큰 고난으로 이어졌다. 진나라는 자신들에게 쓸모가 없을 바에야 백리해를 먼 곳으로 추방하는 것이 낫겠다고 판단했다. 괜히 우나라 군주 옆에 두어서 화의 싹을 키울 필요가 없다는 것이다. 그래서 그를 진秦나라 임금에게 시집가는 공주의 몸종으로 삼는다. 하루아침에 노비로 전락하게 된 백리해는 탄식했다. "천하를 경륜하겠다는 큰 뜻을 품었건만 밝은 임금을 만나지 못했다. 노년에 이른 지금 노예나 다름없는 신세가 되었으니 이보다 더한 치욕이 어디 있으랴!" 자신의 처지를 참을 수 없었던 백리해는 도중에 도망을 친다.

달아난 백리해는 초나라로 숨어들었다. 이름을 숨긴 그는 소먹이꾼이 된다. 그가 키우는 소는 날이 갈수록 건강하게 살이 쪘는데, 그 솜씨가 얼마나 뛰어났던지 다른 나라에까지 알려졌다고 한다. 이를 두고『장자莊子』에서는 "백리해는 작위나 녹봉이 그 마음에 끼어들지 않았다. 그러므로 소를 먹이면 소가 살이 쪘다"라고 기록하고 있다. 이해타산을 생각하지 않고 오로지 주어진 일에만 집중해 혼신의 힘을 다했기 때문에 좋은 성과를 냈다는 것이다. 하지만 백리해가 정말 순수한 마음으로 소 키우는 일에 집중했을까? 초나라 임금의 귀에까지 들어가고 다른 나라에까지 솜씨가 알려질 정도로 능력을 발휘한 것이, 그저 자기가 하는 일에 열중하다 보니 자연스레 된 것일까? 도망친 노비라면 모름지기 튀지 않고 숨어 지내는 것이 우선일 텐데 말이다.

아마도 백리해는 어떻게든 자신을 알리고 싶었을 것이다. 일단 할 수 있는 일이 소 먹이는 일밖에 없으니 이 일에서라도 열심히 노력해 탁월한 능력을 발휘하면 나에게 관심을 가져 주는 사람이 있을 테고, 그 사람을 통해 또 다른 기회를 얻어 보자, 단계적으로 내 능력을 펼쳐 가 보자, 이런 생각이었을 것이다. 그러나 초나라 사람 중에 백리해의 진가를 알아본 사람은 나오지 않았다. 초나라 임금이 그를 부르긴 했지만 어디까지나 소 키우는 기술에 흥미가 있었을 뿐 백리해라는 사람 자체에 대해서는 관심을 두지 않았다.

그렇게 백리해의 실망이 커져 갈 때쯤, 진秦나라가 백리해에게 흥미를 갖기 시작한다. 초나라에 소를 매우 잘 키우는 사람이 있다고 하여 살펴보니 그가 예전에 자기 나라로 왔어야 할 노비였다는 사실을 알게 된 것이다. 진나라의 신하들은 어떤 일이든 탁월한 능력을 발휘하는 사람은 다른 일도 잘할 것이라며 그를 불러오자고 건의했다. 우나라 신하로서 백리해가 보여 준 당당한 자세를 기억하며 그를 추천하는 사람도 있었다. 이에 진나라 군주 목공은 초나라에 후한 예물을 보내 그를 데려오고자 하였는데 신하인 공손지公孫枝가 반대했다. "그렇게 하시면 백리해는 올 수 없습니다." "무슨 소리요?" 의아해진 목공이 묻자 공손지가 대답했다. "지금 초나라는 백리해가 뛰어난 인재라는 것을 모르고 있습니다. 그런데 만약 임금께서 귀한 예물을 보내신다면 어찌 되겠습니까? '백리해가 어떤 인물이기에 진나라 군주가 이토록 높은 값을 치르고 그를 초빙하려 하는가'라고 생각하지 않겠습니까? 초나라는 백리해를 자신들이 직접 등용하지, 결코 내어 주지 않을 것입니다. 차라리 임금께서는 도망친 몸종의 죄를 묻겠다고 하십시오. 헐값을 주어 그를 사겠다고 말씀하시면 충분합니다." 공손지의 말에 공감한 진나라 목공은 양가죽 다섯 장을 주며 백리해의 송환을 요구했고 초나라는 별말 없이 그를 보내 주었다. 훗날 백리해가 '오고五羖 대부', 양가죽 다섯 장으로 얻은 대부라고 불린 것은 그래서이다.

무릇 귀하고 유용한 물건인데 소유자는 정작 그 값어치를 모르는 경우가 있다. 뛰어난 능력을 가진 부하가 있지만 상사가 전혀 알지 못하는 경우가 있다. 이러한 물건을 보면 곧바로 사들이고, 그러한 인재를 보면 즉시 영입해야 한다. 내게 큰 이득을 가져다줄 것이기 때문이다. 다만, 전략적으로 접근해야 한다. 비싼 값을 제시하여 괜히 그 가치를 확인시켜 줄 필요가 없다. 좋은 대우는 나에게 왔을 때 해 주면 되는 것이고, 거래할 때는 하잘것없는 것처럼 대해야 소유자가 쉽게 물건을 판다. 바로 진나라처럼 말이다. 진나라는 양가죽 다섯 장을 주고 '몸종 백리해'를 사 와 '명재상 백리해'로 썼으니, 몇백 배, 아니 그 이상의 남는 장사를 한 것이다.

이후 백리해는 목공을 도와 진나라를 번영으로 이끌었다. 건숙과 유여由余 등 뛰어난 인재를 추천했고 무도한 양나라를 정벌했다. 기근으로 고통받는 백성들도 적극 구제한다. 『전국책戰國策』에 보면 백리해가 죽자 "아이들은 노래를 부르지 않았고 방아 찧는 사람은 절구질을 하지 않았다"라고 기록되어 있다. 백성들이 생업을 접고 슬퍼했을 정도로 큰 존경을 받았던 것이다.

그렇다면 백리해의 아내는 어떻게 되었을까? 강태공의 아내와는 달리 행복한 결말이다. 남편을 떠나보낸 후, 생활고를 견디다 못한 아내 두씨는 아들을 데리고 고향을 떠났다. 밥벌이를 위해 이곳저곳을 떠돌아다니던 그녀는 오랜 세월이 흐른 뒤, 백리해가 진나라의 재상이 되었다는 소식을 접했다. 천신만고 끝에 빨래하는 하녀가 되어 백리해의 집에 들어간 두씨는 "옛날, 님이 떠날 때 나는 슬피 울었습니다. 오늘, 님은 높은 곳에 앉아 있건만 나는 여기 떨어져 있군요. 슬픕니다. 부귀에 젖어 이 몸을 잊으셨나요?"라며 노래를 불렀고, 놀란 백리해가 그녀에게 달려왔다. 수십 년 만에 부부가 다시 만난 것이다. 그 후 두 사람은 죽을 때까지 함께 행복하게 살았고, 두씨가 홀로 힘들게 키웠던 아들 백리시는 진나라의 명장으로 이름을 날렸다고 한다.

1) 『삼국지연의(三國志演義)』에서 주유는 유비에게 길을 빌려 주면 대신 익주를 정벌해 주겠다고 제의했는데, 제갈량이 이를 '가도멸괵', 즉 익주를 치는 척하고 유비의 형주를 공격하려는 속셈이라고 간파하는 장면이 나온다. 임진왜란 때 왜군이 처음 조선에게 '정명가도(征明假道)', 명나라를 정벌하기 위한 길을 빌려 달라고 요구한 것도 이 '가도멸괵'의 수법이다.

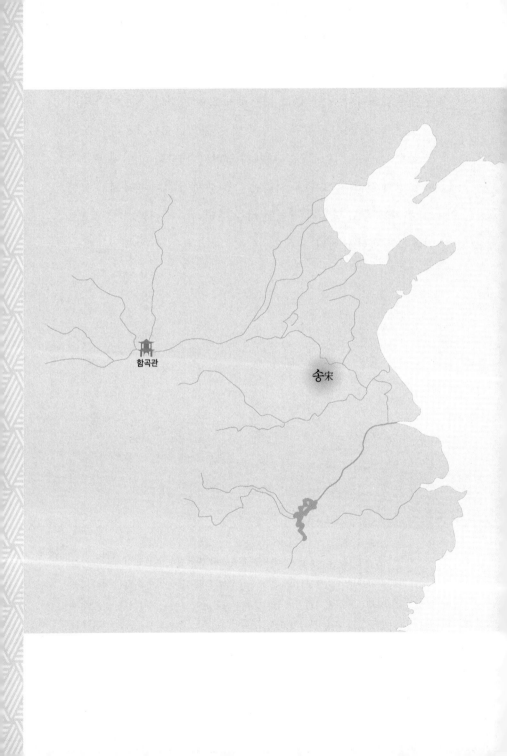

5장

송양공의 위선

송宋나라의 군주가 세상을 떠났다. 당연히 세자가 보위를 이어야겠지만 세자는 이복형 목이目夷에게 양보한다. 목이가 맏아들인 데다가 자질 또한 훌륭하다는 것이다. 하지만 선왕이 결정한 후계구도를 마음대로 뒤집을 수는 없었다. 세자가 아닌 다른 사람이 왕위를 잇는다는 것은 나라의 질서를 무너뜨리는 일이었다. 목이는 한사코 사양했고 결국 세자가 임금이 됐다. 이 사람이 바로 양공襄公이다.

보위를 양보한 일로 양공은 사람들의 존경을 받았다. 권력에 욕심을 내지 않는 어진 군주라는 평판을 얻는다. 제나라 환공이 아들의 후견인이 되어 달라고 부탁했을 정도다. 그러나 양공은 생각만큼 좋은 군주가 아니었다. 환공이 죽고 제나라에 내전이 발생하자 양공은 즉각 개입했는데, 환공과의 약속을 지킨다는 명분이었지만 진짜 목적은 따로 있었다. 양공은 "제나라를 안정시키면 과인의 명성이 제후들 사이에 진동할 것이오. 그리되면 제나라 환공의 패업을 과인이 이어받을 수 있지 않겠소?"라고 말한다. 환공의 뒤를 이어 자신이 제후들의 우두머리, 즉 패자가 되겠다는 야심을 드러낸 것이다.

그러자 재상으로 있던 목이가 깜짝 놀랐다. 목이는 양공에게 세 가지 이유를 들며 패자가 되겠다는 꿈을 버리라고 간언했다. 첫째, 송나라는 제나라보다 땅이 좁고 척박하다. 군사도 훨씬 적고 군량미도 부족하다. 둘째, 제나라에는 훌륭한 원로와 현명한 신하가 즐비하지만 송나라는 사람이 없어서 필수적인 관직조차도 제대로 채우지 못하고 있다. 셋째, 제나라에는 상서로운 조짐들이 이어졌지만 송나라에는 오히려 흉조가 발생했다. 한마디로 송나라는 패권을 노릴 만한 역량이 못 되니 경거망동하지 말라는 것이었다.

목이가 이처럼 간곡하게 말렸지만 양공은 듣지 않았다. 그는 대군을 이끌고 진군하여 제나라의 반란세력을 제압한 후, 환공으로부터 부탁받은 후계자를 임금으로 옹립했다. 만약 양공이 여기서 그쳤다면 별다른 문제가 없었을 것이다. 양공이 한 말대로 "어버이를 잃은 사람을 구원해 주었으니 어진 일이고, 환공과의 약속을 이행했으니 의로운 일이다"라고 평가해 줄 수 있다. 그러나 양공은 스스로 불세출의 공적을 세웠다며 떠벌렸다. 그러고는 제후들을 소집해 맹주가 되고자 했다. 우스운 것은 이렇게 일을 벌려 놓고 진나라, 초나라 등 큰 나라를 다스리는 제후들에게는 연락하지 않았다는 것이다. 이들이 거부하여 체면이 깎일까 봐 두려웠던 양공은 등滕나라, 주邾나라, 증鄫나라, 조曹나라 등 약소국 제후들만 불러 모은다.

그런데 증나라 군주가 약속시간보다 늦게 도착했고, 양공은 크게 화를 냈다. "과인이 회맹을 제안한 이때, 증은 작은 나라이면서 감히 이틀이나 늦었소. 그 죄를 엄히 다스리지 않으면 어찌 위엄이 서겠소?" 양공은 증나라 군주를 산 제물로 바치겠다고 선언했다. 목이는 기겁했다. "제사는 사람을 위해 복을 비는 일인데 어찌 사람을 죽여 복을 빈단 말입니까? 임금께서 제후를 죽이신다면 다른 제후들은 우리를 두려워하여 종국에 배신하지, 결코 복종하지 않을 것입니다." 하지만 양공은 요지부동이었다. 다른 나라들이 송나라를 두려워해야 패업을 이룰 수 있다며 증나라 군주를 삶아 죽여 제사를 지내겠다고 고집했다. 증나라 군주는 막대한 재물을 바치고 나서야 겨우 풀려날 수 있었다.

양공의 어리석은 행동은 이뿐만이 아니었다. 조나라가 자신에게 무례하다며 공격했고, 오만방자한 태도로 제나라 군주의 심기를 건드렸다. 양공에 대한 제후국들의 신망은 점점 추락할 수밖에 없었다. 그 와중에 양공은 초나라의 계략에까지 걸려든다. 초나라는 속국 제후들을 거느리고 송나라가 주관하는 2차 회맹에 참석하겠다고 통보했다. 양공의 패자 지위를 인정하는 것처럼 보이지만 실은 군사를 매복하여 양공을 포로로 잡으려는 속셈이었다. 송나라를 복종시켜 중원의 제후들에게 초나라의 위엄을 과시하겠다는 것이다. 목이가 "초나라는 남쪽 오랑캐로 그 마음을 예측할 수 없습니다. 신은 주상께서 기만을 당하실까 걱정됩니다"라고 우려했지만 명실상부한 패자가 된다고 들뜬 양공의 귀에는 들리지 않았다. 양공은 "과인이 진실하게 상대를 대하는데 상대가 어찌 과인을 기만하겠소?"라며 걱정할 필요가 없다고 자신했다. 목이가 호위 병력을 충분히 데려가라고 청했지만 그마저도 듣지 않았다. 제후들이 화평을 교섭하는 자리이니 군사가 필요 없다는 것이다. 결국, 방심한 양공은 초나라에 결박당하는 신세가 된다. 그나마 유일하게 임금다운 면모를 보인 점이 있다면 "지금 저들이 노리는 것은 과인이니 그대는 어서 돌아가 나라를 지키시오"라며 목이를 도망시킨 것이다.

양공이 적국의 포로로 잡히자 송나라에서는 목이가 섭정을 맡았다. 목이는 양공을 구하기 위해 양공의 가치를 떨어트리는 계책을 썼다. 초나라가 "너희 임금이 우리에게 사로잡혔으니 땅을 바치고 항복하라. 그러면 너희 임금의 생명은 보장해 주겠다"라고 협박하자, "새로운 주상이 즉위했으니 항복이란 당치도 않다"라고 답변했다. 초나라가 다시 "너희 임금을 귀국시켜 준다면 무엇으로 보답하겠느냐?"라고 묻자, "전 임금은 포로가 되어 나라를 욕보였으니 돌려보내 준다 해도 다시 임금으로 모실 수 없다. 너희 마음대로 해라. 우리는 죽기로 싸울 것이다"라고 회신한다.

양공이 포로로서 가치가 있는 것은 어디까지나 그가 송나라 임금일 때의 이야기다. 그래야 초나라도 양공을 석방하는 대가로 얻을 수 있는 것이 많다. 목이는 송나라에 새로운 군주가 즉위했음을 천명하고 양공을 사직의 죄인으로 규정함으로써, 초나라로 하여금 양공을 통해 무언가를 얻어 낼 수 있으리라는 기대를 접게 만들었다. 화가 난 초나라 임금이 송나라로 진격했지만 목이가 이를 격퇴한다. 결국 초나라는 쓸모없어진 양공을 석방하게 된다. 풀려난 양공은 풀이 죽어 위나라로 망명했는데 목이가 "신이 섭정에 오른 것은 오로지 주상을 지키기 위해서였습니다"라며 그를 다시 모셔 온다.

큰 고난을 겪었으니 이제 양공도 달라졌을까? 아니었던 것 같다. 초나라에 대한 원한이 사무쳤지만 복수할 힘이 없었던 양공은 그 화를 정鄭나라에 푼다. 정나라가 앞장서서 초나라를 떠받들고 있었기 때문이다. 목이는 어이가 없었다. 정나라를 치면 당연히 초나라가 구원병을 보낼 것이 아닌가. 목이가 "실력을 쌓으며 때를 기다려야 합니다"라고 간곡히 만류했지만 양공은 듣지 않고 정나라 정벌에 나섰다.

양공이 정나라를 공격한다는 소식을 들은 초나라는 곧바로 대군을 보내 송나라를 쳤다. 양공도 회군하여 홍수泓水를 사이에 두고 초나라와 대치한다. 이때 송나라 군대의 사령관 공손고公孫固는 "초나라 군대는 정나라를 구원하기 위해 온 것이니 정나라에 대한 포위를 풀고 초나라에게 사과해야 합니다"라고 건의했다. 초나라와 정면으로 맞붙는다면 승산이 없었기 때문이다. 하지만 양공은 "옛날 환공은 초나라를 정벌한 바 있소. 지금 초나라 군사가 쳐들어왔는데도 싸우지 않는다면 과인이 어찌 환공의 패업을 계승할 수 있겠소?"라며 거절한다. 패자가 되겠다는 헛된 꿈에서 아직도 헤어 나오지 못한 것이다. 공손고가 다시 물었다. "우리는 무기와 군사가 모두 초나라보다 약합니다. 송나라 사람은 초나라 사람을 두려워합니다. 그런데도 주상께서는 무엇을 믿고 초나라에 이길 수 있다고 생각하십니까?" 양공은 자신 있게 대답했다. "초나라는 군사력이 강할지 모르나 인의仁義가 부족하오. 과인은 군사력은 약해도 인의가 넉넉하오. 옛날 주나라가 3천의 군사를 가지고 은나라 억만 군사에게 승리한 것도 바로 인의가 있었기 때문이오." 그러면서 양공은 인의라고 쓰인 큰 깃발을 내걸게 했다. 물러 나온 공손고는 탄식한다. "전쟁은 살육하는 것인데 전쟁을 일으켜 놓고 무슨 인의를 찾는다는 말인가? 하늘이 주상의 정신을 빼앗아 버린 것 같다."

그리고 마침내 초나라 대군이 강을 건너 진군해 오기 시작했다. 공손고는 초나라 병력이 강을 반쯤 건너오자 지금 바로 공격해야 한다고 주장했다. 물에서는 전차와 기병이 제대로 운신하지 못하기 때문이다. 더욱이 강둑이 강보다 지형이 높아 송나라가 상대적으로 유리한 위치였다. 그러나 양공은 화를 냈다. 그는 깃발을 가리키며 "저 '인의'라는 두 글자가 보이지 않는가? 싸움은 당당해야 하는 법이다. 어찌 강을 반만 건넌 군사를 공격할 수 있단 말이냐!"라며 공손고를 꾸짖었다. 초나라 군대가 강을 다 건너왔을 때 공손고가 "아직 전열을 정비하지 못했으니 이때를 노려 공격하면 적을 혼란에 빠트릴 수 있을 것입니다"라며 조언했지만 소용이 없었다. 양공은 공손고의 얼굴에 침을 뱉으며 "너는 어찌 승리를 탐하여 인의에는 아랑곳하지 않는가? 적의 불리한 상황을 노려 공격하는 것은 인의롭지 못한 짓이다"라고 말한다.

일찍이 『오자병법吳子兵法』의 저자 오기吳起는 적을 공격할 때는 적의 허와 실을 노려야 한다고 했다. 대표적인 예로 든 것이 '적의 병력이 강을 반쯤 건넜을 때'와 '적의 대오가 정돈되지 않았을 때', '적이 불리한 위치에 있을 때'이다. 오기는 "이러한 적은 신속히 공격해야 하며 지체해서는 안 된다"라고 설명했다. 이는 다른 병법가들도 공통적으로 강조한, 그야말로 전술의 기본이다. 한데 양공은 이를 모두 어긴 것이다. 양공이 큰 부상을 입고 송나라 군대가 전멸하다시피 한 것은 당연한 일이었는지도 모른다.

요컨대 양공은 자신의 능력은 생각하지도 않고 패자가 되겠다는 꿈을 꾸었다. 부국강병을 위해 노력하기는커녕 '회맹'이라는 형식에 집착했다. 오만한 태도로 인심을 잃었고 신하들의 간언에 귀를 닫았다. 무엇보다 큰 문제는 그가 내건 '인의'였다. 양공의 전쟁은 다름 아닌 자신이 일으킨 것이다. 죽고 죽여야 하는 전쟁을 촉발시켜 놓고 인의를 운운하는 것은 위선이다. 더욱이 전쟁이 벌어진 이상 승리가 목적이어야 한다. 인의로 적을 배려하겠다는 것은 자신의 나라와 백성을 위기로 몰아넣는 어리석은 행동이다.

물론 사마천이 『사기세가史記世家』에 적어 놓았듯이 "군자들 중에는 양공이 칭찬할 만하다고 말하는 사람도 있었다. 당시 중원의 여러 나라들에서는 예의를 찾아볼 수 없었지만 그나마 양공에게는 양보하는 예의가 있었기 때문이다"라는 견해도 있다. 양공이 정말 인의로운 사람이었다면 맞는 말인지도 모른다. 고지식하고 어리석을지언정 긍정적으로 평가할 부분이 있는 것이다. 그러나 양공은 그런 사람이 아니었다. 그는 자신의 이익을 인의로 포장했고, 그저 체면 때문에 인의를 내세운 군주였다. 패자의 위신을 세우겠다며 다른 나라의 제후를 산 제물로 바치려고 한 사람이다. 이처럼 어리석은 대의명분을 내세우고 위선적인 동정을 베푸는 것, 그로 인해 오히려 자신이 큰 타격을 받게 되는 것, 양공의 인의란 그런 것이었다.

고극공(高克恭), 〈운행수령(雲橫秀嶺)〉, 종이에 채색, 182.3×106.7cm, 대만 국립고궁박물원 소장.

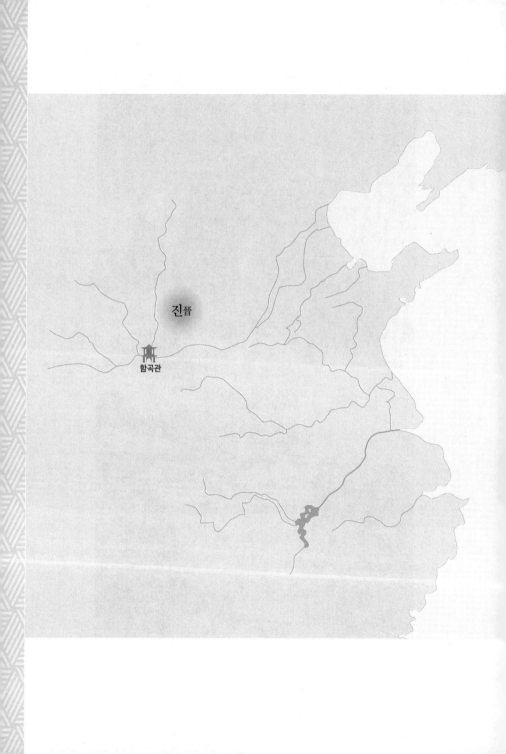

6장

종이의 흡인력

후한後漢의 전설적인 명장 마원馬援은 이런 말을 했다. "황제만 신하를 선택하는 것이 아닙니다. 신하도 황제를 선택합니다." 그렇다면 신하가 자신의 주군을 선택하는 기준은 무엇일까? 주군에게 합당한 능력과 자질이 있어야 할 테고 서로 신뢰도 있어야 할 것이다. 함께 일을 해 나갈 때 합도 잘 맞아야 한다. 그런데 무엇보다 중요한 것은 주군이 신하가 원하는 바를 충족시켜 줄 수 있는가일 것이다. 물질적인 이익이든 정치적인 이상이든 간에, 주군이 신하의 꿈을 이뤄 줄 수 있어야 신하는 그를 위해 최선을 다하게 된다.

그런데 목표를 이루기까지의 시간이 지나치게 오래 걸린다면 어떨까? 주군이라는 사람은 도망자 신세고 심지어 나이까지 많이 들어 언제 죽을지 모른다. 주군을 보좌하는 생활 또한 고되고 힘들다. 굶주림은 일상이고 죽을 고비까지 넘겨야 한다. 더구나 가장 큰 문제는 성공한다는 보장이 없다는 것이다. 강태공 편에서도 이야기했지만 아무리 오랜 시간이 걸리고 그 과정이 매우 힘들더라도 언젠가는 끝이 난다면, 그래서 결국에는 원하는 바를 이룰 수 있다면 참아 낼 수 있을 것이다. 하지만 결과를 약속할 수 없다면, 그냥 이 상태로 모든 것이 끝나 버릴 수도 있다면 어떨까? 그래도 신하들이 변함없이 주군을 따를 수 있을까?

일반적으론 '힘들다'고 대답하겠지만, 여기 이와는 다른 사례가 있다. 무려 19년이나 주군과 함께 천하를 떠돌아다니면서 갖은 고생을 함께했던 사람들. 유혹과 위협 앞에서도 끝내 지조를 꺾지 않았으며, 자꾸만 나태해지고 포기하려 드는 주군을 채찍질하고 든든한 버팀목이 되어 준 사람들. 이들이 끝이 보이지 않는 어둠을 견디며 버텨 냈기에 이들의 주군은 마침내 대업을 이루었고 천하에 명성을 드날리게 된다. 진晉나라의 군주로 춘추 시대 두 번째 패자가 된 문공文公, 그리고 그의 사람들에 관한 이야기다.

진문공의 이름은 중이重耳로, 그는 마흔 살이 될 때까지만 해도 자신이 파란만장한 운명의 주인공이 될 줄 몰랐을 것이다. 이복형이자 훌륭한 인품을 가진 세자 신생申生이 있었기 때문에 그는 그저 임금의 아들로서 안락한 삶을 누리면 되었다. 하지만 신생이 보위를 노린 계모 여희驪姬의 모함으로 자결하고, 여희의 마수가 자신과 동생 이오夷吾에게까지 미쳐 오면서 중이는 외가로 피신해야 했다. 이 때 그의 나이가 43세로, 당시로서는 적지 않은 연치였다.

중이가 진나라를 떠나 망명길에 오르자, 수많은 호걸들이 그의 뒤를 따랐다. 호모狐毛와 호언狐偃 형제, 조최趙衰, 개자추介子推, 선진先軫, 위주魏犨, 전힐顚頡 등 진나라 각 분야의 인재들이 함께 짐을 쌌다. 중이의 명성이 원래 높기도 했지만 신생이 죽은 상황에서 임금이 될 만한 사람은 중이밖에 없다고 판단한 것이다. 그러나 중이와 함께한 망명생활은 순탄하지 않았다. 여희의 꾐에 넘어간 아버지 헌공獻公이 중이를 제거하려 한 데 이어, 형을 제치고 보위를 차지하고자 했던 동생 이오도 그에게 자객을 보냈다. 머지않아 귀국할 수 있으리라는 기대는 무너졌고, 문전박대를 당하고 놀림거리가 되는 일이 비일비재했다.[1] 수중에 돈이 하나도 없어 배를 곯고, 구걸하며 연명한 날도 많았다. 그러길 어느덧 19년, 주군 중이는 환갑을 넘겼고 신하들도 중늙은이가 되었다.

보통 이와 같다면 신하들은 지쳐 떨어져 나갔을 것이다. 주군이란 사람이 자신의 꿈을 이뤄 줄 가망이 보이지 않으니 말이다. 그러나 중이의 신하들은 대부분 흔들리지 않았다. 개자추는 주군을 위해 자신의 허벅지 살을 베어 바쳤다. 호언 형제는 중이를 따른다는 이유로 아버지 호돌이 처형당하는 비극을 겪었지만, 몸과 마음을 바쳐 주군을 보필했다. 다른 신하도 마찬가지이다. 중이를 위해 목숨을 걸었고, 중이가 잘못하면 진심을 담아 꾸짖었으며, 중이가 움

츠러들면 격려하는 등 그들은 주군의 벗이자 스승, 충성스러운 신하가 되어 주었다.

여기에 더해 중이는 현명한 아내를 만난다. 제나라에 머물던 시절, 제나라 군주의 딸과 결혼한 그는 이내 평온한 삶에 젖어 들었다. 대업 따위는 필요 없다며 날마다 술상을 차려놓고 환락에 빠졌다고 한다. 이런 모습을 본 그의 아내가 어느 날 조용히 말했다. "당신을 따라온 선비들의 운명은 당신에게 달려 있습니다. 당신께서는 하루빨리 진나라로 되돌아가 저 충성스러운 신하들의 노고에 보답해야 하지 않겠습니까? 더욱이 당신께서 떠나온 이래 진나라는 한시도 편할 날이 없었습니다. 진나라 군주가 무도하여 백성이나 이웃 나라나 모두 그를 싫어한다고 합니다. 이는 하늘이 당신께 기회를 주시려는 겁니다. 그러니 이제 그만 떠나십시오. 안락함과 게으름은 대장부의 일이 아닙니다."

아내의 말을 들은 중이는 고개를 저었다. "인생이란 한바탕 덧없는 꿈과도 같소. 나도 이제 늙었으니 그대와 함께 이곳에서 생을 마칠 것이오." 중이는 지쳤을 것이다. 아름다운 아내까지 얻었으니 기약 없는 망명자 생활은 이제 그만 끝내고 싶었을 것이다. 그러자 아내는 중이를 취하여 잠들게 한 후, 호언을 불렀다. 그러고는 중이를 이불째로 마차에 태워 제나라를 떠나게 했다. 남편의 장래를 위해 부부의 정을 끊어 내는 결단을 보여 준 것이다. 잠에서 깨어난 중이가 분노하여 호언을 창으로 찌르려 하자 신하들이 한목소리로 간언했다. "신들을 죽여서 공자께서 성공할 수 있다면 차라리 죽여 주시옵소서." "신들이 부모 형제와 처자를 버리고, 고국 땅을 떠나 만리타국을 떠돌아다니면서도 이렇게 함께 공자를 모시고 있는 이유를 생각해 주소서." "대장부라면 마땅히 노력하여 공을 이루기 위해 진력해야 할 것입니다." 아내와 신하들의 진심이 닿았기 때문일까? 중이는 다시 마음을 다잡았다.

이와 같은 아내와 신하들의 헌신 속에서 중이는 무려 19년을 버텼다. 천하를 방랑하며 각 나라의 내부사정과 인재현황, 나라들 간에 얽혀 있는 이해관계를 파악했다. 풍찬노숙을 하며 백성들이 겪고 있는 고통도 이해했다. 이 경험이 후일 군주가 되어 나라를 다스리는 큰 자산이 된다. 이는 다른 나라의 군주들은 갖지 못했던 것으로, "진나라 군주는 19년이나 천하를 방랑하며 갖은 고생을 다 해본 사람이다. 그리하여 백성의 사정에 통달하게 되었으니 하늘이 그에게 길을 열어 준 것이다. 우리는 그를 감당할 수가 없다"라는 초나라 성왕成王의 말에서도 잘 알 수 있다.

그렇다면 중이는 어떻게 이처럼 훌륭한 신하들과 현명한 아내를 얻을 수 있었을까? 오랜 기다림을 견뎌 내며 끝까지 자신을 믿고 옆을 지켜 준 사람들을 만나게 된 비결은 무엇이었을까? 명확한 답을 제시할 수 있다면 좋겠지만 아쉽게도 그런 것은 없다. 다만 중이가 보여 준 모습에서 추정해 볼 수 있을 것이다. 중이는 보위에 오른 후, 고생을 함께한 신하들에게 이렇게 말했다. "무엇보다 인의仁義로써 나를 지도하고 잘못을 일깨워 준 점이 정말 고맙도다."

이런 일도 있었다. 중이의 망명생활 도중 두수라는 사람이 재물을 모두 들고 도망쳤다. 그로 인해 중이와 일행은 한동안 힘든 시간을 보내야 했다. 그런데 중이가 임금이 되자 이 두수가 찾아온다. 보통 사람 같으면 '여기가 어디라고 감히 찾아오느냐'며 꾸짖었겠지만 그는 놀랍게도 두수를 용서한다. 자신에게 큰 죄를 지은 두수도 받아 주는 모습을 보임으로써 인재를 우대하고 반대파도 포용하고 화합하겠다는 메시지를 전달한 것이다. 덕분에 진나라는 신속하게 안정을 되찾는다. 중이에게 바로 이런 도량과 마음가짐이 있었기 때문에 신하들도 그 그릇의 크기를 알아본 것이라고 생각된다.

1) 중이가 천하를 떠돌아다닐 때 한번은 길가 농부들에게 밥을 구걸한 적이 있었다. 농부는 중이 일행을 비웃으며 흙덩어리를 던져 주고 모욕했는데, 중이가 분노하여 농부에게 채찍을 휘두르려 하자 호언은 급히 말리며 이렇게 말했다고 한다. "밥을 얻기는 쉬워도 흙을 얻기는 어렵습니다. 토지는 나라의 근본이니 하늘이 저 농부의 손을 빌려 토지를 내려 주신 것입니다. 이는 장차 나라를 얻을 조짐이니 공자께서는 경건히 절을 올리고 받으십시오."

한식寒食

중이가 갖은 고생을 하며 천하를 떠돌던 시절, 며칠째 아무것도 먹지 못해 힘들어하는 주군을 위해 개자추는 자신의 허벅다리 살로 국을 끓여 바쳤다. 보통의 충성심이 아니었던 것이다. 하지만 중이가 보위에 오른 후 그는 은거를 선택한다. 원래부터 입신양명에 관심이 없었던 데다가 공로를 다투고 부귀와 권력을 탐하는 동료들이 비루하게 느껴졌기 때문이다. 그래서 병을 핑계로 조정에 나가지 않았고, 아예 노모와 함께 깊은 산속으로 숨어 버렸다.

그러던 중, 즉위 초기 여러 일들로 정신이 없었던 중이가 자신이 개자추를 깜빡 잊어버리고 있었음을 깨달았다. 중이는 부랴부랴 개자추를 찾았지만 그의 종적을 발견하기가 쉽지 않았다. 이에 중이는 산에 불을 지르라고 명령했다. 불이 나면 개자추가 어머니를 모시고 산을 내려올 것이라는 기대였다. 하지만 사흘이 지나 불이 잦아들 때까지 개자추는 나오지 않았고, 모자가 서로 안고 타 죽은 채로 발견되었다. 이때가 음력 3월 5일, 청명절 무렵으로(지금은 동지 후 105일째 되는 날), 이후 사람들은 이날이 되면 개자추를 추모하는 의미에서 불을 피우지 않고 찬 음식을 먹었다고 한다. 이것이 바로 한식의 유래다.

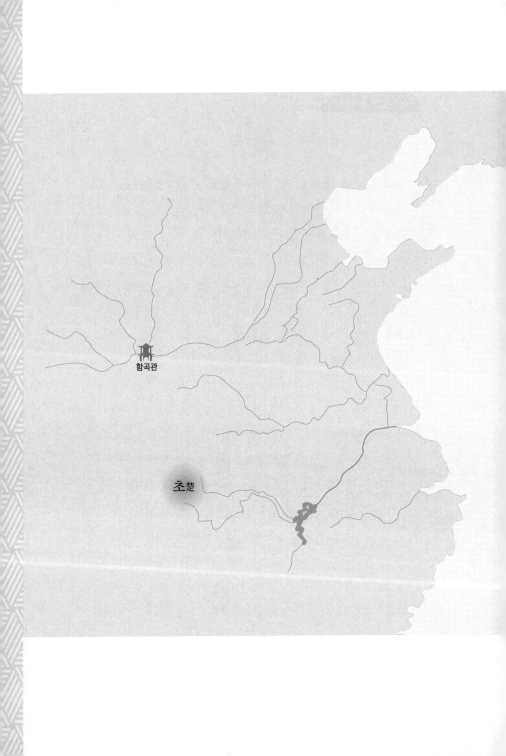

7장

초장왕의 암중모색

왕은 나랏일에 관심이 없었다. "감히 간언을 하는 자가 있으면 용서하지 않고 주살할 것이다"라는 살벌한 경고문을 붙여 놓은 채, 매일같이 노는 일에만 몰두했다. 그렇게 3년이 지난 어느 날 대신 신무외申無畏[1]가 알현을 청했다. "신이 도저히 풀 수가 없는 문제가 있어 대왕께 여쭙고자 왔나이다." "무슨 문제이기에 그러오? 어디 말해 보시오." "도성 남쪽 언덕에 오색 깃털로 싸여 있는 큰 새가 있사옵니다. 하온데 이 새는 3년이 지나도록 날지도 울지도 않는다고 합니다. 신은 도저히 이 새가 무슨 새인지 알 수가 없사옵니다." 왕이 웃으며 말했다. "과인이 그 새를 알고 있소. 비록 3년을 날지 않았으나 한번 날아오르면 하늘에 닿을 것이오. 비록 3년을 울지 않았으나 한번 울면 사람들을 놀라게 할 것이오. 그때가 머지않았소." 신무외가 자신을 풍자한 것임을 안 임금은 조금만 더 기다려 보라고 당부한 것이다.

하지만 임금의 게으름과 방탕은 여전히 계속됐다. 그러자 이번에는 소종蘇從이라는 대신이 찾아왔다. 소종은 왕을 보자마자 대성통곡한다. "이제 신이 죽고 초나라도 망할 것이니 참으로 슬프옵니다." 왕이 의아해하며 물었다. "어째서 경이 죽는단 말이오? 초나라는 또 어째서 망한다는 것이오?" 소종이 대답했다. "오늘 신은 대왕께 간언을 올리고자 왔습니다. 대왕께서는 틀림없이 신을 죽이실 터이니, 신이 죽고 나면 이 나라에는 더 이상 간언을 할 사람이 없을 것입니다. 그리되면 정치가 타락하고 망국에 이를 것은 불 보듯 뻔합니다." 임금은 격노했다. "과인은 분명히 간언을 하는 자는 용서하지 않겠다고 하였다. 간언을 올리면 죽는다는 것을 알면서도 지금 그대가 간언을 하니, 참으로 어리석은 짓이 아닌가?" 소종은 담담히 말했다. "신의 어리석음이 대왕의 어리석음만 하겠습니까? 지금 대왕께서 신을 죽이신다면 후세 사람들은 저를 충신이라 부를 것입니다. 그러나 대왕께서는 한때의 즐거움에 빠져 만세의 이익을 내버리고 계십니다. 이 얼마나 어리석은 일입니까? 더 이상 드릴 말씀이 없습니다. 청컨대 죽음을 내려 주시옵소서."

그 순간 소종을 쏘아보던 임금이 갑자기 표정을 바꾸고 자리에서 일어났다. 그러고는 소종에게 정중히 예를 표하며 말했다. "참으로 충언이오. 과인은 경의 말을 따를 것이오." 임금은 곧바로 어진 신하들을 불러들이고 신무외와 소종에게 중책을 맡겼다. 권세가를 제압하고 부패한 관리를 축출했으며, 새벽부터 밤늦게까지 업무에 몰두하여 국정을 정상궤도에 올려놓았다. 그뿐만 아니라 총애하던 후궁 정희와 채녀를 물리치고 번희를 정실부인으로 봉했다. "과인이 사냥에 빠져 있을 때 오직 번희만 내게 그래서는 안 된다며 간언했기 때문이다." 요컨대, 임금은 짐짓 방탕한 채 자신을 숨기며 사람들을 관찰하고 있었다. 누가 진짜 충신인지, 누가 능력이 있는 신하인지, 누가 나에게 진실한 말을 해 줄 사람인지를 가려내고 있던 것이다. 초나라의 제22대 군주이자 춘추 시대의 세 번째 패자 장왕莊王의 이야기다.

이후, 장왕의 활약은 눈부셨다. 한번 날아오르면 하늘에 닿으리라는 그의 장담처럼 초나라를 막강한 나라로 만들었다. 영윤令尹[2] 투월초鬪越椒가 반란을 일으켜 위기를 맞는 듯했지만 '백발백중'의 활솜씨를 자랑하던 양유기養由基를 보내 제압했다. 그는 인재를 소중히 여겼고 능력 위주의 인사를 단행했는데, 농사를 짓던 손숙오孫叔敖를 중용해 명재상으로 만든 것도 다름 아닌 장왕이었다.

장왕의 용인술은 유명한 '절영지회絶影之會'에서도 엿볼 수가 있다. '절영' 또는 '절영지연'이라고도 불리는 이 사건은 장왕이 신하들의 노고를 치하하는 연회에서 벌어졌다. 이날 장왕은 애첩 허희에게 자신을 대신하여 모든 참석자에게 술을 따라 주라고 지시했다. 허희가 자리를 오가며 신하들에게 술을 따라 주고 있을 때, 난데없는 바람이 불어와 연회장의 촛불을 모두 꺼트렸다. 이미 한밤중이었기 때문에 연회장은 한 치 앞도 볼 수 없을 만큼 암흑천지로 변했다. 그때였다. 어둠 속에서 누군가의 손이 허희의 허리를 끌어안았다. 깜짝 놀란 허희가 그 사람이 쓴 관모冠帽의 끈을 잡아 뜯어낸 후, 장왕에게 아뢰었다. "여기에 무례한 사람이 있어 첩의 몸에 손을 대었나이다. 첩이 그자의 관모 끈을 끊어 가지고 있으니 불을 밝히면 누가 저지른 짓인지 알 수 있을 것입니다."

이 말을 들은 장왕은 "아직 불을 밝히지 마라. 오늘 과인은 경들과 더불어 즐거운 마음으로 크게 취하고자 한다. 그 거추장스러운 관모 끈부터 뜯어 버려라"라고 분부한다. 자신의 후궁을 희롱한 죄를 묻기는커녕 오히려 덮어 준 것이다. 잔치가 끝난 후 허희가 이유를 묻자 장왕은 이렇게 말했다고 한다. "오늘은 모두가 취하도록 마셨다. 사람이 취하면 누구나 실수하기 마련이다. 만약 기어코 범인을 찾아내어 처벌했다면 어땠겠느냐? 신하들의 흥은 깨어졌을 테고 잔치를 연 의의가 사라졌을 것이다."

이로부터 3년 후, 초나라가 진晉나라와 치열하게 전투를 벌이는 과정에서 장왕이 죽을 위기에 처했다. 이때 당교唐狡라는 장수가 나타나 장왕을 구하고 진나라 군대를 격퇴하는 큰 공을 세운다. 장왕이 칭찬하며 상을 내리려 하자 당교는 이렇게 말했다. "신은 진즉에 죽은 목숨이나 마찬가지입니다. 대왕께서는 3년 전의 일을 기억하십니까? 그때 관모의 끈을 뜯긴 사람이 바로 저였습니다. 대왕의 은혜로 죽지 않고 살아났으니 소신은 목숨을 바쳐 그 은혜에 보답하고자 했을 뿐입니다."

장왕이 부하의 실수를 너그러이 용서해 준 덕분에 부하는 그 은혜에 감동하여 더 큰 충성과 헌신을 바친 것이다. 물론 오늘날의 관점에서 보자면 이 사건에서 추행당한 후궁, 즉 피해자는 사과받지 못했고 피해자의 인권도 무시되었다. 따라서 장왕의 결정을 그대로 본받아야 한다고 말할 수는 없다. 다만 아랫사람의 잘못을 드러내고 엄격히 처벌하는 일만이 정답은 아니라는 것이다. 상황에 따라 융통성을 발휘해 너그럽게 대하는 자세가 필요하다.

마지막으로 장왕이 남긴 이야기를 하나 더 살펴보자. 한번은 장왕이 대군을 이끌고 천자국인 주나라 왕실 경계에까지 진군한 적이 있었다. 이를 항의하는 사신에게 장왕은 구정九鼎[3]이 얼마나 크고 무거운지 본 적이 없어서 한번 구경하러 왔을 뿐이라고 말한다. 구정은 주나라의 정통성을 상징하는 것으로, 천자가 되겠다는 야심을 내보인 것이다. 그러자 사신은 이렇게 대답했다. "천자가 되는 것은 덕행德行에 달려 있지 구정에 있는 것이 아닙니다." 이 말을 들은 장왕은 부끄러워하며 철군했다는데, 과연 그랬을까? 오히려 장왕의 다음 말이 보다 장왕다워 보인다. "구정을 믿지 말라. 초나라의 부러진 무기들만 녹여도 구정쯤은 얼마든지 만들 수 있다!" 그는 주나라의 기존 질서를 언제든 무너뜨릴 수 있다고 자신한 것이다. 이처럼 천명을 기다리지 않고 직접 천명을 만들어 가겠다는 배

포가 있었기에 장왕은 암중모색의 시간을 발판으로 패업을 이룩할 수 있었다.

백발백중 百發百中

초나라의 장군 양유기는 전설적인 신궁神弓으로 꼽힌다. 백 걸음 밖에 있는 버들잎을 향해 활을 쏴 백 발이면 백 발을 모두 명중시켰다는 뜻에서 '백발백중', '백보천양百步穿楊'이라는 고사성어를 만들어 냈다. 투월초가 반란을 일으키자 이를 진압하기 위해 출정한 양유기는 투월초에게 활쏘기 시합을 제안했다. 강을 사이에 두고 서로 세 번씩 화살을 날려 승부를 결정짓자는 것이다. 그런데 먼저 공격한 투월초의 화살은 모두 양유기를 맞추지 못했다. 마지막 활이 제법 매서웠지만 양유기가 날아온 화살의 촉을 이빨로 물어 막아 냈다. 이에 비해 양유기는 단 한 발의 화살로 투월초의 목숨을 거두었다. 투월초가 몸을 피할 틈도 주지 않았다고 한다. 이후에도 양유기는 뛰어난 활 솜씨로 진晉나라 대군을 격파하는 등 종횡무진 활약했다. 한데 운명이었을까? 누구보다도 활을 잘 쐈던 그는 오나라와의 전투에서 적군의 화살을 맞고 전사했다.

1) 『사기세가』에는 신무외가 아니라 오거라고 나온다.

2) 초나라의 최고위 관직으로 수석 재상에 해당한다. 군권까지 장악한 자리다 보니 주로 왕족들이 맡았다. 손숙오, 춘신군 등이 영윤을 역임한 바 있다.

3) 정(鼎)은 귀가 두 개, 발이 세 개 달린 귀한 솥을 가리키는 말이다. 일찍이 하나라의 건국자 우왕(禹王)이 천하를 9개 주(州)로 나누면서 그 상징으로 9개의 솥을 만든 것이다. 하나라에서 은나라, 주나라로 전승되었고, 천명(天命)을 받은 정통성을 뜻하게 되었다.

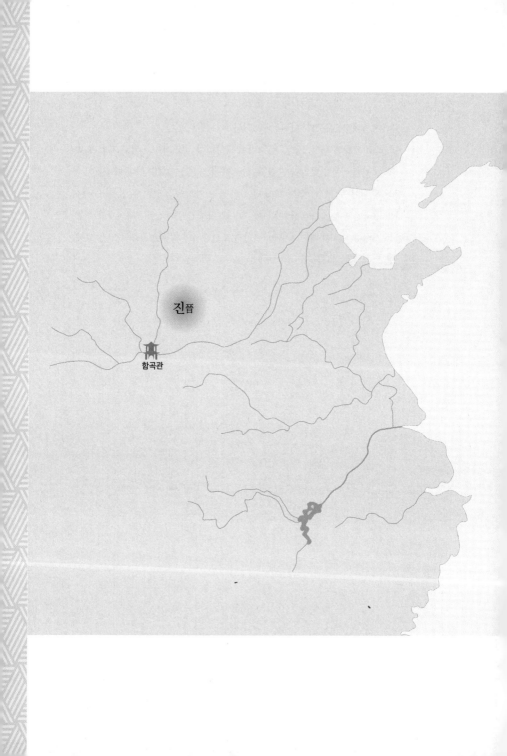

진쯥

함곡관

8장

진도공의 리더십

　　　　　　　　　　　　　　5장의 주인공이자 춘추 시대 두 번째 패자인 문공이 죽고 진晉나라는 수준 낮은 군주들이 보위를 이어 갔다. 문공의 아들 양공陽公은 아버지가 남긴 신하들의 보좌를 받으며 그나마 괜찮은 정치를 펼쳤지만, 손자 영공靈公은 폭정을 휘두르다 목숨을 잃었다. 영공의 뒤는 숙부인 성공成公이 계승했는데 국정을 모두 실권자 조돈趙盾에게 위임한 채 무력한 모습을 보였다. 성공의 아들 경공景公은 간신의 꾐에 넘어가 공신의 가문을 몰살시켰고 초나라와 겨뤘다가 대패하는 과오를 저지른다. 그는 '병입고황病入膏肓'이라는 고사를 만들어 낸 주인공이며 변소에 빠져 죽음을 맞이했다고 한다. 이들로 끝난 것이 아니다. 경공의 아들 여공厲公은 교만하고 사치가 심했으며, 신하들을 의심하여 세 명의 대신을 한꺼번에 주살했다. 그는 결국 신하에게 시해된다.

이처럼 무능한 임금들의 통치가 계속되면서 진나라의 국력은 점점 쇠약해져 갔다. 정치는 혼란에 빠졌고 뜻있는 인재들은 다른 나라로 떠나 버렸다. 다시 천하를 제패하리라는 희망은 사라지는 듯했다. 바로 이때, 기대하지 않았던 인물이 등장한다. 여공이 시해된 후 보위를 승계할 사람이 없어 찾고 또 찾다가 겨우 찾아낸 종친 공손주다.

양공의 증손자인 그는 당시 열네 살로 주나라의 수도에 살고 있었다. 공손주는 자신을 모시러 온 신하들에게 이렇게 말했다고 한다. "나는 타국을 떠도는 나그네로 고국으로 돌아갈 수 있을 거라는 희망조차 가져 본 적이 없소. 이런 내가 어찌 감히 임금이 되길 바라겠소? 또한, 여러분이 만약 임금이라는 이름만 받들면서 그 명령에는 따르지 않는다면 차라리 임금이 없는 것만 못하오. 여러분들이 앞으로 나의 명령을 기꺼이 따를 것인지 아닌지 지금 바로 확답을 주시오. 그러지 못하겠다면 내가 아닌 다른 사람을 섬기시길 바라오." 이유야 어찌 됐든 신하에게 왕이 시해되면서 왕실의 권위가 땅에 떨어졌다. 따라서 앞으로 자신을 존중하고 따르겠냐는 질문을 던진 것이다. 허수아비가 될 생각은 추호도 없다는 뜻을 담고 있다. 어린아이라 내심 우습게 봤던 공손주의 단호한 이 말에 신하들은 놀라 머리를 조아리며 충성을 맹세했는데, 이 공손주가 바로 진나라를 중흥시킨 도공悼公이다.

도공은 즉위하자마자 조정의 분위기를 일신했다. 선왕 여공을 타락하게 만든 간신 이양오와 청비퇴를 제거하였고 여공을 시해한 정활도 사형에 처했다. 여러 대에 걸쳐 국정을 농단한 간신 도안가屠岸賈와 그의 일파도 모두 제거했다. 이 도안가는 중국의 4대 비극 중 하나로 꼽히는 작품 《조씨고아趙氏孤兒》의 최고 악역이기도 한데, 자신의 권력을 위해 조씨 집안을 멸문시켰고, 이때 구사일생으로 살아남은 어린아이의 복수로 몰락한다는, 실화를 바탕으로 한 작품이다. 도공은 도안가에 의해 참화를 입은 조씨 가문도 복권한다. 이뿐만이 아니다. 폭정을 피해 은거해 있던 명장 한궐韓厥을 총사령관에 임명하는 등 어진 신하를 높이 예우하고 능력 있는 신하들을 대거 발탁하였다. 덕분에 순앵, 난염, 조무, 위강, 한무기, 사악탁 등 훌륭한 인재들이 적재적소에 배치될 수 있었다. 도공은 "자리를 비워두고 거기에 적합한 사람을 기다려야지, 사람을 위해 자리를 함부로 남발해서는 안 된다"라고 하였는데 인사를 운영함에 있어서 적임자인지의 여부를 가장 중요하게 생각한 것이다.

도공이 이렇게 인재를 소중하게 여기자 신하들도 본받는다. 기해라는 신하는 은퇴하면서 자신의 원수를 후임자로 천거하기까지 했다. 도공이 의아해하며 묻자 그는 이렇게 말한다. "주상께서는 신의 직위를 대신할 수 있는 사람이 누구인지를 물으셨지, 신의 원수가 누군지를 묻지 않으셨습니다." 공평무사하게 적임자를 추천한다는 의미의 '기해천수祁奚薦讎'[1]라는 말이 여기서 비롯됐다.

이 밖에도 도공은 신하들의 지난 과오를 덮어 주었고 상벌을 엄격히 시행하였다. 밀린 세금을 면제하고 세율을 낮췄으며 빈민 구제에 힘썼다. 홀아비와 과부를 지원하는 복지정책도 시행한다. 폐지되었던 좋은 제도를 복원하였으며 통상을 진흥시켜 경제적 부를 일구기도 했다. 도공의 활약은 국방과 외교 분야에서도 돋보였는데, 그는 북방의 강자 산융과 평화협정을 체결하고 남방의 초나라를 굴복시켰다. 국가 간의 분쟁을 앞장서 해결하는 등 외교에서도 탁월한 능력을 발휘했다. 덕분에 진나라는 금방 전성기 때의 모습을 되찾을 수 있었다.

더욱이 도공은 공명정대했다. 잘못을 반성하고 고칠 줄 알았다. 한번은 도공의 친동생 양간揚干이 군법을 어겨 처벌받은 적이 있었다. 화가 난 양간은 자신에게 벌을 준 위강魏絳을 모함했다. 동생을 끔찍이 사랑했던 도공이 위강을 잡아들이라고 명령하자 위강의 상소문이 올라왔다. "신이 주상의 아우를 범하였으니 그 죄가 죽어 마땅합니다. 하지만 명령을 내렸는데도 따르지 않고 군령이 준수되지 않는다면 반드시 패배를 자초하게 됩니다. 신이 명령에 따르지 않은 자를 처벌한 것은 신에게 주어진 소임을 다한 것입니다." 자초지종을 알게 된 도공은 즉시 위강에게 사과했다. "과인은 형제의 사사로움을 행했고 경은 군대의 공무를 행했소. 과인이 아우를 제대로 가르치지 못해서 군법을 범하게 만든 것이니, 그 죄는 과인에게 있소." 그리고 양간을 크게 질책한다. "네놈 때문에 과인이 오늘 사랑하는 장수를 죽일 뻔했다." 도공은 양간을 체포하여 연금하고 3개월 동안 예절과 준법 교육을 받도록 했다. 지위를 막론하고 규칙을 준수하게 함으로써 나라의 기강을 확립한 것이다.

이 외에도 도공은 인의仁義를 중시했다. 사람의 마음을 진심으로 감동하게 하고 사람을 기꺼이 움직이게 만드는 것은 인의밖에 없다는 것이다. 이는 다른 나라를 대할 때도 마찬가지였다. 그는 오랜 기간 문제를 일으켜 온 정나라를 정벌한 후 관대하게 포용함으로써 정나라의 진심 어린 복속을 끌어냈다.

하지만 안타깝게도 하늘은 도공에게 충분한 시간을 허락하지 않았다. 도공은 스물아홉 살의 젊은 나이로 눈을 감았고, 도공이 죽은 후 진나라는 다시 쇠퇴의 길을 걸었다. 이와 같은 진나라의 몰락은 국력이나 자원이 약했기 때문이 아니다. 도공이 아닌 다른 군주들의 시대에도 진나라는 넓은 영토를 가지고 있었고 군사력, 경제력, 인재풀 모두 충분했다. 다만 인재를 적재적소에 배치하여 최고의 능력을 발휘하게 하는 지도력이 없었다. 군주가 앞장서서 모범을 보이며 원칙을 지키고 공명정대하게 행동해야 하는데, 그러질 않았다. 그 차이가 도공의 번영과 다른 군주들의 쇠락을 가른 것이다.

대진(戴進), 〈빙현도(聘賢圖)〉, 비단에 채색, 132.5×71.5cm, 선양 고궁박물원 소장.

병입고황病入膏肓

진나라 경공이 도안가에게 조씨 가문을 몰살하도록 허락한 뒤 어느 날, 꿈에 키가 8척이나 되는 귀신이 머리를 풀어 헤치고 나타나 "내 자손에게 무슨 죄가 있다고 다 죽인단 말이냐. 내가 옥황상제의 허락을 받아 너를 잡으러 왔다"라고 외치며 경공에게 구리로 된 쇠망치를 내리쳤다. 경공은 피를 토하고 쓰러졌는데 그 후로 병이 들어 시름시름 앓기 시작했다. 이에 당대의 명의로 꼽히던 진秦나라의 고완을 초빙해 진맥을 맡기니 고완은 "이 병은 고칠 수 없습니다. 병이 이미 고황膏肓(심장과 횡격막 사이)에 들었습니다. 쑥으로도 뜸을 뜰 수 없고 약으로 다스릴 수 없으며 침을 놓을 수도 없는 상황입니다. 저로서도 어쩔 도리가 없습니다"라며 고개를 저었다. 얼마 후 경공은 눈을 감았는데 이때부터 '병이 고황에 들었다'는 말은 치유할 수 없을 정도의 위중한 상태라는 뜻으로 쓰이고 있다.

---

1) 같은 뜻에서 '기해지천(祁奚之薦)', '기해지거(祁奚之擧)'라는 말도 쓰인다.

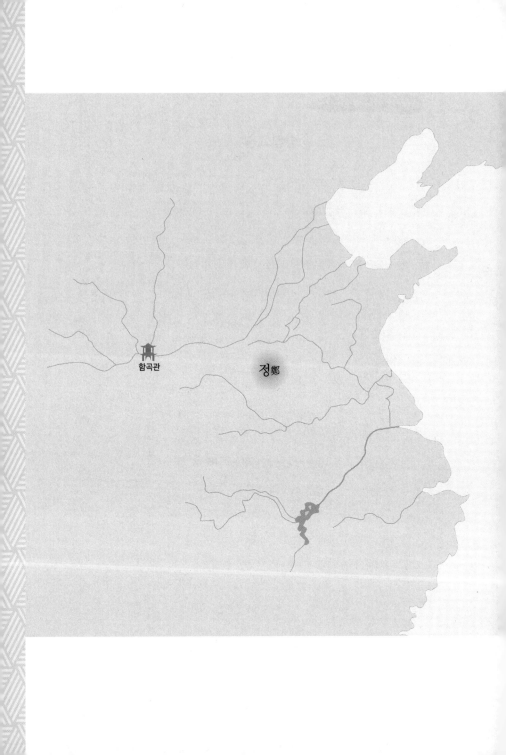

9장

자
산
의
정
치

일찍이 공자는 어떤 이를 가리켜 이렇게 말했다.

"그는 은혜로운 사람이다." _『논어』, 「헌문」

"그는 군자君子의 도道 네 가지를 갖췄다.
몸가짐이 공손하고 윗사람을 공경했다.
백성을 은혜롭게 보살폈고 백성을 의롭게 다스렸다." _『논어』, 「공야장」

이처럼 공자가 높이 평가한 이는 공손교公孫僑이다. 자字가 자산으로, 20년간 정나라 재상을 맡아 흔히 '정자산鄭子産'이라고 불린다.

『열국지』는 "우리의 아들딸을 자산이 바른길로 이끌어 주시네 / 우리 논밭에서 나는 수입을 자산이 늘려 주시네 / 자산이 죽고 나면 그 누가 우리 자손과 살림을 보호해 줄까?"라는 정나라 백성들의 노래를 소개하며 "이 노래만으로도 자산의 업적을 짐작할 수 있을 것이다"라고 기록하고 있다.

자산은 정나라가 매우 위태로웠던 상황에서 재상으로 발탁됐다. 춘추 시대의 대표적 약소국이었던 정나라는 진晉나라와 초나라라는 두 강대국 사이에 껴서 바람 잘 날이 없었다. 초나라를 지지하면 진나라의 공격을 받았고, 진나라와 화친을 맺으면 초나라의 보복을 받았다. 외국의 침략을 받은 횟수가 헤아릴 수 없을 정도다. 게다가 내부에서는 권력투쟁이 계속됐다. 기원전 605년부터 자산이 집권하기 전까지 60여 년 동안, 세 명의 군주가 신하에게 시해당했으며 한 명의 군주가 외국에 억류되었고 10여 명의 집정대신이 살해됐다. 그 여파로 숙청과 보복의 칼날에 수없이 많은 신하가 죽임을 당했는데, 자산의 아버지 자국子國도 이 과정에서 목숨을 잃었다. "밖으로는 나라가 작아 강국의 핍박을 받고, 안으로는 가문이 비대하고 총애를 다투는 이가 많아 다스리기가 어렵다!"라는 자산의 한탄은 당시 정나라의 현실을 잘 보여 주고 있다.

하지만 자산은 포기하지 않았다. 외교업무를 관장하다가 이어서 집정대신이 된 자산은 도시와 시골의 실정에 맞게 법과 제도를 제정했다. 누구나 주어진 직분과 책임을 성실히 수행하도록 하였으며 정전제井田制1)를 기반으로 세금을 공평하게 거두었다. 지배층의 수입 중 일부를 징수해 백성을 구제하기 위한 비용으로 삼았다. 이뿐만이 아니다. 충성스럽고 검소한 사람을 높여 주고 교만하고 사치하는 사람을 억눌렀다. 정변을 일으킨 자들을 주살했고 신상필벌을 엄격히 적용했다. 토지의 경계를 정리하고 구역마다 저수지를 만들어 가뭄에 대비하도록 했다. 법조문을 새겨 놓은 큰 솥을 만들어 법치法治를 천명했으며 향교를 활성화하여 교육을 진흥시켰다. 덕분에 정나라는 차츰 부강해질 수 있었다.

이러한 자산의 정치는 특히 두 가지 수단을 바탕으로 이루어졌다. 우선 '예법禮法'이다. 자산은 예에 밝았고 젊은 시절부터 철저히 예를 지켜 존경을 받았다. 한번은 자산이 정변으로 인해 죽임을 당한 사람들의 시신을 모아 장사 지내 준 적이 있었다. 권력자가 이를 못마땅하게 여겨 자산을 죽이려 했지만 "자산은 예를 실천한 것입니다. 예를 지킨 사람을 죽이는 것은 상서롭지 못합니다"라는 주위의 만류에 뜻을 접어야 했다. 또한, 자신에게 상이 내려졌을 때도 예법에 어긋난다며 사양한 바 있다. 이러한 자산의 말과 행동은 나라 밖으로까지 널리 알려졌으며 숙향, 계찰, 비심 등 당대의 현자들로부터 예를 잘 안다는 극찬을 받았다. 진나라의 군주 평공도 예에 대한 자산의 소양에 감탄하며 "자산은 참으로 박학다식한 군자로다"라고 평가할 정도였다. 예의 권위자임을 널리 인정받았던 것이다.

자산은 이와 같은 평판을 외교전에서 적절히 활용했다. 자산이 활동할 당시만 해도 주나라 예법인『주례周禮』의 권위가 살아 있었다. 많은 부분에서 유명무실해졌지만, 보편적 준칙으로서 그것이 갖는 명분만큼은 여전했다. 제후국들이 형식적으로나마 주나라 왕실을 섬기고 있듯이 주례 역시 무시할 수 없는 상황이었다. 만약 주례를 부정하는 사람이 나오면 현재의 질서를 부정하는 것으로 간주되어 공공의 적으로 내몰릴 수 있었다. 자산은 이 주례에 대한 세밀한 지식을 바탕으로 진陳나라에서 요구한 공물의 양을 대폭 줄였고 침략할 트집을 잡으려던 진晉나라의 의도를 무산시켰다. 진나라의 실력자 조문자는 "자산의 말이 예법에 맞다. 이를 거역하면 우리가 불리하다"라고 하였으며, "자산이 예로 대항했기 때문에 진나라 육경六卿[2]이 두려워했다"라고 사서에 기록되었을 정도다. 무릇 명분의 힘이 살아 있는 한 명분만큼 좋은 무기도 없는 법이다. 자산은 주례의 법도를 내세우며 정나라의 권력자들을 차례로 제압하기도 했는데, 예라는 명분을 효과적으로 사용한 사례라 할 수 있다.

다음으로 자산은 언로言路와 소통을 중시했다. 정나라 사람들은 향교鄕校에 모여 정치를 비평하길 좋아했다. 하지만 워낙 시끄럽고 나랏일에 이래라저래라 간섭하는 경우가 많았기 때문에, 하루는 어느 대신이 자산에게 향교를 헐어 버리는 것이 어떻겠냐고 건의했다. 그러자 자산은 다음과 같이 말했다.

"그게 무슨 소립니까? 사람들이 향교에 모여 아침저녁으로 정치의 옳고 그름을 논하고 정책의 잘잘못을 논하는 것은 참으로 좋은 일입니다. 그것을 보고 그들이 좋다고 하는 것은 내가 추진하고, 그들이 싫다고 하는 것은 내가 고치면 되지 않겠습니까? 그들이 나의 스승일진대 왜 향교를 헐어 버려야 하겠습니까? 나는 성실히 착한 일을 행하여 원망과 비판을 줄인다는 말은 들어 보았지만, 권위를 내세워 원망과 비판을 방지한다는 말은 들어 본 적이 없습니다. 절대로 권위로써 사람들의 의논을 막아서는 안 됩니다. 이는 마치 흐르는 물을 막는 것과 같아서 가득 찬 물이 일시에 터지게 되면 많은 사람이 다치고 맙니다. 나는 그것을 감당할 수가 없습니다. 그러니 평소에 물길을 열어 자유롭게 소통시켜 놓아야 합니다. 부디 내가 기꺼이 비판을 듣고 약으로 삼게 해 주십시오."

언로가 막히면 나라에 도움이 되는 좋은 아이디어가 사장될 뿐 아니라 잘못을 바로잡을 수 있게 해 주는 소중한 직언과 고언들을 놓쳐 버리게 된다. 사람들이 하고 싶은 말을 하지 못하니, 불만과 원망이 해소되지 못해 머지않아 폭발하는 순간이 온다. 그리되면 나라 전체에 큰 불행이 아닐 수 없다. 따라서 평소에 말의 통로를 열어 어떤 말이든 자유롭게 개진되도록 해야 한다. 더구나 향교처럼 여론이 모이는 공간이 있으면 그를 통해 정치의 잘잘못과 정책의 타당성 등을 점검할 수 있다. 여기서 비판이 나오면 반성하고 문제점을 보완하며, 지지가 나오면 더욱 흔들림 없이 추진하면 되는 것이다. 자산의 이 발언은 『조선왕조실록』에서도 자주 언급된다. 언로를 확대하고 비판을 수용하는 일의 중요성을 잘 보여 주기 때문이다.

끝으로 자산의 일화를 하나 더 소개한다. 자산은 새로운 토지 조세제도를 도입하여 지주들로부터 큰 반발을 샀다. 그러나 자산은 흔들리지 않는다. "만약 나라에 유리한 것이라면 나의 생사 따위는 관계치 않고 추진해 나갈 뿐이다. 내가 듣기로 일을 잘하는 자는 무슨 일이 있어도 자신의 길을 바꾸지 않기 때문에 성공할 수 있다고 하였다." 요컨대 자산은 명분과 전략, 열린 태도, 그리고 굳건한 의지가 있었기 때문에 명재상으로서 역사에 이름을 남길 수가 있었던 것이다.

1) 주나라의 토지제도로 토지를 우물 정(井) 자 모양으로 9등분한 후 여덟 집이 한 구역씩 경작하게 하여 그 수확물을 소득으로 갖는다. 남은 한 구역은 공동 경작하여 그 소출을 나라에 세금으로 내는 것이다.

2) 『주례(周禮)』에서는 국가의 정무(政務)를 천관(天官, 총재)·지관(地官, 대사도)·춘관(春官, 대종백)·하관(夏官, 대사마)·추관(秋官, 대사구)·동관(冬官, 대사공)의 여섯 가지 부처로 구분하였다. 육경이란 이 여섯 부처의 책임자를 말한다. 조선 시대의 육조판서도 이 '육경' 체제에서 유래한 것이다.

대진(戴進), 〈관산행려도
(关山行旅图)〉, 종이에 채색,
61.8×29.7cm, 북경 고
궁박물원 소장.

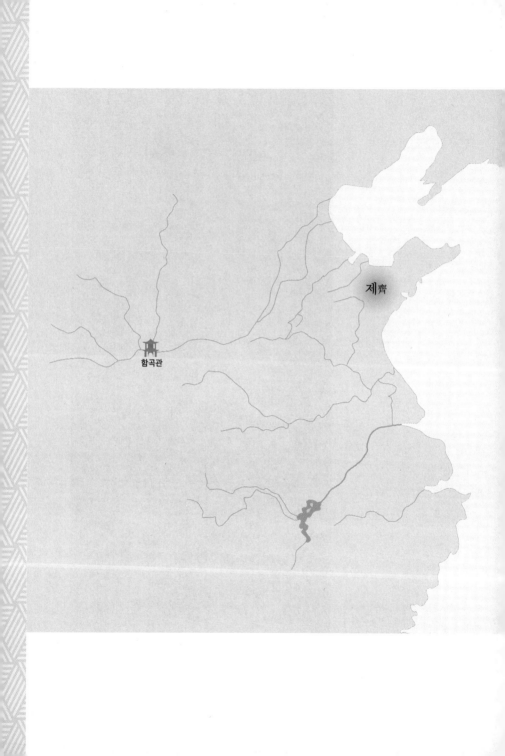

제齊

함곡관

10장

안영의 말솜씨

제나라 임금 경공景公에게 슬픈 소식이 전해졌다. 믿고 의지하던 재상이 눈을 감았다는 것이다. 놀란 경공은 직접 수레를 몰고 재상의 집으로 달려갔다. 그러고는 재상의 주검을 끌어안고 통곡했다. "선생께서 밤낮으로 과인을 꾸짖어 주셨는데 과인이 부족한 탓에 이를 제대로 받아들이지 못했습니다. 하늘이 그 죄를 물어 과인 곁에서 선생을 데려가시는군요. 이제 이 나라는 어찌해야 합니까? 우리 백성들은 누구를 의지해야 합니까?" 옆에 있던 신하가 예에 벗어난다며 만류하자 경공은 말했다. "무슨 예를 따지는가? 선생께서는 하루에 몇 번이라도 과인의 잘못을 바로잡아 주셨다. 앞으로 누가 있어 그렇게 해 줄 수 있는가? 내가 선생을 잃었으니 나 또한 망할 것인데, 무슨 예를 따진단 말인가?"

이처럼 경공이 죽음을 애통해 마지않은 사람은 안영晏嬰, 흔히 안자晏子라고 불린 인물이다. 앞 장에서 다룬 정나라 자산과 더불어 춘추 시대를 대표하는 명재상이며 공자로부터 깊은 존경을 받았다. 『사기』의 저자 사마천도 "오늘날 안자가 살아 계신다면 나는 그를 위해 채찍을 드는 마부가 되어도 좋을 만큼 그분을 흠모한다"라고 말했을 정도로 그의 인품과 명망, 업적은 실로 탁월했다.

더욱이 안영은 말솜씨가 뛰어난 것으로 유명했다. 촌철살인으로 상대방의 말문을 막고, 단번에 핵심을 짚어 내며 상황을 자신의 의도대로 이끌었다. 그러면서도 부드럽고 유려한 말로 상대를 기분 나쁘지 않게 만들었고 스스로 깨달아 달라지도록 했다. 양두구육, 의기양양, 귤화위지 등 오늘날에도 많이 쓰이는 고사성어의 제조기이기도 하다. 우선, 제나라 영공 때로 가 보자. 영공은 궁녀에게 남자 옷을 입혀 놓고 바라보는 것을 좋아했다. 이 소문이 퍼져 민간에서도 여자가 남장하는 것이 유행이 되자 영공은 이를 금지시켰다. 하지만 영공의 지시는 잘 지켜지지 않았는데, 영공이 화를 내자 안영은 이렇게 대답했다. "임금께서는 궁궐 안 여인들에게는 여전히 남장을 시키시면서 궁궐 밖 백성들에게만 금지하고 계십니다. 이는 마치 밖에는 양의 머리를 걸어 놓고 실제로는 개고기를 파는 것과 같은 속임수입니다. 민간에서 남장하는 것을 금하고 싶으시다면 우선 궁궐 안 여인들의 남장부터 금지하십시오." 겉과 속이 다르다는 양두구육羊頭狗肉이라는 고사성어가 여기서 유래했다.

안영은 경공이 그를 재상에 임명하면서 본격적으로 활약한다. 원래 경공은 술과 음악, 사냥을 좋아했고 나태하여 방종한 일도 잦았다. 만약 안영이 없었다면 나라가 망했으리라는 평가가 많다. 하지만 적어도 경공은 자신이 부족하다는 것을 알고 있었고, 안영이 직언을 하면 반성할 줄 알았다. 당장은 기분 나쁘더라도 이내 고치곤 했다. 경공에게 정치를 잘해 보고 싶은 마음이 있어서이기도 했지만 무엇보다 안영이 현명하게 그를 보좌했기 때문이다.

안영은 경공이 잘못을 저지르더라도 그 자리에서 비판하거나 가르치려 들지 않았다. 경공 같은 사람은 스스로 깨닫게 하는 것이 더 낫다고 판단했기 때문이다. 한번은 경공이 7일 밤낮을 그치지 않고 술을 마시자 현장弦章이라는 신하가 간언을 올렸다. "임금께서 어찌 이레 밤낮을 그렇게 마구 술을 드신단 말입니까? 술을 그만 드시든지 아니면 신에게 죽음을 내려 주옵소서." 이 말을 들은 경공은 현장을 옥에 가둔 후 안영에게 물었다. "과인이 현장의 말을 들어주면 이는 신하에게 제압당하는 꼴이고, 그렇다고 들어주지 않으면 그를 죽여야 하니 어찌해야 할지를 모르겠습니다." 안영이 대답했다. "다행입니다. 참으로 다행입니다. 현장이 이렇듯 어지신 임금을 만났으니 망정이지, 걸왕이나 주왕 같은 군주를 만났더라면 진즉에 죽었을 것이 아닙니까?" 부끄러워진 경공은 곧바로 술자리를 중단하고 현장을 방면한다.

한번은 이런 일도 있었다. 경공이 궁궐 밖으로 사냥을 나가서

18일이나 돌아오지 않자 안영이 임금을 찾아 나섰다. 궁궐로 돌아와 달라고 간청하는 안영에게 경공이 말했다. "나라에 무슨 급한 일이라도 생겼습니까? 과인은 선생을 비롯한 다섯 신하에게 각각의 소임을 맡겼습니다. 과인이 심장이라면 이들은 나의 사지四肢나 다름없습니다. 지금 사지가 모두 제 역할을 잘하고 있지 않습니까? 과인이 안심하고 편안함을 좀 즐긴들 이게 뭐 어떻다고 그러십니까?" 안영이 웃으며 대답했다. "옳으신 말씀입니다. 하지만 사지에게 심장 없이 열여드레나 떨어져 있으라고 한다면 이는 너무 긴 시간이 아닙니까?" 경공은 자신의 생각이 짧았다며 환궁한다.

경공이 자기가 사랑하는 말을 병들어 죽게 했다며 관리자를 처형하려 들었을 때도 안영이 나섰다. "저자는 자신이 무거운 죄를 지었다는 것을 이해하지 못할 것입니다. 신이 전하를 위해 저자의 죄를 분명히 밝히겠습니다." 경공은 좋다며 허락했다. 이에 안영은 관리자를 보며 이렇게 말했다. "너는 그까짓 말 한 마리 때문에 임금께서 사람을 죽이려 들게 만들었다. 백성이 듣는다면 임금을 원망할 것이며, 제후들이 듣는다면 우리를 비웃을 것이다. 이것이 너의 죄다." 그러자 부끄러워진 경공이 손을 내저으며 말했다고 한다. "풀어 주시오! 저자를 풀어 주시오! 제발 나의 인仁을 훼손하지 마시오."

이 밖에도 안영은 경공이 우연히 만난 굶주린 노인을 불쌍해하고, 어린 새를 잡았다가 가련하다고 놔주자 성군聖君의 도를 알고 계신다며 칭찬했다. 경공이 우쭐해 하자 안영은 "임금께서 저렇게 한 사람의 늙고 약한 자도 불쌍히 여기시니 어렵고 힘든 모든 백성을 가련히 여기시지 않겠습니까? 임금의 은혜가 작은 새에게도 미쳤는데 하물며 백성에게야 오죽하시겠습니까?"라고 말한다. 경공은 멋쩍었을 것이다. 그는 즉시 신하들을 소집해 백성을 보살필 세세한 대책을 마련하게 했다. 즉 안영은 경공의 특성을 잘 파악하고 부드러운 말로 그를 일깨워 줌으로써 좋은 결과를 이끌어 낸 것이다. 만약 그가 경공의 잘못을 엄하게 비판하고 책망했더라면 경공은 분명히 그를 어려워하고 멀리했을 것이다. 그랬다면 안영 또한 자신의 능력을 펼치기 어려웠으리라.

안영의 말솜씨는 외교 분야에서도 유감없이 발휘됐다. 그가 초나라에 사신으로 갔을 때, 초나라는 제나라의 기를 꺾기 위해 안영을 조그만 쪽문으로 지나가게 했다. 그러자 안영은 거부하며 말한다. "내가 개나라에 사신으로 왔으면 당연히 개구멍으로 들어갈 터이지만 나는 초나라에 사신으로 왔으니 이런 문으로 들어갈 수 없소." 안영을 강제로 그 문으로 들였다가는 초나라가 개나라임을 자인하는 꼴이 된 것이다. 초나라 왕이 안영을 보고 "제나라에는 그렇게 사람이 없소? 어찌 그대와 같은 자를 사신으로 보내는가?"라고 하였을 때도 안영은 "저희 제나라는 사신을 임명할 때 상대 나라의 임금에 맞추어 정합니다. 상대 임금이 어질 때는 어진 사람을 사신으로 보내고, 상대 임금이 불초할 때는 불초한 사람을 사신으로 보냅니다. 저는 초나라 사신으로 가기에 가장 적합하다고 하여 오게 되었습니다." 초나라 왕은 말문이 막혔다. 안영을 비하했다가는 자신을 비하하는 것이 되니 말이다.

초나라에서의 일화는 한 가지가 더 있다. 지난번에 당한 것이 못내 분했던 초나라 왕은 안영을 골탕 먹이기 위해 꾀를 꾸몄다. 안영을 위해 베푼 연회에 죄인을 끌고 오게 한 초나라 왕은 짐짓 모르는 일이라는 듯 묻는다. "저자는 무슨 일로 잡아 왔는가?" 신하가 답했다. "제나라에서 온 자인데 도둑질을 하다가 붙잡혔습니다." 초나라 왕은 안영을 보며 말했다. "제나라 사람은 원래 도둑질을 잘하나 보오?" 안영은 빙그레 웃으며 대답한다. "제가 듣기로 귤나무가 회수淮水 남쪽에 가면 귤이 되지만 북쪽에 가면 탱자가 된다고 하였습니다. 잎만 비슷할 뿐 열매 맛은 다르지요. 물과 토양에 차이가 있기 때문입니다. 제나라의 백성이 제나라에서 사는 한 그는 도둑질을 할 줄 모릅니다. 그런데 초나라에 와서 도둑질을 했다니, 궁금하군요. 이 나라의 풍토가 사람을 도둑질하게 바꾸는 것은 아닌지요?" 얼굴이 붉어진 초나라 왕은 안영에게 사과했다고 한다. 귤이 회수를 건너면 탱자가 된다는, 귤화위지橘化爲枳라는 고사성어의 유래다.

이뿐만이 아니다. 안영의 유려한 말솜씨와 따끔한 충고는 동료 신하들에게도 이어졌다. 경공은 양구거梁丘據라는 신하를 총애했다. 경공이 "안영과 사마양저司馬穰苴가 없었다면 내가 어찌 이 나라를 다스릴 수 있겠으며, 양구거가 없었다면 내가 누구와 더불어 즐길 수 있으리오?"라고 말한 데서 볼 수 있듯이, 양구거는 경공의 비위를 잘 맞춰 주며 임금의 유흥과 오락을 책임졌던 인물이다. 안영은 이런 양구거를 내치자고 주장하지 않았다. 경공 같은 임금은 어느 정도 일탈을 허용해 줘야 삐뚤어지지 않기 때문이다. 물론 양구거가 못마땅하기는 했다. 머리가 똑똑하고 나름대로 능력도 괜찮은 인물이 임금을 노는 데로만 이끌고 있으니 말이다.

그러던 어느 날 양구거가 "저는 죽을 때까지 선생님에게 미칠 수 없을 것 같습니다"라고 말하자 안영은 이렇게 대답한다. "행동하는 자는 언제나 성취하는 바가 있기 마련입니다. 멈추지 않고 걷는다면 끝내 목적지에 도달할 수 있습니다. 저라고 해서 다른 사람보다 나은 점이 있는 것이 아닙니다. 단지 항상 움직이며 포기하지 않고, 항상 실천하며 쉬지 않으려 노력하고 있습니다. 이는 공께서도 충분히 하실 수 있는 일인데, 어찌 저 따위에게 미치지 못한단 말입니까?" 양구거는 부끄러워 얼굴을 붉힐 뿐 아무 말도 하지 못했다고 한다.

지금까지 살펴본 것처럼 안영은 말로써 상대를 변화시키고 승복을 끌어냈다. 사용하는 표현이 멋들어졌다거나 말하는 기술이 현란한 덕분이 아니다. 안영은 적절한 순간에, 핵심을 짚어 낸 비유를 통해 상대가 스스로 깨달을 수 있도록 유도했다. 가르치려 들기보다는 차분히 설득했고, 하고 싶은 말을 상대방의 특성에 맞춰 전달했다. 말로써 승부를 봐야 할 때는 준엄하고 단호했으며, 말의 허점을 이용해 역공하여 상대의 입을 다물게 했다. 안영은 진정한 말솜씨란 무엇인가를 분명히 보여 주었다고 할 수 있다.

의기양양 意氣揚揚

'의기양양'의 주인공은 안영의 수레를 몰았던 마부다. 재상 안영의 수레가 지나갈 때면 백성들이 앞다퉈 인사하고, 한다하는 귀족과 대신들도 정중히 예를 표시하니 마부는 흡사 자신이 대단한 사람이라도 된 것만 같았다. 그러던 어느 날, 마부의 아내는 남편이 수레 모는 광경을 목격했는데, 의기양양하고 오만한 모습이 꼴불견이었다. 마부의 아내는 일을 마치고 돌아온 마부에게 더는 당신이랑 함께 못살겠다고 말했다. 깜짝 놀란 마부가 그 이유를 묻자 아내는 이렇게 말했다. "재상께서는 늘 겸손하고 나랏일을 걱정하시기에 여념이 없습니다. 그런데 당신은 분수를 모르고 오만방자해 있으니 제가 부끄러워 견딜 수가 없습니다." 마부는 깊이 반성하고 행동을 고쳤다고 한다.

이사훈(李思訓), 〈강범누각도(江帆樓閣圖)〉, 비단에 채색, 101.9×54.7cm, 대만 국립고궁
박물원 소장.

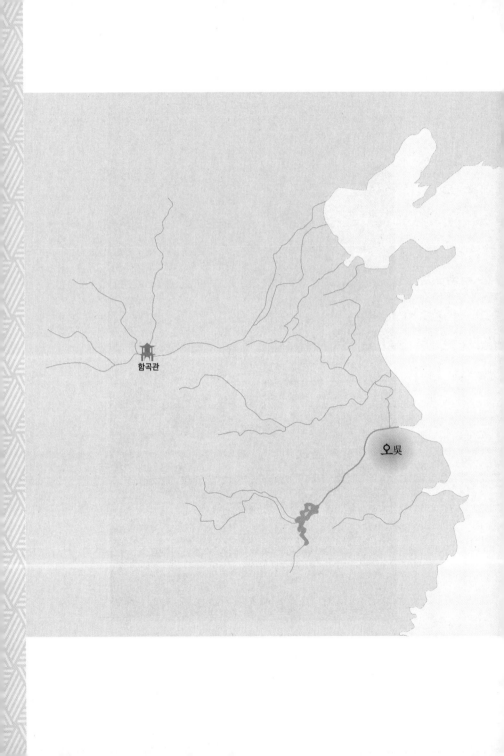

함곡관

오吳

11장

오
자
서
의
복
수

　　　　　　　　　　예나 지금이나 '복수' 이야기는 매력적이
다. 악인에 의해 몰락하는 집안, 구사일생으로 살아남아 온갖 시련
을 겪는 주인공, 그리고 그 주인공이 절치부심하여 원한을 갚는 과
정은 많은 흥미를 준다. 복수에 얽힌 충성, 의리, 가족애, 사랑, 우정
등도 사람들의 마음을 움직인다. 그렇지만 복수가 늘 성공하는 것은
아니다. 성공한 듯 보여도 깔끔하게 마무리되지 않는 경우가 많다.
복수심에 불타 잘못된 선택을 하고 그로 인해 본인이 파멸하는 것이
다. 대표적인 인물이 이번 장에서 소개할 오자서伍子胥다.

　원래 초나라 사람이었던 오자서는 아버지 오사伍奢와 형 오상伍尙
이 초나라 평왕의 손에 억울하게 죽임을 당하는 일을 겪는다. 간신
비무극費無極의 부추김을 받은 평왕은 아들인 세자의 정혼자를 빼앗

앗는데, 자신의 잘못을 덮기 위해 세자를 폐위하고 세자의 후견인인 오사 일가도 제거하려 들었다. 평왕의 마수를 눈치챈 오자서는 홀로 살아남아 복수를 다짐하며 국경을 넘는다. 이 과정에서 그가 얼마나 정신적으로 고통을 받았던지 하룻밤 사이에 머리카락과 수염이 반백으로 변했다고 한다. 그렇게 도착한 곳이 오吳나라. 이곳에서 오자서는 왕위를 노리고 있던 공자公子 광光과 만나게 된다.

공자 광은 한눈에 오자서가 비범한 인물이라는 것을 알아봤다. 그는 원수를 갚도록 도와줄 테니 대신 자신을 왕으로 만들어 달라고 부탁한다. 오자서는 이 제안을 받아들였고 갖은 책략을 동원하여 권력을 찬탈하는 데 성공했다. 『열국지』에서는 오자서가 전제라는 자객을 동원하여 오나라 임금 요를 살해하는 것으로 나온다. 그러고는 광을 보위에 올렸으니 이 사람이 바로 합려闔閭다.

그런데 이즈음 또 한 명이 초나라로부터 망명해 왔다. 초나라의 대신 백극완의 아들 백비伯嚭다. 백비 역시 비무극의 농간으로 인해 아버지가 처형되었기 때문에 오자서와 같은 원한을 가지고 있었다. 오자서는 백비를 따뜻하게 맞이해 주었고 임금에게 추천하여 높은 벼슬까지 받게 한다. 하지만 백비를 탐탁지 않게 여긴 사람들이 있었다. 오자서의 은인으로 관상을 매우 잘 보았던 피이被離는 오자서에게 이렇게 물었다. "공께서는 대체 무엇을 보고 백비를 신뢰하십니까?" 오자서가 대답했다. "나의 원한이 백비의 원한과 같지 않습니까? 같은 병을 앓는 사람은 서로가 서로를 가엽게 여기고,[1] 같은 근심이 있는 사람은 서로가 서로를 구해 주어야 한다고 했습니다. 뭘 그리 이상하게 생각하십니까?" 그러자 피이가 말한다. "공께서는 사람의 겉만 보고 속은 보지 않으시는군요. 제가 백비의 관상을 보니 새매의 눈에 호랑이의 걸음을 가졌습니다. 이런 얼굴을 가진 자는 성격이 탐욕스럽고 아첨에 능하지요. 혼자서 공로를 차지하고 함부로 사람을 죽일 것이니 절대로 가까이해서는 안 되는 부류입니다. 만약 이런 자를 중용하면 반드시 공께 해를 가져다줄 것입니다." 백비는 믿을 수 없는 자이니 곁에 두지 말라는 것이다. 그러나 오자서는 피이의 말을 듣지 않았다. 『손자병법』의 저자로 오나라 군대의 총사령관이었던 손무孫武 역시 "백비는 공로만 믿고 제멋대로 설치는 사람이오. 나중에 틀림없이 오나라의 우환거리가 될 것이니 목숨을 거두시오"라고 권유했지만 소용이 없었다. 오히려 그는 더욱 백비를 아꼈고 얼마 지나지 않아 백비는 오자서 다음가는 자리에까지 오르게 된다.

　도대체 오자서는 왜 백비를 싸고돈 것일까? 그에게는 복수가 최우선의 과제였기 때문이다. 합려가 오자서의 원수를 갚아 주겠다고 약속했지만 사실 쉬운 일이 아니다. 대다수 신하들은 오자서가 사적인 복수를 위해 오나라의 국력을 낭비하려 든다며 못마땅하게 생각했다. 이에 오자서는 자신의 복수를 도와줄 세력을 키우기 위해서 백비가 필요했던 것이다. 그에게는 백비가 어떤 사람인지는 중요하지 않았다. 오로지 자신과 같은 원한을 가졌다는 것만 눈에 들어왔을 뿐이다.

이와 같은 오자서의 의도는 성공했다. 그는 백비와 함께 초나라를 멸망 직전까지 내몰았다. 그는 평왕의 무덤을 파헤쳐서 그 시신에 수백 번 채찍을 내리침으로써 원한을 풀 수 있었다. 하지만 문제가 생겼다. 백비가 점점 탐욕스러운 본색을 드러내기 시작한 것이다. 백비는 합려의 뒤를 이어 왕이 된 부차夫差가 허영심이 많고 오만하다는 점을 이용하여 그에게 아첨하며 권세를 도모했다. 자신에게 이익이 되는 일이라면 나라에 피해를 준다고 해도 개의치 않았다. 월越나라 문제가 단적인 사례다.

부차의 할아버지[2] 합려는 월나라와의 전투에서 부상을 입고 목숨을 잃었는데, 부차는 장작더미 위에서 잠을 자며 복수를 다짐했다. 그리고 3년간의 철저한 준비 끝에 마침내 월나라의 항복을 받아 낸다. 평소 오자서는 오나라와 월나라는 공존할 수 없는 처지라며 반드시 월나라를 없애야 한다고 주장해 왔고 부차 역시 월나라를 용서할 생각이 없었다. 그러나 백비가 월나라로부터 막대한 뇌물을 받으면서 상황이 바뀐다. 백비는 감언이설로 월나라 왕 구천句踐을 변호해 주었고 부차도 백비의 설득에 넘어가 버렸다. 오자서가 결사적으로 반대했음에도 불구하고 포로로 잡았던 구천을 풀어 주기까지 한다. 오자서는 탄식했다. "내가 피이의 말을 듣지 않고 저런 간신배와 함께 일을 한 것이 참으로 후회스럽도다. 두고 보라. 10년도 지나지 않아 월나라는 다시 힘을 갖출 것이고 20년이 지나면 우리 오나라 궁궐은 깊은 늪으로 변해 사라지고 말 테니."

더구나 백비는 오자서까지 숙청하러 들었다. 자꾸만 자신을 저지하는 것이 못마땅했던 데다가 오자서만 없으면 자신이 오나라의 모든 권력과 이익을 마음대로 주무를 수 있다고 생각한 것이다. 백비는 부차에게 오자서를 계속 참소하며 모함했고 결국 부차는 오자서에게 자결하라는 명령을 내린다. 월나라 왕 구천이 쓸개를 핥으며 원한을 갚겠다고 칼을 갈고 있던 그때, 오나라의 버팀목이 쓰러져 버린 것이다. 그것도 오나라 임금의 손에.

죽음을 맞게 된 오자서는 무슨 생각을 했을까? 『열국지』는 오자서의 최후를 다음과 같이 묘사하고 있다. "하늘이여! 하늘이여! 지난날 선왕께서 부차를 후계자로 세우지 말자고 하셨으나 내가 간곡하게 설득하여 그를 임금으로 만들었다. 나는 부차를 위해 초나라와 월나라를 깨뜨렸고 제후들에게 오나라의 위엄을 과시했다. 그런데도 부차는 간사한 신하의 말만 듣고 나를 죽이려 하는구나." 하늘을 우러러 탄식한 오자서는 가족들에게 유언을 남겼다. "내가 죽으면 나의 눈을 빼내 도성 동문 위에 걸어 두어라. 월나라 군대가 쳐들어와 오나라를 멸망시키는 모습을 똑똑히 보리라."

만약 오자서가 백비의 진면목을 알아차렸다면 어땠을까? 은혜를 원수로 갚고 나라에도 큰 해악을 끼칠 사람이라는 것을 알아보았다면? 그가 진즉에 피이와 손무의 충고를 들었더라면, 본인뿐 아니라 오나라의 운명도 달라졌을지 모른다. 그렇다면 그는 왜 그렇게 하지 못했을까? 명재상이자 당대의 책략가로 평가받는 그가 사람을 보는 눈이 어둡지는 않았을 것이다. 그럼에도 불구하고 백비를 계속 끼고돈 것은 마음속에 가득했던 복수심이 판단을 흐렸기 때문이다. 오로지 원수를 갚는 일에만 집착했기 때문에 백비의 사람됨은 염두에 두지 않은 것이다.

흔히 분노는 이성을 마비시킨다. 치우친 감정이 마음을 뒤덮으면 상황을 바르게 인식할 수도, 올바른 결정을 내릴 수도 없게 된다. 사람을 보는 안목 또한 마찬가지다. 비단 분노가 아니더라도 선입관이나 편견, 치우친 감정이 존재한다면 상대를 제대로 파악할 수가 없다. 이는 머지않아 큰 해악으로 되돌아온다는 것을 오자서가 여실히 보여 주고 있다.

1) 같은 병을 앓는 사람끼리 서로를 가엽게 여긴다는 '동병상련(同病相憐)'이라는 고사성어가 여기에서 유래했다.
2) 부차가 합려의 아들이라는 것이 정설이지만 『열국지』에는 합려가 부차의 할아버지로 서술되어 있다. 이 책은 『열국지』를 소재로 하기 때문에 후자를 따른다.

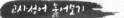

와신상담 臥薪嘗膽

오월동주(吳越同舟)라는 말이 나올 정도로 오나라와 월나라는 사이가 좋지 않았다. 그러던 와중에 오나라의 임금 합려가 월나라에 의해 부상을 당하고 그 상처 때문에 목숨을 잃는 일이 벌어진다. 합려의 뒤를 이어 보위에 오른 부차는 섶 위에서 잠을 잤고(와신臥薪) 시종들로 하여금 자신이 집무실을 출입할 때마다 "부차야! 너는 월나라가 할아버지를 죽였다는 사실을 잊지 마라!"라고 외치게 했다. 편안한 생활에 젖어 원한을 망각하는 일이 없도록 하고, 매일같이 복수하겠다는 결심을 다진 것이다. 그리하여 부차는 마침내 월나라를 공격하여 월나라 임금 구천의 항복을 받아 낸다. 그런데 구천도 가만히 있었던 것이 아니다. 구사일생으로 목숨을 구한 구천은 자신을 가혹하게 채찍질했다. "구천아! 오나라에서 항복하던 그 수치를 잊었느냐?"라는 말을 주문같이 중얼거리며 하도 이를 빠드득 갈아서 이가 모두 으스러질 정도였다. 또한 그는 쓰디쓴 쓸개를 매달아 놓고 밥을 먹을 때마다 그 쓸개를 핥으며(상담嘗膽) 설욕을 다짐했다. 그리하여 7년 만에 구천은 오나라를 멸망시킨다. 온갖 굴욕을 참고, 고난과 시련을 극복하여 목표를 이룬다는 뜻의 '와신상담'이 바로 부차와 구천으로부터 비롯됐다.

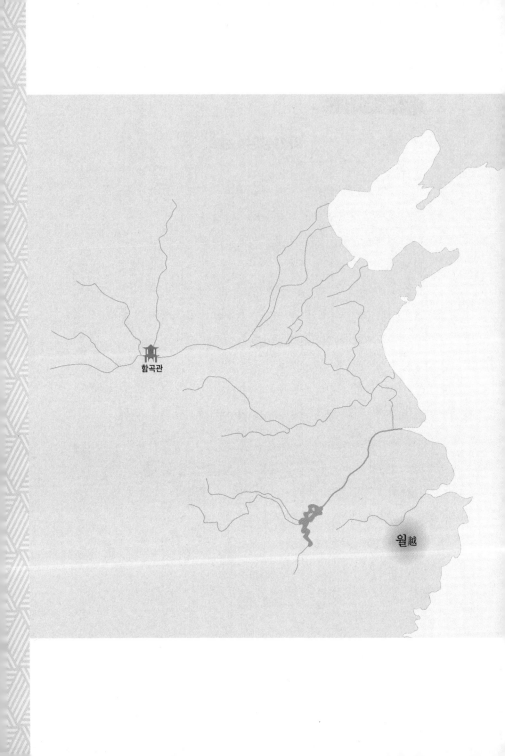

12장

범려의
버리고 떠나기

명재상과 장사의 신神. 이질적으로 보이는 두 이름을 동시에 가졌던 사람이 있다. 춘추 시대 월나라의 전략가 범려范蠡다. 그는 멸망 직전까지 갔던 나라를 다시 일으켜 세웠고, 모시던 주군을 패자로 만들었다. 벼슬에서 물러난 뒤에는 상인으로 명성을 날리며 막대한 재산을 축적했다. 이 과정에서 주목할 만한 처세술을 보여 주었는데 바로 이번 장에서 소개할 이야기다.

본래 초나라 사람이었던 범려는 자신의 포부를 펼칠 수 있는 곳을 찾아 월나라에 왔다. 그런데 얼마 지나지 않아 월나라는 큰 위기를 맞았다. 숙적 오나라에 의해 월나라 군대가 괴멸당하고 임금 구천이 포로로 잡힌 것이다. 나라의 운명이 바람 앞의 등불과도 같아지자 월나라의 신하들은 동요하기 시작했다. 자칫 자신들의 목숨마

저 잃을 수 있었기 때문이다. 하지만 범려는 흔들리지 않는다. 위기를 맞아 전면에 나선 그는 갖은 계책을 써서 구천의 목숨을 구했고 오나라 임금 부차를 부추겨 오나라의 국력을 낭비하도록 만들었다. 오나라 조정을 이간질해 분열시키기도 했다. 오나라의 간신 백비에게 뇌물을 써서 오자서를 죽게 만든 것도 범려의 계책이다. 그러면서 부국강병을 위한 정책을 주도, 월나라를 일약 강국으로 탈바꿈시킨다. 기원전 473년, 월나라가 오나라를 멸망시키고 구천이 제후들의 맹주가 될 수 있었던 데에는 그의 공로가 절대적이었다.

보통 상황이 이와 같다면 범려는 나라의 일등공신이자 수석 재상으로서 막강한 영향력을 행사하게 되었을 것이다. 권력과 명예, 부귀를 한 손에 쥔 나라의 대주주가 되었을 것이다. 실제로 구천은 범려에게 나라의 절반을 주겠다고 말한다. 그러나 범려는 대업을 이룬 직후 곧바로 사직했다. "신이 듣건대 군주가 모욕을 받으면 신하는 죽어야 한다고 하였습니다. 지난날 대왕께서 오나라에 굴복하는 치욕을 당하셨는데도 신이 죽지 못했던 것은 참고 기다려 월나라를 다시 일으켜 세우기 위해서였습니다. 이제 오나라가 사라졌으니 신은 그때의 죄를 물어 주시길 청하옵니다. 책임을 지고 관직에서 물러나겠습니다." 놀란 구천이 "과인이 오늘을 맞이한 것은 오로지 경의 힘 덕분이오. 과인을 버리고 가긴 어딜 간다는 말이오?"라고 만류했지만 범려는 듣지 않았고, 그날 밤으로 짐을 꾸려 사라져 버렸다.

범려는 떠나면서 동료 재상이었던 문종文種에게 다음과 같이 편지를 남겼다고 한다. "토끼가 죽고 나면 사냥개는 삶아 먹히고 적국이 사라지면 계책을 내던 신하는 설 자리가 없어집니다. 부릴 대로 부려 먹다가 쓸모가 없어지면 제거하는 것이지요. 아시다시피 우리 임금은 욕심이 많고 시기심도 많습니다. 함께 어려움을 견딜 수는 있어도 같이 안락을 누릴 수 없는 인물입니다. 그대도 하루속히 떠나지 않는다면 틀림없이 참혹한 화를 겪게 될 것입니다." 토사구팽兎死狗烹[1]이라는 고사성어가 여기서 유래한 것으로, 구천은 틀림없이 효용 가치가 다한 문종을 죽이려 들 것이니 빨리 피하라는 경고였다.

　무릇 신하가 지나치게 뛰어난 능력을 가지고 있으면 그것이 자신의 죽음을 재촉하는 경우가 있다. 적국을 무너뜨리고 나라를 부강하게 만든 신하의 탁월한 역량은 임금이 목표를 이루는 과정에서는 반드시 필요하지만, 일단 목표를 이루고 난 뒤에는 부담이 된다. 그러한 힘과 능력을 갖고서 혹시라도 자신에게 반기를 들지 않을까 두려워지는 것이다. 더구나 큰 공을 세운 신하의 명망과 영향력은 왕권을 강화하는 데 장애가 되기 때문에 차제에 제거하고 싶은 마음을 품게 된다. 범려는 구천 역시 이와 같이 행동하리라 예상한 것이고 그래서 화를 피해 주저 없이 월나라를 떠난 것이다. 그의 충고를 듣지 않고 머뭇거리던 문종은 범려의 예언대로 죽음을 맞는다. 문종은 구천으로부터 '촉루屬鏤'라고 새겨진 칼을 받았는데 이는 오자서가 부차로부터 죽기 전에 받았던 칼로, 자결하라는 뜻이었다.

자, 그렇다면 범려는 어디로 갔을까? 치이자피鴟夷子皮라는 이름으로 개명한 그는 제나라에 나타났다. 그곳에서 막대한 재산을 모았고 그 돈으로 가난한 사람들을 구제하여 인심을 얻었다. 범려의 비범함을 알아챈 제나라 임금이 그를 재상으로 임명했지만 "사사롭게는 천금의 부富를 이루었고 벼슬살이는 재상에까지 이르렀으니 이는 사람으로서 갈 데까지 간 것입니다. 존귀한 명성을 오래 갖고 있으면 상서롭지 못합니다"라며 금방 물러났다. 그러고는 전 재산을 모두 주위에 나누어 준 후 또다시 잠적해 버렸다.

범려가 마지막으로 세상에 몸을 드러낸 것은 도陶라는 고을에서였다. 도주공陶朱公이라는 새 이름을 내세운 그는 연로한 나이에도 불구하고 상업과 무역을 통해 큰돈을 벌어들였다.[2] 이때 그는 월나라 시절 동료 계연計然의 방법을 실천해 큰 성공을 거두었는데, 재물을 운용하는 일에 뛰어났던 계연은 다음과 같이 말한 바 있다.

"물자를 모으려면 그것을 온전하게 보존할 수 있도록 노력하되 묵혀 두어서는 안 된다. 썩은 것은 내다 버리고 상한 물건은 남겨 놓지 말아야 한다. 물건 값이 많이 오를 때까지 차지하고 있는 것도 옳지 않다. 물자가 남는지 모자라는지를 잘 따지면 값이 오를지 내릴지를 알 수 있다. 값이 극도로 비싸지면 반대로 싸지고, 값이 극도로 내려가면 반대로 비싸진다. 따라서 값이 오르면 오물을 버리듯 내다 팔고 값이 내리면 보석을 얻은 듯 사들여야 한다."

물건 값이 오르면 내다 팔고 내리면 사들여야 한다는 것인데, 당연한 말처럼 보여도 막상 실천하기는 어려운 과제다. 가격이 올라가기 시작하면 사람들은 대부분 계속 오를 거라 기대하며 관망한다. 이미 이익을 거두었음에도 '지금 팔았다가 값이 더 오르면 그 손해가 얼마야?'라는 생각에 머뭇거린다. 그러다가 매도할 시점이 지나고 나서야 부랴부랴 판매에 나선다. 반대의 경우도 마찬가지다. '조금만 기다리면 보다 좋은 가격에 물건을 살 수 있지 않을까?'라며 주저하다가 적절한 매수 시점을 놓쳐 버린다. 범려는 이와 같은 인간의 심리를 극복한 것이다.

이러한 범려의 상술은 그의 처세에서도 고스란히 드러난다. 범려가 존망의 위기에 있던 월나라를 지켜 내며 헌신한 것은 값이 내렸을 때 물건을 사들이는 것에 비유할 수 있다. '월나라'의 값어치가 떨어져 아무도 거들떠보지 않았던 덕분에 범려는 마음껏 경륜을 펼칠 수 있었다. 대업을 이룬 뒤 미련 없이 월나라를 떠난 것, 제나라에서 재상을 사직하고 재산을 나누어 준 것은 가격이 올랐을 때 물건을 내다 판 것에 해당한다. 그는 도 고을에서도 천금의 재산을 가난한 이웃들에게 베풀고 홀연히 은퇴했는데, 부귀나 명예에 얽매이지 않고 자신이 마음먹은 때에 정확히 물러난 것이다. "범려는 세 번 자리를 옮겼으나 세 번 모두 이름을 떨쳤고, 드러나지 않고자 했지만 널리 드러났다"라는 사마천의 평가는 범려의 처세술이 만들어 낸 것이라고 해도 틀린 말이 아니다.

이상 범려의 처세는 '물러나는 법'에 대해 생각할 거리를 준다. 적절한 시점에 물러날 줄 알아야 자신을 지킬 수 있고 새로운 도전의 기회도 열리는 법이지만, 우리는 눈앞의 이해관계와 욕심에 집착하느라 때를 놓치곤 한다. 머뭇거리고 주저하다가 상황을 오판하고 잘못된 결정을 내린다. 성공에 도취하지 않고 과감히 물러날 줄 알았던 범려의 자세, 이익을 탐하지 않고 주저 없이 비울 줄 알았던 범려의 자세를 본받아야 하는 이유다.

1) 『열국지』에서는 오나라 임금 부차가 범려와 문종에게 구천을 믿지 말라고 말하면서 '토사구팽'을 인용하기도 한다. 이 밖에도 훗날 한나라의 명장 한신이 한 고조 유방에게 숙청될 때 이 고사를 언급했다.

2) 이 시기 범려는 이런 일화도 남겼다. 둘째 아들이 죄를 지어 사형을 언도받고 옥에 갇히자 범려는 아들을 구하기 위해 막내아들을 시켜 막대한 뇌물을 쓰려고 했다. 그런데 큰아들이 중요한 일을 왜 동생에게 맡기느냐며 자기가 가겠다고 나섰다. 범려는 마지못해 큰아들을 보냈는데 그는 돈을 아까워하다가 일을 그르치고 만다. 범려는 한탄했다. "큰아이는 나와 함께 장사를 했기 때문에 돈을 벌기가 얼마나 어려운지를 안다. 그래서 돈을 함부로 쓰는 것이 아까워 그리했을 것이다. 그래서 내가 막내를 보내려고 했던 것이다. 막내는 태어날 때부터 부족함 없이 자랐으니 아끼지 않고 뇌물을 썼을 것이 아닌가!"

진매(陳枚) 외, 〈청원본청명상하도(清院本清明上河圖)〉, 비단에 채색, 35.6×1152.8cm, 대만 국립고궁박물원 소장.

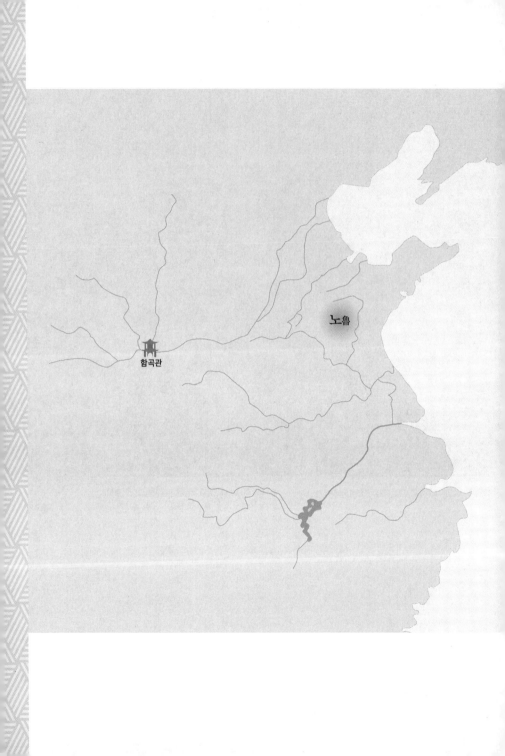

13장

공자의 노력

"나는 젊었을 때 미천하여 보잘것없었다.
그래서 이 일 저 일 익히게 된 것이다."
— 『논어』, 「자한」

형편이 어려우면 자신의 적성이나 업무 여
건 같은 것은 따지지 않는다. 당장 먹고살 일이 급하므로 무슨 일이
든 닥치는 대로 하게 된다. 인류의 영원한 스승, 위대한 성인聖人이라
고 추앙받는 공자孔子에게도 그런 시절이 있었다.

공자는 요즘 말로 '흙수저'다. 집이 매우 가난하였고 어릴 적에
아버지와 어머니를 모두 여의었다. 이끌어 주는 스승이나 도와주
는 후원자도 없었다. 오로지 혼자 힘으로 살아가야 했으며 어떻게
든 돈을 벌어 가족을 부양해야 했다. 이 시기에 공자는 외할아버지

공자(孔子), (출처: 위키백과).

로부터 배운 예법禮法으로 상갓집이나 남의 집 제사를 거들어 주면서 살았다고 한다. 작은 고을의 목장 관리자, 창고의 경리 담당 등 어떤 일이든 가리지 않고 맡아 보았다.

이처럼 고단한 환경이지만 공자는 항상 최선을 다했다. 목장에 있을 때는 누구보다도 소와 양을 잘 길러 냈고, 경리를 맡았을 때는 장부의 작은 빈틈 하나 놓치지 않았다. 어떤 일에서든 배울 것이 있고 무슨 일을 하든 정성을 쏟으면 그것이 감응하여 자신을 성장시킨다고 믿었기 때문이다. 이러한 자세는 학문으로 이어졌다. 공자는 뛰어난 사람이 있으면 아무리 먼 곳이라 할지라도 찾아가 가르침을 청했다. 궁금한 점을 묻고 또 물었다. 『중용中庸』 20장에 수록된 공자의 말을 보자. "배우지 않을지언정 배운다면 능하지 않고서는 그만두지 말라. 묻지 않을지언정 묻는다면 알지 못하고서는 그만두지 말라. 생각하지 않을지언정 생각한다면 깨닫지 않고서는 그만두지 말라. 분별하지 않을지언정 분별한다면 명확하지 않고서는 그만두지 말라. 행하지 않을지언정 행한다면 도탑지 못하고서는 그만두지 말라. 다른 사람이 한 번에 할 수 있었거든 나는 백 번 하며 다른 사람이 열 번에 할 수 있었거든 나는 천 번 해야 하니, 만약 이렇게 나아갈 수 있다면 우둔한 사람도 반드시 명석해질 것이고 유약한 사람도 반드시 강해질 것이다." 무엇이든 끝까지 나아가는 노력만이 성취의 열쇠이고 성공의 보증수표라는 것이다.

그런데 무조건 노력만 하라고 한다면 사람은 금방 지치고 말 것이다. 내가 왜 이것을 해야 하는지, 이것을 통해서 무엇을 얻고자 하는지, 스스로 납득할 만한 이유를 가지고 있어야 한다. 공자는 "아는 것은 좋아하는 것만 못하고 좋아하는 것은 즐기는 것만 못하다"(『논어』, 「옹야」)라고 하였는데, 바로 이유가 있어야 비로소 좋아할 수 있고 즐길 수 있게 된다. 이유가 있어야 절실해지고 "분발하여 먹는 것조차 잊어버리고 알고 나면 즐거워하여 근심을 잊어버리니 늙음이 닥쳐오는 줄도 모르게" 된다.(『논어』, 「술이」) 그렇다면 그 이유를 어떻게 찾을 것인가? 정답은 없다. 공자처럼 덕을 닦고, 인과 의를 실천하여 세상에 도를 펼치겠다는 거창한 목표를 품지 않아도 좋다. 그저 각자의 이유를 발견하면 된다. 다만 유의할 것은 "옛날 학자들은 자신을 위해 공부했는데 지금의 학자들은 다른 사람의 인정을 받고자 공부한다"(『논어』, 「헌문」)라는 공자의 우려처럼, 그것이 남에게 보여 주기 위한 것이 아니라 바로 나 자신을 성숙시키기 위한 것이어야 한다는 것이다.

이와 같은 노력 속에서 공자의 명망은 점점 높아졌다. 그의 밑에서 배우고 싶다며 찾아오는 제자들이 갈수록 늘어 갔다. 공자는 자신의 뜻을 펼칠 수 있는 기회도 얻는다. 공자를 눈여겨본 노나라의 군주 정공定公이 그를 중도라는 고을의 수령으로 임명한 것이다. 여기서 공자는 부임 1년 만에 눈부신 성과를 거두었는데, 『열국지』에 따르면 "사방에서 모두 사람을 보내 공자의 정치와 교화를 관찰한 뒤 자신들의 모범으로 삼았다"라고 한다. 이후 공자는 능력을 인정

받아 오늘날 국토·건설·교통부 차관 격인 사공司空, 법무부 장관 격인 대사구大司寇로 연이어 승진했다. 외교에서도 뛰어난 능력을 발휘했는데 노나라 임금에게 모욕을 주려던 제나라 군주에게 역공을 취하여 실리를 얻어 냈다. 어디 그뿐인가? 요설로 나라를 어지럽히는 소정묘를 체포하여 주살하였고, 공산불뉴(공산불요)가 역모를 일으키자 어가를 직접 호위하여 반란을 진압하는 용감함을 보여 주기도 했다.

하지만 공자에게 또다시 시련이 찾아온다. 노나라가 공자를 중용하여 강국으로 부상하자 이웃 제나라는 공자를 축출하기 위해 음모를 꾸몄다. 제나라는 노나라 임금 정공과 최고 실력자 계손사에게 화려한 악단과 미녀 악사들을 선물로 보냈다. 이로 인해 노나라의 지도자들이 유흥에 빠져 헤어 나오질 못하자 실망한 공자는 관직을 사임하고 방랑길에 올랐다. 위나라에서 진나라로, 조나라를 거쳐 송나라로, 이 밖에도 정나라, 포나라, 채나라, 초나라 등 수많은 나라를 방문했다. 자신의 이상을 실현시켜 줄 군주를 찾기 위해서였다. 그러나 공자의 기대는 끝내 이루어지지 못했다. 각 나라의 군주들은 공자를 예우하면서도 그의 말에는 귀 기울이지 않았다. 인義과 의義, 예禮를 강조하는 공자의 정치이념은 패권과 이익, 부국강병을 추구하는 군주들의 입맛에 맞지 않았던 것이다. 죽을 고비도 여러 번 넘겼다. 공자에게 자신의 자리를 빼앗길까 봐 두려웠던 권세가들이 연달아 그를 제거하려 들었기 때문이다.

결국 공자는 뜻을 이루지 못하고 고향으로 돌아온다. 55세에서 68세까지 무려 14년에 걸친 방랑이 남긴 것이라고는 지칠 대로 지친 노구뿐이었다. 그사이 죽거나 곁을 떠난 제자들도 많았다. 처지가 이러했으니 공자는 그저 쉬고 싶지 않았을까? 그러나 공자는 학문을 멈추지 않았다. 만년의 공자는 제자를 가르치는 일과 함께 저술 작업에 매진했다. 『서경書經』과 『시경詩經』을 편집했고, 『역경易經』을 탐구했다. 필생의 저작인 『춘추春秋』도 저술한다. 대의와 명분을 바로 세워 올바른 정치를 구현해 가는 '춘추의 정신'을 강조하기 위해서였다. 자신은 비록 그것의 실현을 보지 못하더라도, 언젠가는 그런 세상이 오길 기다리며 길잡이가 될 책을 지은 것이다. 공자는 결코 포기하지 않았다는 것을 알 수 있다. 덕분에 살아서는 고단한 듯 보였으나, 역사에 길이길이 전해지는 이름을 남겼다.

위편삼절 韋編三絶

공자를 설명할 때 빼놓을 수 없는 것이 치열한 노력이다. 그가 위대한 성인聖人으로 추앙받을 수 있었던 데는 "남들이 한 번에 할 수 있다면 자신은 백 번을 하고", "스스로 한계 짓지 말고 있는 힘껏 나아가며", "밥 먹는 것조차 잊어버릴 정도로 몰두한" 그의 노력이 뒷받침되었기 때문이다. 이러한 공자의 자세를 잘 보여 주는 일화가 '위편삼절'이다. 만년에 『역경』 연구에 심혈을 기울였던 공자는 "나에게 몇 년이 더 주어진다면 『역경』을 모두 파악할 수 있었을 텐데"라며 시간이 흐르는 것을 안타까워했다. 그러면서 혼신을 다해 연구에 집중했는데, 얼마나 많이 책을 펼쳐 보았던지 『역경』의 죽간竹簡(종이가 발명되기 전까지 문자를 기록하던 대나무 조각)을 묶어 놓은 가죽끈(위편韋編)이 세 번이나 끊어졌다고(삼절三絶) 한다. 지금도 '위편삼절'은 공부에 대한 피나는 노력, 독서에 임하는 성실한 태도라는 의미로 쓰이고 있다.

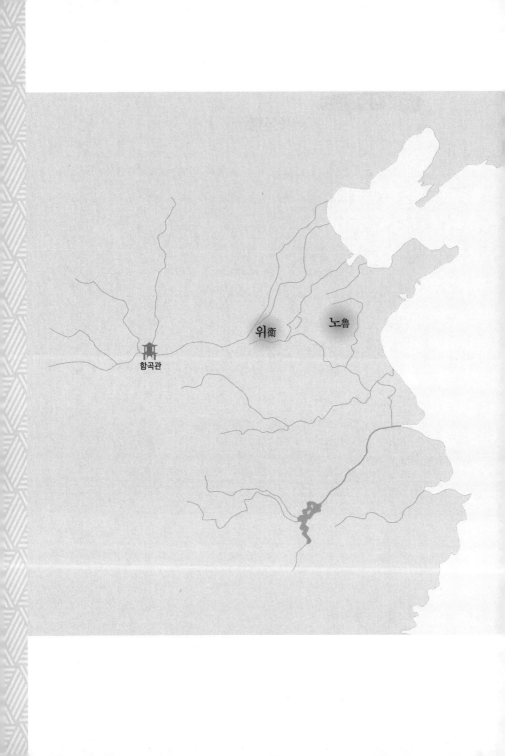

14장

자
로
의
생
애

　　　　　　　　　긴 창이 몸속 깊숙이 파고들었다. 무예가
뛰어난 그였지만 이미 예순을 넘긴 나이. 젊은 장수들을 홀로 감당
해 내기에는 역부족이었다. 피를 많이 흘려 정신이 아득해질 무렵,
내리쳐진 칼날에 그의 관모 끈이 끊어졌다. 그는 중얼거린다. "군자
는 죽을지라도 관모를 벗지 않는 것이 예의지." 힘겹게 끈을 맨 그는
이내 쓰러져 다시는 일어나지 못했다.

　　공자孔子가 사랑하던 제자 자로子路는 이렇게 눈을 감았다. 만년에
공자의 곁을 떠나 위衛나라에서 벼슬살이를 하던 그는 자신의 주군
공회孔悝를 위해 목숨을 바쳤다. 정변이 일어나 공회가 감금되었다
는 소식을 듣자 홀로 적진으로 뛰어든 것이다. 역시 공자의 제자였
던 위나라 대부 고시高柴가 "이미 막을 수 없는 상황이오. 그대가 위

자로(子路), 대만 국립고궁박물원 소장.

나라 책임자도 아닌데 이런 정치 문제에 무엇 하러 관여하려 하시오? 나와 같이 이곳을 떠납시다" 라고 말렸지만 자로는 듣지 않았다. "내가 공회가 준 녹을 받아먹은 이상 어찌 이 일을 두고 볼 수 있겠소. 위기에 처한 주군을 돕지 않고 자기 몸만 생각할 수는 없소." 결국 자로는 죽음을 맞이한다.

이때 위나라에 변란이 일어났다는 소식을 들은 공자는 이렇게 탄식했다고 한다. "고시는 돌아올 것이나 자로는 죽고 말 것이다." 제자들이 그 이유를 묻자 공자가 말했다. "고시는 안전한 길을 택하는 사람이다. 하지만 자로는 용기를 좋아하고 목숨이란 걸 그다지 소중하게 생각하지 않는다." 공자의 말이 끝나기도 전에 위나라에서 사신이 왔다. 자로를 죽이고 집권한 위나라 군주 장공이 보낸 것이었다. "이번에 새로 보위에 오른 군주께서 선생님을 무척 사모하고 계십니다. 그래서 특별히 음식을 보내셨습니다." 공자가 받아 음식 단지를 여니, 고기로 담근 젓이 가득 들어 있었다. 공자는 통곡했다. "자로의 살이로구나. 자로의 살이로구나. 내 항상 자로가 제 명대로 살지 못할까 염려했더니 결국 이렇게 죽는구나."『열국지』에 따르면 그날 이후 병을 얻은 공자는 시름시름 앓다가 결국 회복하지 못했다고 한다.

이 일화는 기록에 따라 조금씩 다르게 서술되어 있지만, 기본적인 사실은 동일하다. 다른 이들의 만류에도 불구하고 자로는 주군을 위해 용감하게 나섰고 끝내 목숨을 잃었다는 것이다. 또한, 자로의 죽음에 대해서는 헛된 죽음이라는 평가가 많다. 공회는 그가 목숨을 바칠 만한 주군이 아니라는 이유에서다. 심지어 공회가 자발적으로 반란에 동조했고 사정을 모르던 자로가 잘못 얽혀 들었다는 분석도 있다. 혈혈단신 쳐들어간 것도 당연히 무모한 일이었다. 하지만 이것이 '자로'다운 죽음이었다는 데에는 이견이 없는 것 같다. 올바름을 행하기 위해서라면 자신의 안위 따위는 돌보지 않는 인물, 인의를 지키기 위해서라면 목숨을 초개와 같이 버릴 수 있는 인물, 그런 용기 있는 사람이 바로 자로이기 때문이다.

자로는 공자가 매우 의지하던 제자였다. 공자와의 나이 차이가 아홉 살밖에 나지 않아 친구 같은 모습을 보여 주기도 했다. 공자로부터 구박도 많이 받았지만 공자에게 직접 따져 묻고 대들 수 있는 인물도 자로가 유일했다. 자로는 스승의 호위무사를 자임했는데 이에 대해 공자는 "자로가 내 제자가 된 뒤로는 나에 대한 험담이 들려오지 않았다"라는 말을 남기기도 했다.[1]

그런데 스물한 살의 자로가 처음 공자를 찾아왔을 때만 해도 그는 본데없이 행동했다고 한다. 수탉의 깃털을 모자에 꽂고 허리에 칼을 찬 그는 공자에게 찾아와 다짜고짜 시비를 걸었다. 당신이 가르치는 예禮 따위는 대체 배워 무엇하냐면서 말이다. 하지만 공자의 감화를 받으며 그는 점점 달라져 갔다. 학문적인 깊이와 역량, 지혜는 다른 제자들에게 미치지 못했을지라도 곧은 성품과 군센 용기는 그를 따라올 사람이 없었다. 일찍이 공자는 군자에게 세 가지 덕이 있다고 했다. "어진 자는 근심하지 않고 지혜로운 자는 미혹되지 않으며 용기 있는 자는 두려움이 없다." 신념에 따라 행동함에 있어서 두려워하지 않는 사람, 자로는 바로 그런 용기 있는 군자였다.

자로가 남긴 일화는 무수히 많다. 어느 날 공자가 제자 몇 사람과 함께 나들이를 갔다. 이런저런 이야기를 나누던 공자는 곁에 있던 안회顔回에게 이렇게 말했다. "세상이 나를 써 주면 출사하여 세상을 위해 일하고, 세상이 나를 버리면 은거하여 유유자적하는 것. 이렇게 할 수 있는 것은 오직 나와 자네뿐이 아니겠나?" 함께 있던 자로는 질투가 났다. "선생님께서 군대를 지휘하신다면 그것은 누구와 함께하시겠습니까?" 자로는 공자가 그것은 당연히 너와 할 것이라고 말해 주길 기대했을 것이다. 공자의 제자들 중에 무예와 군사에 밝은 것은 단연 자로가 으뜸이었기 때문이다. 그러나 공자는 다른 대답을 한다. "맨손으로 호랑이와 맞서는 사람, 큰 강을 걸어서 건너다가 목숨을 잃어도 후회하지 않는 사람, 나는 그런 무모한 사람과는 함께하지 않을 것이다. 일에 임할 때는 반드시 두려워할 줄 알아야 하는 법이다. 나는 신중하고 치밀하게 계획하여 일을 성공시키는 사람과 함께할 것이다." 용맹과 의기만 높을 뿐 사리 분별에 어두웠던 자로를 경계하는 말이었다.

이런 일도 있었다. 세상을 구제하고자 하는 자신의 뜻이 계속 좌절되자 공자는 우울해하며 말했다. "지금 세상은 도를 이룰 수 있기는커녕 오히려 더욱 어지러워지기만 하는구나. 이 땅에서는 나의 바람을 실현할 수 없는 것일까? 차라리 뗏목을 타고 바다를 건너가 볼까? 그때 기꺼이 나를 따라가 줄 사람은 자로이겠지." 이 이야기를 들은 자로는 기뻤다. 스승이 자신을 콕 집어 이야기했다며 우쭐해 했다. 그러자 공자는 자로를 야단쳤다. "용기라는 면에서는 자네가 나보다 낫지. 그렇지만 지혜가 부족하지 않은가? 헤아려 알맞게 하는 것이 없지 않은가?" 자로가 좀 더 사려 깊게 행동하고 학문을 닦길 바랐던 것이다.

같은 이유에서 공자는 자로에게 다음과 같은 가르침도 남겼다. "자로야! 앉아 보거라. 내가 자네에게 육언六言과 육폐六蔽에 대해 말해 주마. 어짊을 좋아하나 배우기를 좋아하지 않으면 그 폐단은 어리석게 되는 데 있다. 지혜로움을 좋아하나 배우기를 좋아하지 않으면 방자하게 되고, 신의를 지키기를 좋아하나 배우기를 좋아하지 않으면 진리를 해치게 된다. 정직함을 좋아하나 배우기를 좋아하지 않는 것도 마찬가지다. 그 폐단은 급하게 되는 것이다. 또한 용기를 좋아하나 배우기를 좋아하지 않으면 그 폐단은 어지럽게 되고,

굳센 것을 좋아하나 배우기를 좋아하지 않으면 그 폐단은 경솔하게 되는 것이니, 부디 명심해라.”

하지만 이것은 어디까지나 제자가 더욱 성장하길 바라는 스승의 사랑일 뿐, 공자가 자로를 낮춰 본 것은 결코 아니었다. 제자들이 자로를 깔보자 너희들은 자로의 경지에도 이르지 못했다며 꾸짖었다. 가난한 밥상, 해진 옷을 부끄러워하는 자는 군자가 아니라며 “다 해어진 값싼 솜옷을 입고 값비싼 담비 가죽 옷을 입은 자와 나란히 서 있으면서도 거리낌이 없는 이는 자로일 것이다”라고 칭찬했다.『논어』에는 “자로는 승낙한 것을 뒤로 미루는 일이 없다.”, “자로는 좋은 말을 듣고 아직 그것을 실천하지 못한 상태에서 또 다른 좋은 말을 듣게 될까 걱정하였다”라는 말도 나온다. 자로는 순수한 사람이었으며 앎과 행동을 일치시킨 사람이었고, 끊임없이 노력하는 사람이었던 것이다.

또한 공자는 자로에게 “자로야! 내가 자네에게 안다는 것에 대해 말해 주겠다. 아는 것을 안다 하고 모르는 것을 모른다고 하는 것, 이것이야말로 참으로 아는 것이다”라고 했다. 이는 지식의 양과 깊이에 있어서 다른 제자들에게 뒤처졌던 자로에게 큰 격려가 되는 말이 아닐 수 없었다. 솔직하게 자신의 부족함을 인정하고 더 나아질 수 있도록 정진하는 것이야말로 진정한 앎이라며 응원을 보낸 것이다.

이 같은 공자의 가르침과 격려 속에서 자로는 한 사람의 군자로 성장해 갔다. 다른 이들이 자신의 부족함을 일깨워 주면 기뻐하며 고치려고 노력했고, 순수하고 우직하게 언행일치를 실천했다. 원칙을 중시했던 그는 스승의 처신에 대해서도 서슴없이 반론을 던지기도 했다. 그 일화로 어느 날 공자가 반란을 일으킨 공산불요公山弗擾, 필힐佛肸의 초청에 각각 응하려고 한 적이 있었다. 답답한 마음에 자신을 써 주겠다는 곳이라면 어디든지 가 보려 했던 것이다. 하지만 자로가 못마땅해하며 스승의 면전에서 항의한다. "정 가실 곳이 없으면 그만둘 일이지 어찌 그런 자에게 가십니까?" "전에 스승께서는 선하지 못한 자의 밑에 들어가서는 안 된다고 말씀하셨습니다. 필힐은 선하지 못한 자입니다. 하온데 스승께서는 왜 그자에게 가려고 하십니까?" 자로의 서슬 퍼런 비판에 공자는 이내 마음을 접었다고 한다.

이런 자로가 공자의 곁을 떠난 것은 그의 나이 환갑이 넘어서였다. 긴 방랑을 끝마치고 고향 노나라로 돌아온 공자는 집필 활동에 매진하며 오랫동안 자신을 따르던 제자들을 떠나보냈다. 자신과 함께 있느라 포부를 펼쳐 보지도 못하는 제자들이 안타까웠던 것이다. 이때 자로는 위나라로 갔고 공회라는 귀족의 신하가 된다. 그리고 앞서 소개했듯이 자로는 위나라에서 비극적인 죽음을 맞았다.

공자가 자로를 걱정했듯이 용기는 그것을 적절히 제어해 줄 사려가 뒷받침될 때 진정한 힘을 갖는 법이다. 그러지 못하면 무모하고 경솔하게 된다. 후회하는 일 또한 많을 것이다. 물론 그렇다고 자로의 선택을 비하하는 것은 아니다. 자로는 평생 자신이 말한 바를 행동에 옮겼고, 옳다고 믿는 바를 위해 목숨을 아끼지 않았다. 거칠고 우직했지만 이해타산 없이 솔직담백했다. 죽음 역시 그 연장선상이었다. 다만, 아쉬움이 남는다. 그가 공자 곁에 있었다면, 보다 나은 주군을 만났다면, 비극적인 죽음을 피할 수 있지 않았을까? 자로가 나아가는 용기 못지않게 멈출 줄 아는 용기, 물러날 줄 아는 용기를 가졌더라면 어땠을까? 그랬다면 그는 사려와 용기를 겸비한 멋진 롤 모델로 남았을 것이다.

1) 『열국지』는 이런 이야기도 전한다. 공자가 제자들을 거느리고 천하를 떠돌아다니던 어느 날 밤, 키가 9척이 넘는 검은 옷을 입은 괴인이 무기를 들고 공자를 향해 내달려왔다. 자로가 급히 달려 나가 그와 맞서 싸웠는데 괴인의 힘이 장사여서 자로로서도 힘이 부쳤다. 그때 괴인을 자세히 살피던 공자가 "저자의 옆구리를 찔러라!"라고 주문했고 자로가 옆구리를 찌른 순간 괴인은 쓰러져 거대한 메기로 변했다고 한다. 소설적인 재미를 위해 초자연적인 내용을 집어넣은 것이겠지만, 어쨌든 자로가 공자를 지키는 호위무사 역할을 하고 있음을 보여 준다.

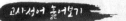

임사이구 臨事而懼

인仁과 의義가 공자가 추구한 목표라면, 그 길을 걸어가기 위한 공자의 마음가짐을 대표하는 말은 두려움, 즉 '구懼'다. 세상이 혼란하고 도덕과 윤리가 땅에 떨어졌으며 백성이 고통받고 있는 시대 현실을 타개하기 위해서는 세심하고도 철저한 준비가 필요하다. 무턱대고 나섰다가는 실패하기 마련이며 함부로 밀어붙였다가는 어려움만 가중할 수 있다. 따라서 공자는 맨손으로 호랑이를 때려잡고 맨몸으로 강을 건너는 자로의 무모함을 단속하며 "일에 임할 때는 반드시 두려워할 줄 알아야 한다"라는 뜻의 '임사이구'를 당부했다. 용기가 있는 것은 좋으나 용기만 믿어서는 일을 성공시킬 수는 없으며, 만용은 자기 자신에게 큰 해를 끼칠 수 있음을 경고한 것이다. 물론, 그렇다고 두려워하고만 있어서는 안 된다. 공자는 "모든 꾀와 노력을 다해 일을 성사시켜야 한다"라고 덧붙인다. 요컨대 '임사이구'란 냉정하고 면밀하게 헤아리고 빈틈없이 준비해야 함을 강조하는 말이다.

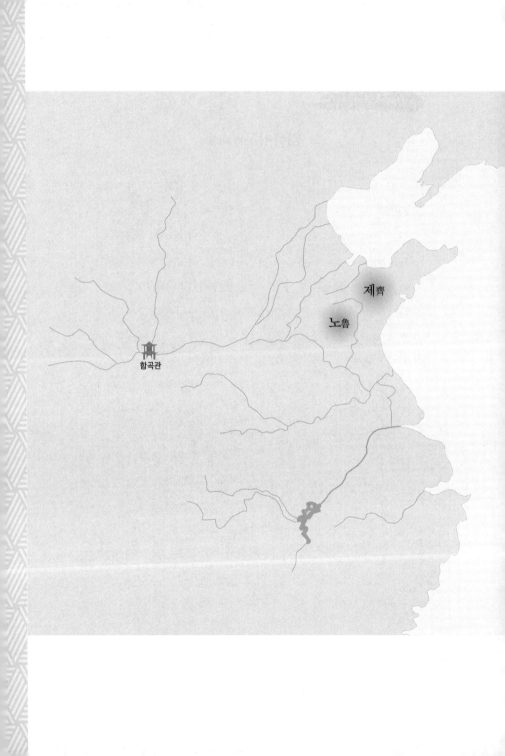

15장

자공의 담판

　　　　　　　　　　　사마천에 따르면 공자에게서 배웠던 사람
은 모두 3천 명이며, 주요 제자만 해도 77명에 이른다. 공자가 각 분
야의 뛰어난 제자 10명을 거론한 것을 가지고 '공문십철孔門十哲'이라
는 말도 나왔다. 그런데 이 모든 제자를 통틀어 안연, 자로, 자공 세
사람이 공자의 수제자라는 데는 이견이 없다. 논어에 언급되는 숫자
만 해도 이들이 압도적이다.

　이 중에서 안연은 '인仁'을 상징하며 가장 이상적인 인간형으로
평가받는다. 공자에게서 칭찬만 들었던 유일무이한 제자로, 유교에
서 성인聖人으로 추앙하고 있다.[1] 앞 장에서 소개한 자로는 '용勇'을
대표하는 제자다. 성격이 급하고 불같아서 공자로부터 타박을 많이
받았지만, 공자가 깊게 의지하던 제자였다. 마지막으로 자공子貢은

'지智'를 상징한다. 머리가 매우 좋았고 각 나라의 군주들이 대등한 예로 대우할 정도로 어마어마한 부자였다. 공자와 공자 학원의 생활비는 이 자공이 책임졌던 것으로 알려져 있다. 자공은 말솜씨도 뛰어났는데 그가 한번 움직이자 열국의 판도가 뒤바뀌었다고 한다. 바로 이번 장에서 소개할 이야기다.

어느 날 제나라의 실력자 전상田常이 군대를 일으켜 노나라를 치려고 했다. 노나라 군주는 급히 다른 나라에 가 있던 공자에게 도움을 청했고, 공자는 즉시 제자들을 불러 모았다. "우리가 노나라를 떠나와 있긴 하지만, 노나라는 우리 조상들이 잠들어 계신 부모의 나라다. 지금 노나라가 위태로운 지경에 처해 있으니 구하러 가야 하지 않겠는가? 누가 나서겠는가?" 이에 자로가 자원하자 공자는 안 된다며 제지했다. 다시 자장과 자석이라는 제자가 나섰지만, 공자는 고개를 저었다. 자공이 손을 들자 그제야 공자가 허락했다고 한다. 이런 문제를 해결할 수 있는 사람은 자공밖에 없다고 생각한 것이다.

자공은 곧바로 제나라로 건너갔다. 전상을 만난 그는 이렇게 말했다. "지금 노나라를 치려고 하시는데 크게 잘못하는 겁니다. 노나라는 성벽이 부실하고 해자가 얕으며, 임금이 어질지 못합니다. 신하들은 무능하고 병사들은 용감하지 못합니다. 차라리 오나라를 치십시오. 오나라는 성벽이 튼튼하고 해자가 깊으며, 무기가 날카롭고 병사들이 용감합니다. 더구나 현명한 신하들이 나라를 지키고

나능호, 〈공자행단현가도(孔子杏壇絃歌圖)〉, 160×105cm, (출처: 문화재청).

자공(子貢), 대만 국립고궁박물원 소장.

있으니, 이런 나라를 치셔야 합니다." 이해가 안 되는 말이다. 자공의 말대로라면 노나라가 훨씬 도모하기 쉽지 않은가? 전상도 화를 내며 물었다. "그게 무슨 소리요? 당신 말대로라면 오나라를 공격해서는 안 되고, 노나라를 쳐야 하는 것 아니오?"

자공이 웃으며 대답했다. "무릇 나라 안에 걱정거리가 있으면 강한 적을 공격하고, 나라 밖에 걱정거리가 있으면 약한 적을 공격하는 법입니다. 지금 당신의 골칫거리는 나라 안에 있지 않습니까? 당신이 노나라를 친다고 가정합시다. 노나라를 공격해 제나라의 땅을 넓히게 된다면 제나라 임금은 교만해질 것이고 다른 신하들도 의기양양할 겁니다. 쉬운 일이니 당신의 공도 인정받지 못합니다. 그러니 오나라를 치라는 겁니다. 오나라를 공격하다 실패하면 제나라 임금은 백성들의 비난을 받을 것이고, 정적들의 힘도 빼앗을 수 있습니다."

전상은 자기 집안뿐만 아니라 정적인 고씨, 국씨, 포씨, 안씨 가문의 사병을 총동원하여 군대를 일으켰었다. 노나라를 공격해 영토를 확장하자는 명분을 내세웠지만 실상 이들의 힘을 약화시키기 위해서였다. 자공은 이와 같은 전상의 의도를 파악하고 약소국인 노나라가 아니라 강국인 오나라를 쳐야 그 뜻을 이룰 수 있다고 설명한 것이다. 전상이 아차 하며 "그렇군요. 그런데 이미 우리 군대가 노나라를 향해 출병했으니 어찌하면 좋겠소? 갑자기 군대를 오나라로 돌리면 대신들이 나를 의심할 것 아니오?"라고 물었다. 그러자 자공이 말했다. "잠시 진군을 지연시키시지요. 제가 오나라로 가서, 오나라가 노나라를 구원하도록 만들겠습니다. 그때 오나라와 맞서 싸우시면 됩니다." 그러곤 자공은 오나라로 건너간다.

오나라에 도착해 임금을 만난 자공은 "오나라는 제나라와 천하를 놓고 겨루는 중입니다.지금 제나라가 노나라를 치려 하는데, 노나라를 구원해 주십시오. 망해 가는 노나라를 존속시켜 줌으로써 다른 제후들의 인심을 얻으실 것이며 제나라도 곤경에 빠뜨릴 수 있습니다. 지혜로운 사람이라면 이런 기회를 놓쳐서는 안 됩니다"라고 하였다. 남쪽 변방 국가에 불과했던 오나라는 당시 강대국으로 부상하며 중원의 패권을 노리고 있었다. 자공은 이러한 오나라 군주의 욕망을 정확히 건드린 것이다. 자공의 말을 들은 오나라 임금은 깊은 공감을 표하면서도 한 가지 우려를 이야기했다.

"좋은 말씀이오. 한데 문제가 있소. 내가 일찍이 월나라와 전쟁을 벌여 무릎을 꿇린 바 있소. 그 일로 월나라는 나에게 복수하겠다며 칼을 갈고 있는 중이오. 그러니 우선 월나라를 완전히 정벌한 다음 그대의 말을 따르겠소." 월나라가 배후를 노리고 있기 때문에 다른 나라로 출병할 수 없다는 것이다.

자공은 걱정할 필요가 없다며 이렇게 말한다. "월나라는 오나라의 상대가 못 됩니다. 그리고 왕께서 월나라를 친다면 그동안 제나라는 노나라를 모두 집어삼킬 것입니다. 다시 말씀 드리지만 지혜로운 사람은 때를 놓치지 않습니다. 부디 월나라를 그대로 둠으로써 제후들에게 왕의 어짊을 보여 주십시오. 노나라를 구원하여 왕의 위엄을 펼치십시오. 그리되면 각 제후들은 앞다투어 임금께 고개를 숙일 것이니, 패업을 이룰 수가 있습니다. 정 월나라가 마음에 걸리신다면 제가 월나라 왕을 만나 임금께서 노나라를 구원하러 가는 길에 지원병을 내도록 설득하겠습니다. 그러면 월나라를 걱정하실 필요가 없지 않겠습니까?" 이 말을 들은 오나라 왕은 크게 기뻐했고 자공에게 연신 잘 부탁한다며 고마워했다.

자, 이제는 월나라다. 월나라 임금을 만난 자공은 무슨 말을 했을까? "제가 여기 오기 전에 오나라 왕을 만나서 노나라를 도와 제나라와 맞서라고 조언했습니다. 오나라 왕은 동의하면서도 월나라가 복수를 노리고 있다며, 먼저 월나라를 친 후 그렇게 하겠다고 말하더군요. 그러니 아마도 오나라가 월나라를 공격할 듯합니다. 대저남에게 보복할 뜻이 없는데도 그런 의심을 받고 있다면 어리석은 일이고, 보복할 뜻이 있는데 이를 알아차리게 만들었다면 위태로운 일입니다. 더구나 계획을 실천하기도 전에 상대방이 먼저 알고 있다니요. 월나라로서는 매우 위험한 상황입니다." 공격은 상대방이 대비하지 못한 상황에서 해야 효과가 있는 법이다. 그런데 오나라에서는 월나라가 복수전을 펼치리라는 것을 뻔히 예상하고 있으니, 오히려 월나라가 위태롭다는 것이다.

그러자 월나라 임금이 놀라며 물었다. "오나라에 대한 제 원한은 뼈에 사무칠 정도입니다. 어떻게 해야 복수에 성공할 수 있겠습니까?" 자공이 말했다. "오나라 왕은 사람됨이 잔인하고 모질어서 신하들이 버티기 힘들어하고 있습니다. 명재상 오자서는 간언을 올리다 죽었고 간신 백비가 전횡을 휘두르며 사리사욕을 채우기에 급급합니다. 왕께서는 오나라에 군대를 보내 노나라를 구원하는 일을 돕겠다고 말씀하십시오. 자신을 한껏 낮추시고 귀한 보물을 바쳐 저들의 환심을 사십시오. 그리하면 오나라는 필시 안심하고 제나라와 싸울 것입니다. 만약 오나라가 싸움에서 지면 그것은 왕께 큰 복이 될 것이요, 설령 오나라가 싸움에서 이기더라도 제나라와의 전투에서 힘을 소진할 것이니 왕께 도움이 될 것입니다. 게다가 이제 제가 진晉나라로 가서 진나라를 오나라와 맞서게 만들 것입니다. 왕께서 그 틈을 이용하여 오나라를 도모한다면 분명 뜻을 이루지 않으시겠습니까?" 월나라 임금이 그토록 바라 마지않던 복수를 이룰 수 있는 방법을 알려 준 것이다.

여기서 잠깐, 자공이 어떻게 가는 나라마다 쉽게 임금을 만났는지 궁금할 텐데, 앞에서도 소개했지만 자공은 각 제후국 군주들이 자신과 동등하게 대우했을 정도로 엄청난 부자였다. 요즘으로 말하면 빌 게이츠나 워런 버핏이 한국에 와서 대통령과 접견을 요청했다고 생각하면 된다. 아무튼 자공은 이어서 진나라로 향한다. 진나라 군주를 만난 자공은 "이제 곧 제나라와 오나라가 격돌할 것입니다. 만약 오나라가 진다면 월나라가 오나라를 공격하겠지만, 오나라가 제나라를 이긴다면, 오나라 군대의 창끝은 진나라를 향하게 될 것입니다. 오나라 왕은 패자가 되고 싶어 하는데, 제와 진을 꺾어야 그 자리에 오를 수 있기 때문입니다." 진나라 임금이 두려워하며 "우리가 어찌해야 좋겠소?"라고 묻자 자공은 다음과 같이 말한다. "군대를 잘 정비한 후 병사를 쉬게 하고 기다리십시오." 이 진나라 방문을 끝으로 자공은 공자에게 돌아온다.

그러면 이후 상황은 어떻게 전개되었을까? 오나라는 노나라를 구원하겠다며 제나라 군대를 공격했고, 제나라 군대는 노나라로 향하던 방향을 돌려 오나라와 맞섰다. 오나라와 제나라의 대전은 오나라의 승리로 끝났는데, 오나라 군대는 회군하지 않고 곧바로 진나라를 들이친다. 하지만 미리 준비하고 기다리던 진나라 군대에게 대패하였고, 이 틈을 노린 월나라가 오나라를 공격해 왔다. 그리고 월나라는 오나라를 멸망시키고 만다. 자공이 각 나라들을 한 번 순회하고 나니, 노나라가 보존되었고, 제나라의 국력이 약화되었으며, 오나라가 멸망했고, 월나라와 진나라가 강성해진 것이다.

이와 같은 자공의 방식이 적절했느냐 그렇지 않느냐에 대해서는 의견이 갈린다. 공자는 자공의 행보를 못마땅하게 여겼다고 한다.

노나라의 위기를 해결한다는 목표를 달성했지만 그 과정에서 다른 나라들까지 휘저어 놓은 것은 지나쳤다는 것이다. 굳이 필요 없는 일까지 벌임으로써 백성들이 고통받게 되었다고 우려하기도 했다. 이후 공자는 자공을 엄하게 교육시켰는데, 그가 뛰어난 머리만 믿고 나쁜 길로 빠지지 않을까 걱정했기 때문이다. 이러한 자공에 대한 판단은 이 글의 주제가 아니니, 독자들에게 맡긴다. 다만, 자공이 각 나라 임금들과 나눈 대화를 통해 우리는 담판에서 유용한 기술을 한 가지 확인할 수 있다. 바로 상대방의 욕망, 상대방이 가장 원하는 것을 건드려 그 마음을 흔들라는 것이다. 자공은 어느 임금에게도 거짓말을 한 적이 없다. 단지 그들의 욕망을 건드려 원하는 상황을 만들었고, 거기에 현혹되게 만들었다. 이는 반면교사反面敎師의 가르침을 주기도 한다. 담판의 상대방이 내 욕망을 건드려 올 때, 흔들리지 않도록 정신을 꽉 붙들어 매야 하는 것이다.

1) 성균관이나 향교의 대성전에는 공자의 위패가 모셔져 있는데, 그 옆으로 안연, 증자, 자사, 맹자의 위패가 함께 봉안되어 있다. 이 네 사람을 각각 복성(復聖), 종성(宗聖), 술성(述聖), 아성(亞聖)으로 부른다.

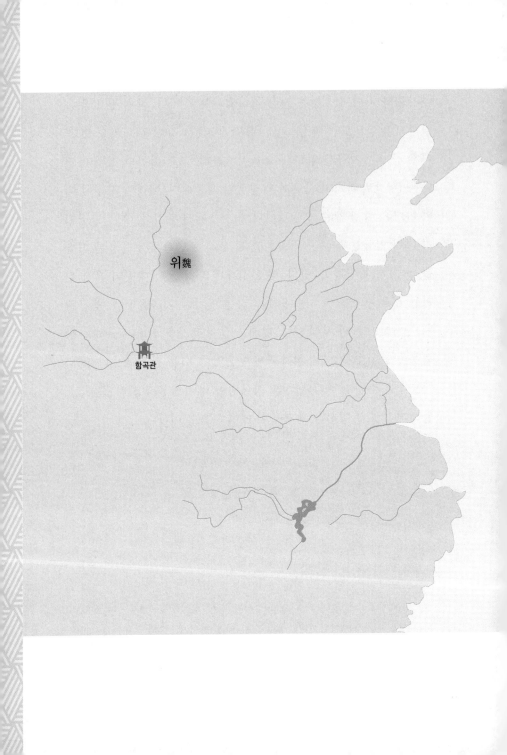

16장

위문후의 용인술

　　　　　　　　　　『열국지』의 배경인 '춘추전국 시대'는 다시
춘추 시대와 전국 시대로 나뉜다. 학자에 따라서 이견이 있긴 하지
만, 진晉나라의 세 가문인 조趙씨, 위魏씨, 한韓씨가 각기 제후로 독립
한 기원전 403년을 분기점으로 보는 것이 일반적이다. 제나라에서
전씨가 강씨로부터 왕위를 찬탈한 시점도 그와 비슷한데, 신하가 임
금을 폐위하고 새로운 나라를 열었다는 점에서 형식적으로라도 임
금을 존중했던 이전과는 다른 질서가 시작됐다고 보는 것이다.

　그런데 자신이 모시던 임금을 끌어내리고 그 나라를 무너뜨렸다
고 해서 무조건 '악惡'이라고 말할 수는 없을 것이다. 그렇다면 역사
의 모든 창업군주들이 비판받아야 한다. 무릇 시대환경, 정치적 상
황, 흥망의 순환이 맞물리면서 새로운 나라가 탄생하는 것은 비일

비재한 일이었다. 더욱이 이 기회를 놓치지 않고 창업에 성공하는 인물들은 그만큼 능력과 인품이 뛰어난 경우가 많았다. 진나라를 몰락시키고 위魏나라의 초대 군주가 된 문후文侯도 그런 사람이었다.

문후는 즉위하자마자 국정 전반에 걸쳐 대대적인 개혁을 추진했다. 귀족에게 세습되어 온 특권을 폐지하였으며 법치를 확립했고, 농업생산력을 증대시켰다. 특히 수많은 인재를 등용하여 적재적소에 배치함으로써 위나라를 일약 강대국으로 만들었다. 우선 이회李悝[1]를 보자. 문후가 재상으로 발탁한 이회는 나라가 부강해지기 위해서는 토지의 잠재력을 최대한 끌어내야 한다고 생각했다. 그는 위나라 전 국토의 토지를 면밀히 조사하여 효과적인 토지 운용 방안과 농업생산력 향상 방안을 제시했다. 또한 그는 '평적법平糴法'을 시행한다. 평적법이란 곡식 가격이 쌀 때는 나라에서 그 값보다 비싸게 수매해 주고, 반대로 곡식 가격이 비쌀 때는 나라에서 그 값보다 싸게 내놓는 것이다. 가뭄 등 재난이 닥치면 비축한 곡식을 싼 가격에 방출하기도 한다. 물가안정과 민생안정을 동시에 추구할 수 있는 제도로, 훗날 당나라와 송나라에서도 시행할 정도로 그 효과를 인정받았다.

위성魏成과 적황翟璜의 역할도 주목할 만하다. 위성은 공자의 제자인 자하子夏를 비롯하여 단간목段干木과 전자방田子方 등을 추천했는데 모두 당대의 현자로 존경받던 인물이었다. 문후는 극진한 예를 다해 자하와 단간목을 스승으로 모셨고, 전자방은 친구로 예우했다.

이는 세 사람을 추종하는 인재들까지 위나라 조정으로 유입시키는 효과를 가져왔다. 적황이 추천한 인물들도 만만치 않았다. 문후가 폭정을 일삼는 중산국의 군주 희굴姬窟을 정벌하려 하자 적황은 그 적임자로 악양樂羊을 천거했다. 악양은 아들 악서樂舒가 희굴의 인질이 되었음에도 불구하고 자신의 소임을 다한다. 또한 문후가 요충지인 업 땅을 다스릴 인물을 구하자 적황은 서문표西門豹를 소개했다. 업 고을 태수로 부임한 서문표는 관개사업을 실시하고 백성을 괴롭히는 미신을 타파하는 등 선정을 베풀었다. 그뿐만이 아니다. 적황은 위나라의 서쪽 국경을 방어할 책임자로 오기吳起를 천거했다. 오기는 국경을 굳게 지키며 다른 제후국들과의 전투를 모두 승리로 이끌었다. 서쪽의 강국이었던 진秦나라가 두려움에 떨 정도였다.

이처럼 적황은 인재를 알아보는 눈이 훌륭했을 뿐 아니라 그 자신의 도량도 컸다. 문후가 적황을 공석인 상국相國[2]에 임명하려고 대부 이회에게 의견을 묻자, 이회는 "적황보다 위성이 낫습니다"라고 대답했다. 결국 상국 자리는 위성에게 돌아갔는데, 이 소식을 들은 적황이 이회에게 항의했다. "나는 악양, 서문표, 오기를 추천해 임금의 근심을 덜어드렸소. 대체 내가 위성보다 못한 것이 뭐란 말이오?" 그러자 이회는 한심하다는 듯 적황을 꾸짖었다. "위성이 추천한 자하, 단간목, 전자방은 임금께서 스승 아니면 친구로 사귀고 계시오. 하지만 그대가 추천한 사람들은 임금께서 모두 신하로 삼으셨소. 위성은 자신의 녹봉을 현인들을 구하기 위해서 쓰고 있지만 그대는 자신만을 위해 쓰고 있지 않소? 그런데도 어찌 스스로를 위성에게 견준단 말이오?" 이 말을 들은 적황은 이회에게 큰절을 올리며 "비루한 제가 실언을 했습니다. 청컨대 선생의 제자가 되고 자 하니 앞으로도 많은 가르침을 주십시오"라고 말했다고 한다.

이처럼 신하들이 하나같이 훌륭하니 나라가 잘 안 될 리가 없다. 재상과 장군, 책사들이 최적의 자리에서 최상의 능력을 발휘하니 위나라가 부강해지는 것은 당연한 결과였을 것이다. 그렇다면 어떻게 이런 신하들이 한데 모일 수 있었을까? 문후가 인재를 좋아해서? 신하들이 추천한 인재를 잘 수용해 줘서? 단순히 그것뿐일까?

문후는 인재를 얻기 위해서라면 어떠한 수고도 마다치 않았다. 처음 단간목이 자신의 초빙을 거절하자 그는 아예 거처를 단간목의 집 근처로 옮겼다. 단간목이 대문을 열어 주지 않았지만 한 달이 넘도록 찾아가며 정성을 표시했다. 임금이 매일같이 자기 집 문 앞까지 찾아와서 도와 달라고 부탁을 하는데, 그 마음에 감동하지 않을 사람이 누가 있을까?

또한 문후는 사소한 약속도 어기지 않았다. 갑자기 비바람이 몰아친 어느 날 오후, 문후는 부랴부랴 궐 밖으로 나갈 채비를 했다. 주위에서 이유를 물으니 어떤 신하와 사냥을 나가기로 약속했다는 것이다. 신하들이 "비가 많이 내려서 사냥을 할 수 없을 텐데 어찌 헛걸음을 하십니까?"라고 만류하자 문후가 말했다. "내가 이미 약속을 했다. 나오지 말라는 연락도 하지 않았으니 그 사람은 분명히 나를 기다리고 있을 것이다. 비록 사냥을 할 수 없더라도 내가 직접 나가서 약속을 지키는 것이 마땅하지 않겠는가?" 이러한 문후이다 보니 신하와 백성들은 그를 신뢰했고, 문후가 펼친 정치 또한 튼튼한 버팀목을 갖게 되었다.

아울러 문후는 신하에게 한번 임무를 맡기면 전적으로 믿고 간섭하지 않았다. 악양이 중산국을 정벌할 때 전략적인 이유로 3개월 간 공격을 지연한 적이 있었다. 그러자 악양이 다른 마음을 품고 있다며 그를 비난하고 모함하는 상소가 빗발쳤다. 하지만 문후는 흔들리지 않았고 변함없이 악양을 신뢰해 주었다. 서문표와 오기에 대해서도 그들이 성과를 낼 때까지 차분히 기다려 준다.

물론 그렇다고 해서 문후가 신하들에게 무조건 잘해 주기만 한 것은 아니다. 그는 냉정함을 잃지 않았다. 악양의 사례를 보자. 악양이 중산국을 정벌하는 큰 공을 세우고 돌아오자 문후는 막대한 상과 높은 벼슬을 내리면서도 그가 가진 병권을 모두 거두어들였다. 악양은 승리하기 위하여 자기 자식을 버린 사람이다.[3] 이는 신하로서의 책임감, 공적인 일을 우선시하고 사사로운 일을 뒤로 미루는 '선공후사先公後私'의 자세를 보여 준 것이지만, 동시에 자신의 목표를 위해서라면 가족까지도 희생시킬 수 있다는 의미이기도 하다. 능력은 뛰어나지만 천륜을 저버린 자는 앞으로도 못할 짓이 없을 것이라는 생각에 문후는 그 싹을 차단해 버린 것이다.

문후는 정성과 믿음, 전폭적인 지원으로 인재의 마음을 샀다. 인재가 아무런 걱정 없이 자신의 능력을 맘껏 펼칠 수 있는 환경을 조성해 주었다.

선비는 자신을 좋아하는 임금이 있으면 그곳에서 벼슬을 살고, 임금과 서로 뜻이 맞으면 그 임금을 위해 노력하는 법이다. 인재를 사랑하고, 그들이 품은 뜻을 수용하며 실천해 주었기 때문에 문후의 조정에는 그토록 많은 인재들이 넘칠 수 있었던 것이다.

1) '이괴'라고도 발음한다.

2) 수석 재상을 말한다. 시대에 따라 승상보다 한 단계 더 위의 의미로 쓰이기도 했다. '상방(相邦)'이라고 불렀다가 한나라 고조 유방(劉邦)의 이름과 같다는 이유로[피휘(避諱)] '상국'으로 개칭했다고 한다.

3) 악양이 중산국을 공격하자 중산국 군주는 자국에서 벼슬을 살고 있던 악양의 큰아들 악서를 인질로 삼아 악양을 협박했다. 하지만 악양은 눈 하나 꿈쩍하지 않았고 중산국 군주가 악서를 죽여 그 시신을 삶은 국을 보내자, "무도한 임금을 섬겼으니 죽어 마땅하다"라며 국그릇을 다 비웠다고 한다. 공적인 임무를 위해 사사로운 인정에 흔들리지 않았다는 의미도 있지만, 성공을 위해 자식을 외면한 비정함으로 받아들여진다.

〈십팔학사도(十八學士圖)〉, 비단에 채색, 173.6×103.1cm, 대만 국립고궁박물원 소장.

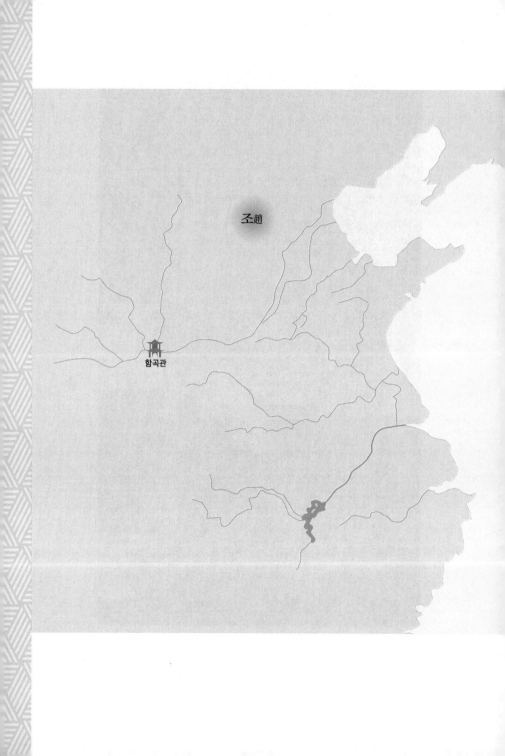

17장

예
양
의
의
리

문공을 통해 천하를 제패하고 도공의 손에
서 중흥의 기회를 맞이했던 진晉나라도 망국의 흐름을 막을 수는 없
었던 것일까? 권세가들이 권력을 다투면서 공실公室[1]의 권위는 땅에
떨어졌고 결국 진나라는 지씨, 조씨, 한씨, 위씨 네 가문의 수중으로
넘어갔다. 이 중에서 가장 큰 힘을 가졌던 것은 지씨 가문이었는데,
수장이었던 지백智伯이 조씨의 땅을 빼앗으려 들면서 문제가 생긴다.
지씨의 독주가 마음에 들지 않았던 한씨, 위씨가 조씨와 손을 잡고
지씨 가문을 공격한 것이다. 결국 지씨 가문의 군대는 전멸하다시피
하였고 지백은 조씨 가문의 수장 조양자趙襄子에게 붙잡혀 목숨을 잃
는다. 조양자는 지씨 집안의 땅을 몰수하여 이를 한씨, 위씨와 나누
어 가졌으며 지씨 성을 가진 사람이라면 남녀노소를 막론하고 도륙

해 버렸다.[2] 아무리 지백이 원인을 제공했다지만 잔혹한 대응임은
분명하다.

그런데 이러한 조양자에게 복수심을 불태우는 이가 있었다. 지
백의 가신이었던 예양豫讓이다. 지백으로부터 아낌없는 지우를 받
았던 예양은 다짐했다. "무릇 선비는 자신을 알아주는 사람을 위해
목숨을 바친다고 했다.[3] 내가 일찍이 지백으로부터 많은 은혜를 입
었으니 어찌 구차하게 살기를 바라겠는가." 그러고는 신분과 이름
을 바꾼 후 조양자의 집 변소를 수리하는 역할을 맡아 잠입하는 데
성공한다. 조양자가 변소에 들어올 때를 노려 칼로 찔러 죽일 생각
이었다. 하지만 조양자가 죽을 운명은 아니었던 것 같다. 변소에 들
어가다가 이상한 낌새를 감지한 조양자는 호위병들을 시켜 구석구
석을 수색하게 했고, 이내 칼을 품고 기회를 엿보고 있던 예양을 체
포했다.

그 모습을 본 조양자가 물었다. "네놈은 무엇 때문에 나를 암살하
려 한 것이냐?" 예양이 꼿꼿하게 대답했다. "지백의 복수를 위해서
다." 가만히 예양을 노려보던 조양자는 예양을 풀어 주라고 명령한
다. 좌우에서 역적의 일당을 살려 둘 순 없다며 만류했지만 조양자
는 고개를 저었다. "자식도 아닌 신하가 죽음을 각오하고 주군의 원
수를 갚고자 하다니, 저 사람은 참으로 의로운 선비다. 앞으로 내가
조심하면 그만이다. 이런 의사義士를 죽여서는 안 된다." 결국 예양
은 방면된다. 이때 예양은 조양자에게 "내가 군후君侯[4]에게 위해를

가하려 했음에도 용서해 주니 그 은혜에 정말 감사하오. 그러나 신하로서 모시던 분의 원한을 갚는 것은 대의大義요. 사사로운 은혜를 대의보다 우선시할 순 없는 법. 나는 포기하지 않을 것이오"라고 하였다. 조양자는 예양의 기개에 감동하면서도 씁쓸한 마음을 지울 수가 없었다.

　한편 풀려난 예양은 수염과 눈썹을 뽑아내고 온몸에 옻칠을 하여 용모를 바꾸었다. 자신이 누구인지 알아볼 수 없게 해야 다시 조양자에게 접근할 수 있을 거라고 생각한 것이다. 아내가 자신의 음성을 알아차리자 숯을 삼켜 목소리까지 변조한다. 고난을 자초하는 예양의 모습이 안타까웠던 친구가 "왜 이리도 힘든 길을 택하는가? 차라리 조양자에게 가서 벼슬을 달라고 하게. 자네의 능력과 재주라면 조양자도 분명히 자네를 중용할 걸세. 그러다 기회를 봐서 그를 도모하면 되지 않는가?"라고 충고하자 예양은 미소를 지으며 대답했다. "걱정해 줘서 고마우이. 하지만 그대의 말처럼 하면 먼저 나를 알아준 사람을 위해 다음으로 나를 알아준 사람에게 복수하는 꼴이 되네. 옛 주군을 위해 새 주군을 시해하는 것이고 말이야. 이는 임금과 신하 사이에 지켜야 할 의리를 어지럽히는 것이니 내어찌 그런 행동을 할 수 있겠는가? 내가 지금 이 길을 가는 것은 이일이 반드시 성공할 거라고 믿어서가 아니네. 그대도 보지 않았는가? 주군의 은혜를 저버리고, 부귀와 권력을 좇아 의리를 헌신짝처럼 내던지는 자들을. 나는 신하로서 두 마음을 품은 사람들을 부끄럽게 만들고 싶네."

자신의 몸을 망가뜨리면서 복수를 준비하는 예양에게 친구는 보다 쉬운 방법이 있지 않겠냐고 물었다. 조양자를 속이고 조양자의 신하가 되어 섬기는 척하다가 그의 측근이 되었을 때 복수를 실행하라는 것이다. 그렇지만 예양은 그럴 수가 없었다. 누군가의 신하가 된다는 것은 한결같은 정성과 충성심으로 그를 섬긴다는 뜻이다. 아무리 옛 주군의 원수를 갚기 위해서라지만 신하가 되는 일에 거짓을 개입시켜서는 안 된다. 이런 일이 용인되기 시작하면 군주는 신하를 믿지 못할 것이고, 신하 역시 다른 마음을 품으면서 그것을 합리화할 것이다. 예양은 특히 이를 경고하고 싶었던 것이다.

이렇게 준비를 마친 예양은 조양자가 항상 지나다니는 다리 밑에 몸을 숨겼다. 조양자가 오면 달려 나가 목숨을 거둘 생각이었다. 그러나 이번에도 실패. 다리를 지나가던 말이 갑자기 놀라 날뛰자 이를 이상하게 여긴 조양자가 수색을 지시했고, 예양은 또다시 발각되었다. 조양자는 자신 앞에 끌려온 예양을 꾸짖었다. "그대는 원래 범范씨와 중항中行씨를 섬기지 않았는가? 지백이 범씨와 중항씨를 멸망시켰지만 그대는 주군을 위해 복수하기는커녕 지백을 섬겼었다. 그런데 왜 지백에 대해서는 이토록 사력을 다해 원수를 갚으려 드는 것인가?" 예양이 대답했다. "임금이 신하를 어떻게 대하느냐에 따라 신하도 그 임금을 어떻게 섬길지 결정하는 법입니다. 지난날 범씨와 중항씨는 나를 있으나 마나 한 사람으로 대했습니다.

그러니 나 또한 그렇게 대응한 것입니다. 그에 비해 지백은 나를 국사國士로 대우했으니 나도 그에 걸맞게 의리를 지키고자 하는 것입니다."

조양자는 탄식했다. 예양의 뜻을 결코 꺾을 수 없음을 절감한 것이다. 조양자는 "그대의 생각이 정 그렇다면 나도 더 이상 용서할 수가 없다. 그대의 의로운 기개를 존경하는 뜻에서 형벌을 내리진 않을 것이다. 자결하라"라고 말하며 허리에 차고 있는 검을 풀어 예양에게 주었다. 그러자 예양이 한 가지 부탁을 한다. "충신은 죽음을 두려워하지 않고 어진 임금은 다른 사람의 의리도 무시하지 않는다고 했습니다. 지난번에 군후께서는 나를 관대히 살려 주셨습니다. 그 은혜가 참으로 무겁습니다. 어찌 또다시 살려 주기를 바라겠습니까? 다만 청하옵건대 군후께서 입고 계신 겉옷을 내게 벗어 주실 수 있겠습니까? 그 옷에라도 검을 내리칠 수 있다면 여한이 없을 듯합니다." 예양의 기개에 감동한 조양자는 자신의 도포를 벗어 내주었고 예양은 그것을 검으로 세 번 찌른 후 스스로 목숨을 끊었다. 그가 죽던 날 나라 안 선비들이 모두 슬퍼하며 그를 위해 눈물을 흘렸다고 한다.

이상 예양의 일화는 단순히 주군의 원수를 갚은 충신, 자신을 알아준 사람을 위해 목숨을 바친 선비의 이야기에 머무르지 않는다. 사마천은 '자객열전刺客列傳'이라는 편을 따로 만들고 예양을 여기에 포함시켰는데, 여기서 '자객'은 흔히 이해하듯 사주를 받아 누군가를 은밀하게 죽이는 사람을 말하는 것이 아니다. '자刺' 자가 가진 '꾸짖다'라는 또 다른 뜻처럼, 목숨을 아끼지 않으며 불의不義를 꾸짖고 의협심을 발휘한 사람들이 바로 자객이다. 그렇다면 '자객 예양'이 꾸짖었던 것은 무엇이었을까?

"신하로서 두 마음을 품은 사람들을 부끄럽게 만들고 싶네"라는 그의 말처럼 예양은 자신의 이익을 위해 군신君臣의 신뢰와 의리를 무너뜨린 사람들을 엄중히 꾸짖었다. 이런 풍조가 나라를 병들게 하고 천하에 혼란을 가져오고 있다는 것이 예양의 생각이었다. 자신의 생명을 바쳐 대의를 이루겠다는 집념, 희박한 가능성에도 불구하고 포기하지 않는 고집도 같은 맥락에서 이해할 수 있을 것이다.

1) 진나라를 다스리는 군주의 작위가 '공(公)'이기 때문에 '왕실' 대신 '공실'이라는 표현을 사용하였다.

2) 『열국지』에서는 조양자가 지백의 두개골에 칠을 하여 요강으로 사용했다고 나온다. 『전국책』에는 지백의 두개골을 술잔으로 썼다고 기록되어 있다. 어느 쪽이든 큰 모욕을 준 것이다.

3) 『사기열전』이나 『전국책』을 보면 이 문장 뒤에 "여인은 자신을 사랑해 주는 사람을 위해 화장을 한다"라는 말이 이어진다.

4) 제후를 높여 부르는 말이다. 제후와 직접 대화하면서 사용하는 경우가 많다.

예찬(倪瓚), 〈육군자도(六君子圖)〉, 종이에 수묵, 61.9×33.3cm, 상해 박물관 소장.

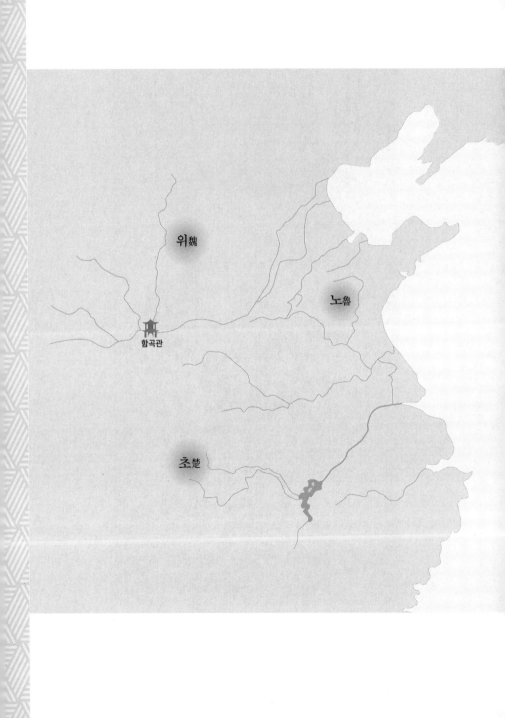

18장

오
기
의
성
공
과
실
패

한 병사의 어머니가 슬피 울고 있었다. 이웃들이 무슨 일이냐고 묻자 어머니가 말했다. "내 아이에게 종기가 났는데 장군께서 친히 그 고름을 빨아 주셨다는구려." 사람들은 의아했다. "아니 그건 참으로 고마운 일이 아니오? 아주머니의 아들은 일개 졸병인데 장군께서 직접 돌봐 주셨다니, 기뻐하지는 못할망정 어찌 우시는 게요?" 병사의 어머니는 고개를 저었다. "모르는 소리 마시오. 예전에 장군께서 우리 애 아버지의 종기를 빨아 치료해 주신 적이 있소. 그이는 장군의 은혜에 보답하겠다며 용감히 싸우다 전사하고 말았소. 이제 장군이 또 내 아들의 종기를 빨아 주었으니, 이 아이 또한 필시 죽고 말 것이오. 그것이 슬퍼서 우는 것이오."

극단적이기는 하지만 이 사례는 장군이 얼마나 병사들을 잘 다스렸는지를 보여 준다. 그는 가장 낮은 계급의 병사와 똑같은 옷을 입었고 똑같은 이불을 덮었으며 똑같은 밥을 먹었다. 자신의 짐을 직접 메고 다니며 수고로움을 마다하지 않았다. 그야말로 솔선수범하는 지도자였던 것이다. 이것은 전국 시대 병가兵家를 대표하는 인물로『오자병법吳子兵法』의 저자로 알려져 있는 오기吳起의 이야기다.

그런데 오기에 대한 세상의 평가는 그다지 좋지 않았다. 그는 출세에 대한 집착이 강했다. 성공하기 전에는 돌아오지 않겠다고 맹세했다는 이유로 어머니가 죽었는데도 집에 가지 않는다. 그 일로 그는 스승인 증삼曾參[1]으로부터 파문당했다. 사실이 아니라는 견해가 많긴 하지만 자신의 출세를 위해 아내를 죽였다는 기록도 있다.[2] 그가 노나라에서 일할 때 제나라와의 전쟁을 앞둔 노나라 임금이 그의 아내가 제나라 사람이라는 이유로 군권을 맡기길 주저했다. 그러자 오기는 집으로 돌아가 아내에게 "부인은 남편이 높은 지위에 오르고 큰 공을 세워 영원토록 이름을 남기기를 바라지 않소? 그렇다면 부인이 도와주실 일이 있소. 지금 부인의 머리가 필요하오"라고 말했다고 한다. 그러고는 아내의 목을 베서 임금에게 들고 갔다는 것이다.

오기의 잔인함에 경악한 노나라 임금이 그를 내치려 하자 신하들이 말렸다. "오기는 자기 아내보다 부귀공명을 더 사랑하는 사람입니다. 오기의 바람을 채워 주지 않는다면 앞으로 무슨 일을 저지를지 모릅니다." 결국 노나라 임금은 그를 대장군으로 임명했고, 사람됨이야 어찌 됐건 군사능력이 출중했던 오기는 제나라 대군을 격파했다. 하지만 얼마 지나지 않아 오기는 실각힌디. 재물에 눈이 멀어 제나라가 보낸 막대한 뇌물을 받았다가 발각되었기 때문이다. 노나라 임금이 "오기는 역시 믿을 자가 못 된다"라며 체포하려 하자 그는 위나라로 도망쳤다.

오기가 찾아간 위나라는 16장에서 다루었다시피 문후文侯의 통치 아래 번영을 구가하고 있었다. 문후는 "오기는 장수가 되기 위해서 자기 아내를 죽인 자가 아닌가? 게다가 성격이 잔인하며 여색과 재물을 탐한다고 한다. 어찌 이런 자를 중용할 수 있겠는가?"라며 탐탁지 않아 했다. 하지만 "그의 행적은 중요치 않습니다. 단지 군주께서 원하는 성과를 내놓을 인물이라는 점은 분명합니다"라는 적황의 설득으로 그에게 진나라와의 국경 요충지인 서하 지역의 방어 책임을 맡겼다. 오기는 그 임무를 성공적으로 완수했는데 이곳에서도 그는 솔선수범하며 병사를 아끼는 것으로 명성이 높았다.

그러나 얼마 지나지 않아서 오기는 제 무덤을 팠다. 위문후가 죽고 뒤를 이어 보위에 오른 무후武侯는 전문田文이라는 어진 신하를 재상으로 삼았다. 그러자 오기가 전문을 찾아가 따진다. "그대가 대체 무슨 공로가 있어서 재상이 된 것이오? 이 오기가 세운 공에 비할 수 있소?" 전문이 공손하게 대답했다. "말씀해 보시지요. 경청하겠습니다." 오기가 의기양양해하며 말했다. "군대를 거느리고 병사들을 독려하여 죽음을 두려워하지 않고 나라를 위해 공을 세우게 하는 것, 그대와 나 중에서 누가 더 잘하겠소?" 전문이 말했다. "내가 그대만 못합니다." "서하 땅을 굳건히 지켜 진나라가 감히 우리 영토를 넘보지 못하게 하고 한나라와 조나라를 복종시키는 것, 그대와 나 중에서 누가 더 잘하겠소?" "내가 그대만 못합니다." "문무백관을 통제하고 만백성을 순종케 하며 나라의 창고를 가득 채우는 것, 그대와 나 중에서 누가 더 잘하겠소?" "내가 그대만 못합니다." 오기가 눈을 부라리며 물었다. "그대는 이 세 가지 모두 나보다 못하다면서 무슨 염치로 나의 윗자리에 앉은 것이오?" 전문이 미소를 지으며 말했다. "부족한 내가 재상이 되었으니 참으로 부끄러운 일입니다. 이번에 등극하신 전하께서는 아직 나이가 어리시기 때문에 나라가 안정되지 못했습니다. 대신들이 말을 잘 듣지 않고 백성들도 조정을 믿지 않으니, 그래서 나를 재상으로 삼으신 듯합니다. 내가 생각하기엔 우리가 서로 공로를 따지고 다툴 때가 아닌 것 같습니다만." 겸연쩍어진 오기가 한참 만에 대답했다. "그대의 말씀도 맞는 것 같소. 하지만 두고 보시오. 조만간 재상 자리는 내 차지가 될 테니."

비록 수긍하고 물러서긴 했지만 실로 오만한 태도가 아닐 수 없었다. 임금의 인사에 대해 공공연하게 반기를 든 것이기도 하다. 두 사람의 대화는 임금의 귀에까지 들어갔는데, 화가 난 무후는 오기를 해임하고 그가 가진 병권을 거두어들였다. 권력을 탐하다가 위기를 자초한 것이다. 겁이 난 오기는 초나라로 망명길에 오른다.

초나라에 도착한 오기는 임금 도왕悼王으로부터 융숭한 환대를 받았다. 평소 오기를 눈여겨봤던 도왕은 단숨에 그를 재상에 임명했다. 도왕의 지원을 등에 업은 오기는 자신이 꿈꾸어 왔던 부국강병의 개혁안을 밀어붙였는데 주요 내용은 다음과 같다. "불필요한 관직을 폐지하고 해당 관리들을 면직한다. 놀고먹는 왕족과 귀족 자제들에게 국록을 주는 것을 금지한다. 5대를 넘어가면 왕족이라도 평민으로 대우한다." 오기는 이렇게 절약한 돈으로 국가재정을 튼튼히 하고 병사들을 넉넉히 대접했다. 능력과 성과에 따라 녹봉을 차등 지급함으로써 건전한 경쟁을 유발시켰다.

이러한 오기의 개혁은 긍정적으로 평가할 만하다. 쓸데없는 낭비를 줄이고 국가지도층의 기강을 확립하였으며 그렇게 모인 힘을 재정 건전화와 국방력 강화에 투입한 것이니 말이다. 실제로 초나라는 오기의 개혁을 발판으로 천하를 굽어볼 수 있는 국력을 갖추게 되었다. 그러나 오기 개인으로서는 너무나 많은 적을 만들어 버렸다. 기득권을 박탈당한 사람들, 즉 관직과 재물과 권력을 빼앗긴 왕족과 귀족들은 오기라면 이를 갈았고, 오기의 오만한 성품은 이를 더욱 부채질했다.

그러던 어느 날 도왕이 세상을 떠나면서 상황이 급변했다. 호시탐탐 기회를 노리던 귀족들이 군사를 일으켜 오기를 공격한 것이다. 도망치던 오기는 빈전殯殿[3]으로 달려가 도왕의 시신을 안고 엎드렸다. 하지만 오기를 죽이는 일에만 정신이 팔려 있는 귀족들에게 그 모습이 눈에 들어왔겠는가. 그들은 오기를 향해 정신없이 화살을 날렸고 개중에는 도왕의 유해에 꽂힌 것도 있었다. 오기는 "이러고 서 너희가 무사할 성싶은가?"라는 말을 남기며 눈을 감았는데, 다음 왕이 즉위하자마자 오기를 공격한 귀족 70여 집안이 몰살당했다. 귀족들은 오기가 안은 도왕의 시신에 화살을 날린 셈이고 이는 대역죄를 범한 것이기 때문이다. 오기는 비록 죽음을 피할 수 없었지만 머리를 써서 복수를 안배해 놓은 것이다.

오기는 분명 지혜와 능력이 출중한 인물이었다. 리더십이 뛰어났고 맡은 임무를 누구보다 훌륭히 완수해 냈다. 덕분에 가는 곳마다 그가 그토록 바라 마지않던 성공을 이룰 수 있었다. 그렇지만 인간으로서 지켜야 할 도리를 외면함으로써 공명功名을 위해서라면 무슨 짓인들 저지를 사람이라는 인식을 심어 주었다. 여기에 각박하고 오만한 그의 성품이 기름을 부으면서 많은 사람들이 그의 적으로 돌아선 것이다. 결국 신뢰자본이 극도로 부족해진 오기는 사람들에게 외면당하고 공격받으면서 비참한 최후를 맞이한다. 이는 올바름을 상실한 재능은 그것이 아무리 뛰어나다 할지라도 한계에 부딪힐 수밖에 없다는 것을 보여 준다.

1) 공자의 제자로, '증자(曾子)'라고도 불린다.
2) 사마천의 『사기』가 대표적이며 『열국지』도 이를 따른다.
3) 왕이나 왕비가 죽었을 때 상여가 나가기 전까지 관을 모셔 놓는 전각을 말한다.

주중적국舟中敵國

임금이 덕으로써 좋은 정치를 펴지 않으면 한 배를 탄 사람들도 적이 될 수 있다는 뜻이다. 한번은 위나라 무후가 오기의 안내를 받아 배를 타고 서하 지역을 시찰한 적이 있었는데 지형의 험준함이 실로 대단했다. 무후가 "참으로 아름답고도 견고하구나! 실로 위나라의 보배로다!"라며 감탄하자 오기가 말했다. "나라를 지켜 주는 것은 임금의 덕이지 지세의 견고함이 아닙니다. 옛날 하나라는 거대한 강과 웅장한 산들로 둘러싸여 있었지만 걸왕이 폭정을 휘두르면서 은나라 탕왕에게 쫓겨났습니다. 은나라 또한 천혜의 요새 같은 위치에 있었지만 주왕이 덕을 상실하면서 주나라 무왕에게 죽임을 당했습니다. 만일 군주께서 덕을 닦지 않으신다면 지금 이 배에 있는 전하의 측근들도 모두 적국 사람이 될 것입니다." 통치자가 올바른 마음과 자세로 좋은 정치를 펼치게 되면 나라는 자연히 부강해진다. 백성들이 국가를 믿고 똘똘 뭉치기 때문에 설령 작은 나라라도 외적이 함부로 넘보지 못한다. 하지만 국경의 험준함에만 기댄 채 정치를 등한시하고 방종하게 되면 그런 나라는 얼마 가지 못해 무너질 것이다. 외적이 쳐들어오기도 전에 내부의 구성원들이 먼저 임금에게 등을 돌리기 때문이다. 그런데 한 가지 의문이 남는다. 오기는 왜 자신이 한 이 멋진 말을 지키지 못했을까? 역시 말보다는 실천이 중요한 것이다.

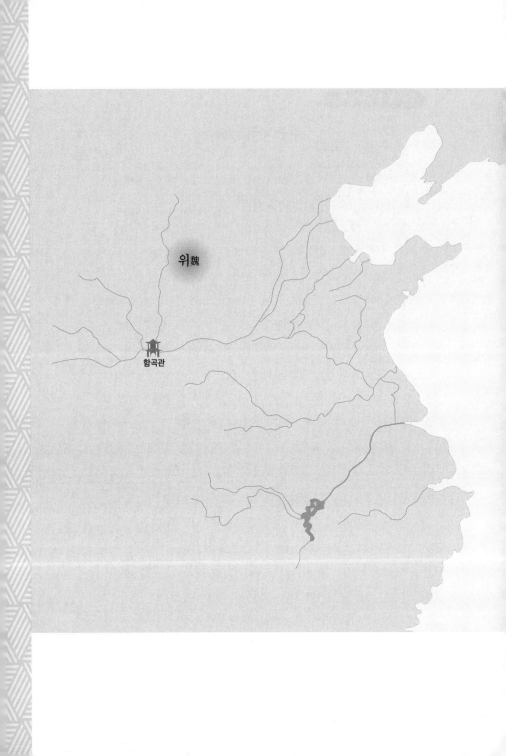

19장

위 혜 왕의

어리석음

"선생께서 천 리 길을 멀다 여기지 않고 왕림하셨으니

장차 무엇을 가지고 우리나라를 이롭게 해 주시겠습니까?"

"왕께서는 하필 이로움을 말씀하십니까?

오직 인의仁義가 있을 따름입니다."

━━━━━ 유교의 경전 『맹자』는 위와 같은 대화로 시
작한다. 맹자를 초빙한 위魏나라의 군주 혜왕惠王이 나라에 이익을 가
져다줄 수 있는 방법을 알려 달라고 하자 맹자는 단호히 고개를 저
으며 말했다. "왕께서 '어떻게 하면 내 나라를 이롭게 할 수 있을까?'
라고 하시면 그 아래 신하들은 '어떻게 하면 내 집안을 이롭게 할 수
있을까?' 하고 생각할 것입니다. 또 그 아래 선비와 백성들도 '어떻

게 하면 내 몸을 이롭게 할 수 있을까?'에 몰두하게 될 것입니다. 그리하여 윗사람과 아랫사람이 서로 이익을 취하려 드니 나라는 위태롭게 됩니다." 윗사람이 물질적인 이익을 중시하면 아랫사람들도 이를 본받을 것이고, 그리되면 구성원들은 보다 많은 이익을 차지하기 위해 다툰다는 것이다.

철없는 질문을 던졌다가 맹자로부터 질책을 받은 것이지만 혜왕이 저렇게 말한 데에는 나름의 사정이 있었다. 사마천의 『사기』에 보면 혜왕의 저 질문 앞에는 부연 설명이 붙는다. "과인이 재주가 부족하여 세 번이나 나라의 군대를 크게 잃었습니다. 세자가 사로 잡혔고[1] 상장군이 전사하였으며 나라가 텅 비어 버렸습니다. 선왕과 종묘사직을 욕되게 하였으니 과인이 매우 부끄럽습니다." 당시 위나라는 제나라와 벌인 전쟁에서 세자와 총사령관을 잃는 참담한 패배를 당했고 군대 역시 괴멸되다시피 했다. 이듬해에는 진나라에 참패하여 영토의 상당 부분을 빼앗기고 수도를 옮겨야 하는 지경에까지 이른다. 『맹자』에서는 위혜왕을 양혜왕梁惠王이라고 부르는데, 이때 도읍을 '대량大梁'으로 옮겼기 때문이다. 이처럼 나라가 존망의 갈림길에 내몰린 상황에서 혜왕에게는 당장 나라에 보탬이 되고 이익을 가져다줄 수 있는, 부국강병의 방책이 필요했던 것이다.

그러나 문제의 근본적인 원인을 직시하지 않는다면 아무리 좋은 묘책이 있어도 소용이 없는 법이다. 할아버지인 문후文侯 대에만 해도 천하를 호령했던 위나라가 혜왕의 대에 와서 급격하게 몰락한 이유는 다름 아닌 혜왕 자신의 어리석음에 있었다.

우선 살펴볼 것은 외교 전략의 실패다. 문후는 국경을 맞대고 있는 조나라, 한나라와 연합하였고 초나라와 제나라를 견제하되 화친을 유지했다. 덕분에 진나라와의 서쪽 국경에 오롯이 국방력을 집중할 수가 있었다. 하지만 혜왕은 한나라, 조나라와 전쟁을 거듭했다. 영토를 넓혀야 한다며 여러 차례 송나라를 침략하기도 했다. 그뿐만이 아니다. 전국 시대의 대표적인 강국이었던 진나라와 전쟁을 벌였고 초나라와 긴장관계에 있었으며 제나라와도 정면충돌했다. 위나라를 둘러싸고 있는 모든 나라를 적으로 돌린 것이다. 더욱이 혜왕은 약한 조나라를 만만히 보고 거듭 핍박함으로써 조나라가 제나라와 손을 잡도록 만들었다. 감당할 능력도 없으면서 동시다발적으로 전쟁을 일으켰다. 진나라 하나와 맞서 싸우려고 해도 온 나라의 힘을 모아야 하는 마당에 오히려 사방팔방으로 힘을 분산해 버린 것이다.

다음으로 혜왕은 백성의 삶을 더욱 피폐하게 만들었다. 그는 맹자를 만났을 때 이렇게 말했다고 한다. "과인은 나라를 잘 다스리기 위해 마음을 다하고 있습니다. 하내 지방에 흉년이 들면 그곳 백성을 하동 지방으로 이주시켰습니다. 옮겨 가지 못하는 백성을 위해서는 곡식을 풀어 구휼해 주었습니다. 하동 지방에 흉년이 들었을 때도 마찬가지입니다. 그런데 왜 과인의 백성은 늘어나지 않는 것인지요? 이웃 나라를 살펴보면 과인처럼 마음을 쓰는 자가 없는데도 백성이 줄어들지 않습니다. 도대체 무슨 까닭입니까?" 자신이 어질고 의로운 정치를 펼치고자 애쓰고 있지만 백성이 늘지 않고 국력이 약해지니 이해할 수 없다는 것이다.

어이없는 말이다. 혜왕이 재위한 36년 동안 전쟁이 일어나지 않은 해는 손에 꼽을 정도다. 그것도 다른 나라의 침입 때문이 아니라 혜왕이 먼저 일으키거나 공격을 유발한 경우가 많았다. 자신이 전쟁을 벌여 백성의 삶을 도탄에 빠트리고, 백성을 죽음에 이르게 만들어 놓고서는 백성이 늘어나지 않는다며 푸념하고 있는 것이다. 더욱이 『맹자』에 따르면 혜왕은 "개와 돼지가 사람이 먹을 양식을 먹어도 단속할 줄 모르며 길에 굶어 죽은 시체가 있어도 창고를 열어 구제하지 않는다. 사람이 굶어 죽으면 '내 탓이 아니라 흉년 탓'이라며 책임을 회피했다"라고 한다. 또한, "임금의 푸줏간에는 살진 고기가, 마구간에는 살진 말이 있는데 백성은 굶주린 기색이고 들에는 굶어 죽은 시체가 즐비했다"라고도 한다. 백성의 삶을 살피지 않았고 나라의 기강을 바로잡지 못했으며 임금으로서 무책임한 태도를 보인 것이다. 상황이 이런데도 전쟁을 멈추지 않는 혜왕에게 맹자는 "백성들이 이웃 나라보다 많아지길 바라지 말라"라며 일갈한다. 서두에서 소개한 대로 이로움을 묻지 말고 인의仁義를 중시하라고 꾸짖은 것도 그래서였다. 하지만 혜왕은 죽는 순간까지 달라지지 않았다.

마지막으로 혜왕은 인재를 보는 안목도 부족했다. 그는 자신이 데리고 있던 인재들을 제대로 활용하지 못했다. 혜왕의 재위 초기 재상이었던 공숙좌公叔座는 죽음을 앞두고 위앙이라는 사람을 후임자로 추천했다. 그러나 혜왕은 "공숙좌가 오랫동안 병을 앓더니 헛소리를 하는구나! 위앙 같은 자가 뭐라고 재상으로 삼는단 말인가? 공숙좌는 참으로 어리석구나!"라며 코웃음을 쳤다. 얼마 후 위앙은 진秦나라로 가서 재상이 되었고 혜왕의 군대를 대파한다. 이 사람이 바로 변법變法²⁾ 개혁을 통해 진나라를 초강대국으로 만든 위앙이다. 이 일을 두고 『전국책』은 "어리석은 자의 병폐란 바로 어리석지 않은 자를 어리석다고 여기는 데에 있다"라며 혜왕을 비판하였는데, 실로 핵심을 찌른 표현이다.

혜왕이 놓친 인재는 또 있었다. 혜왕은 귀곡자鬼谷子³⁾의 제자 방연과 손빈을 등용했는데, 손빈을 질투한 방연의 모략에 빠져 손빈에게 무릎 아래 두 발을 잘라 내는 형벌을 내렸다. 이후 천신만고 끝에 제나라로 탈출한 손빈은 위나라를 멸망 직전까지 내모는 주역이 된다. 이 밖에도 혜왕은 오락가락하는 행동과 무책임한 태도로 맹자와 순우곤, 추연 등 당대의 명사들을 실망시켰고, 그들이 미련 없이 떠나게 만들었다. 그러면서 달변으로 자신을 현혹한 혜시惠施 같은 인물만 중용한다. 인재를 알아보는 눈이 없었던 것이다.

요컨대 혜왕은 국가 경영의 큰 그림을 그리지 못하고 눈앞의 이익을 좇으며 그저 닥치는 대로 대응했다. 이 상황을 감당할 수 있는

범관(范寬), 〈설경한림도(雪景寒林圖)〉, 206.3×103.3cm, 대만 국립고궁박물원 소장.

지 아닌지는 헤아려 보지 않고 무작정 전쟁을 일으켜 패배를 자초했다. 나라에 좋은 인재가 있어도 제대로 쓰지 못했을 뿐 아니라 그 인재들이 위나라를 등지고, 심지어는 위나라를 향해 칼끝을 겨누게 만들었다. 실패로부터 교훈을 얻지 못했고, 겉으로만 듣는 척했을 뿐 신하들의 조언을 따라 실천하지 않았다. 이와 같은 총체적인 무능과 어리석음이 혜왕의 통치를 붕괴시켰으며, 전국 시대의 첫 번째 패권국이었던 위나라를 순식간에 쇠락하게 만든 것이다.

1) 『열국지』에서는 포로로 붙잡힌 세자가 치욕을 당하기 싫어 스스로 목숨을 끊는 것으로 나온다.
2) 직역하면 단순히 법을 바꾼다는 뜻이지만 기존의 체제와 질서를 뜯어고친다는 의미를 갖고 있다. 나라의 기본 틀을 바꾸는 대대적인 개혁이라는 뜻으로 이해하면 된다.
3) 전국 시대 위나라 출신 사상가로 종횡가(縱橫家)의 시조로 불린다. 병법과 외교술에 능통했고 인간의 심리, 양생술에도 뛰어났다. 『귀곡자』라는 책이 전해져 오고 있는데, 귀곡자가 직접 쓴 책인지는 확실하지 않다.

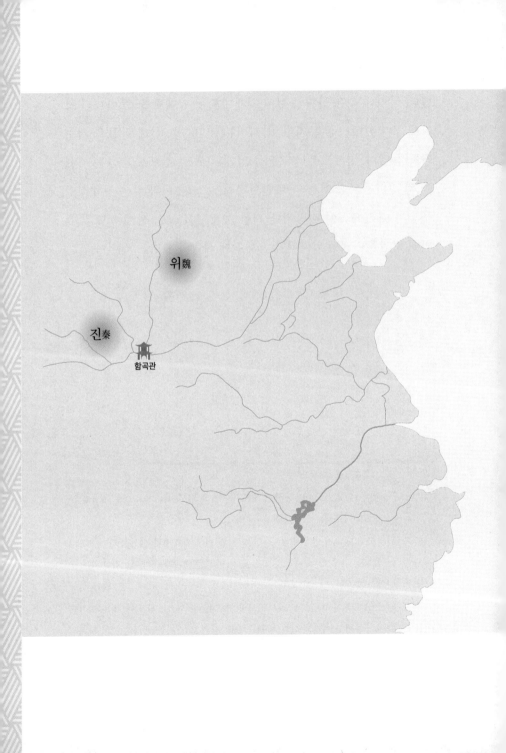

20장

위앙의 한계

위나라의 재상 공숙좌가 깊은 병이 들었다. 걱정이 된 왕은 직접 공숙좌의 집으로 문병을 갔다. "어서 자리에서 일어나셔야 하오. 그대가 없으면 내가 장차 누구를 의지한단 말이오?" "망극하옵니다, 전하. 아무래도 신은 틀린 것 같사옵니다." 한참 눈물을 흘리던 왕이 물었다. "만에 하나 그대가 다시 일어나지 못한다면 장차 누구에게 나랏일을 맡겨야 하겠소?" 공숙좌가 힘겨운 목소리로 대답했다. "지금 신의 밑에서 벼슬을 하고 있는 위앙衛鞅[1] 이 적임자입니다. 비록 나이는 젊지만 정말 뛰어난 인재이니 그에게 나랏일을 맡기시옵소서." 순간 왕은 어이없다는 표정을 짓더니 아무런 대답도 하지 않았다. 공숙좌가 "전하께서 위앙을 등용할 뜻이 없으시다면 반드시 그를 죽이십시오. 그가 다른 나라로 간다면 장차 위나라에 큰 화가 될 것입니다"라고 말했지만 성의 없는 목소리로 "알겠소" 하고 대답할 뿐이었다.

왕이 궁궐로 돌아가자 공숙좌는 위앙을 불렀다. "미안하네. 오늘 왕께서 재상으로 삼을 만한 사람을 물으시기에 내가 그대를 추천했네. 하지만 표정을 보니 들어주실 것 같지 않더군. 나는 이 나라 사직을 먼저 생각해야 하기 때문에 만약 그대를 쓰지 않을 거라면 죽여야 한다고 했으이. 그러니 어서 떠나게. 이곳에 있다가는 목숨을 부지하지 못할 걸세." 그러자 위앙은 태연한 목소리로 말했다. "염려하지 마십시오. 왕께서 저를 기용하라는 건의를 듣지 않았으니 저를 죽이라는 말 또한 듣지 않으실 겁니다." 실제로 왕은 이렇게 말했다고 한다. "공숙좌가 병이 들더니 말도 안 되는 소리를 하더군. 과인에게 위앙을 재상에 앉히라니, 게다가 쓰지 않을 거라면 죽여 버리라고 하지 뭔가? 위앙 같은 놈이 뭐라고. 공숙좌 같은 신하가 그런 헛소리를 하다니 참으로 슬픈 일이야."

얼마 후, 공숙좌가 죽고 공숙좌의 장례를 치른 위앙은 서쪽 진秦나라로 떠났다. 자신을 알아주지 않는 위나라에 미련이 없을뿐더러 진나라 군주 효공孝公이 널리 인재를 구한다는 소식을 들었기 때문이다. 그런데 어렵사리 효공을 만난 위앙은 일부러 다른 이야기를 하며 효공의 불만을 산다. 요순堯舜과 같은 성군聖君의 도를 논하다가 '허황된 사람'이라며 면박을 받았고, 우禹임금과 탕湯임금의 왕도王道를 설명하다가 '그때와 지금은 시대가 다르다'는 볼멘소리를 들은 것이다. 이 모습을 본 진나라의 신하가 답답해하며 묻는다. "지금 임금이 인재를 구하는 뜻은 사냥꾼이 좋은 그물을 구하는 것과 같소. 자나 깨나 날짐승을 잡겠다는 생각뿐이란 말이오. 그대는 어째서 즉시 이익이 될 일에 대해서는 말씀드리지 않고 성군의 도리니 왕도王道니 하는 것만 아뢰는 것이오?"

위앙은 가만히 미소를 지었다. "임금의 뜻이 어느 정도로 높은지 모르니 여러모로 살펴봐야 할 것 아니겠소? 내 이제 임금께서 무엇을 좋아하며 무엇을 싫어하는지 알았소." 그는 임금의 생각과 관심사를 헤아려 보기 위해서 뜸을 들인 것이다. 리더의 성향에 맞춰 대응했다는 점에서 현명하다고 볼 수 있지만 본인의 신념 없이 리더에게 영합했다는 의미도 된다. 아무튼 위앙은 드디어 효공의 흥미를 끌 만한 방책을 내놓았는데, 바로 '패도霸道'이다. 이에 대한 위앙의 설명을 보자.

"무릇 나라가 부유하지 못하면 군사를 일으킬 수가 없고, 군사가 강하지 못하면 적을 이길 수가 없습니다. 나라를 부유하게 만들려면 농사에 힘써야 하고 군사를 강하게 만들려면 부지런히 훈련해야 하니 이는 모두 당장은 백성을 고달프게 만드는 것입니다. 백성은 눈앞의 편안함에 연연할 뿐 훗날의 이익은 생각하지 않는 법이니, 우선은 후한 상과 엄한 형벌을 시행하십시오. 그래야 백성들은 어떻게 나아가야 할지, 무엇을 두려워해야 할지를 알게 될 것입니다. 상과 벌을 원칙에 따라 시행하면 나라의 힘이 한데 모이고 조정의 명령도 반드시 시행될 것이니, 이러고도 나라가 부강하지 못한 경우는 역사에 없었습니다." 덕德과 예禮로써 백성을 다스리고 인仁으로써 백성을 교화하는 인정仁政은 지금과 같은 난세에 어울리지 않는다. 임금이 목표를 정하고 상하가 일사불란하게 움직여야 부국강병을 이룰 수 있다. 그 과정에서 비도덕적인 방법이 사용될 수도 있고 백성을 억누르거나 민심에 위배되는 선택을 하게 될 수도 있다. 하지만 결과주의의 입장에서 이를 용인하는 것이 패도의 길이고, 위앙의 신념인 것이다.

그러면서 위앙은 구체적인 국가 개조 전략을 제시했는데 여기에 흠뻑 빠진 효공은 사흘 밤낮으로 쉬지 않고 그와 대화한 끝에 위앙을 좌서장左庶長[2]으로 발탁했다. 그리고 "앞으로 우리나라의 모든 정사는 좌서장의 명령대로 시행한다. 만약 어기는 자가 있으면 무조건 역적으로 취급할 것이다"라고 명을 내린다. 위앙은 이러한 효공의 후원을 등에 업고 국정 전반에 걸쳐 대대적인 개혁을 추진했다. 우선 지리적 여건이 훌륭한 함양으로 수도를 옮겼다. 각 지역의 행정단위를 현縣으로 재편하여 중앙정부의 통제력을 강화했고 세법을 개정하여 국가의 세수를 늘렸다. 도로를 제외한 모든 토지를 개간하여 유휴지를 없앴으며 산업을 장려하고 상벌을 엄격하게 시행했다. 다섯 집이 서로 보호하고 열 집이 서로 감시하는 제도도 도입했다.[3] 신분증이 없는 사람을 재워 주지 못하게 했으며 강력한 연좌법을 도입, 한 사람이라도 죄를 지으면 가족 전체를 나라의 노비로 삼았다. 중앙정부 중심의 강력한 지배체제를 구축한 것이다.

한데 이 과정에서 눈여겨볼 점이 있다. 위앙은 새 법을 본격적으로 시행하기 전에 한 가지 조치를 취했다. 궁궐 남문에 작은 나무 기둥을 하나 세워 놓고 다음과 같은 게시문을 붙인 것이다. "누구든지 이 나무를 북문으로 옮겨 세우는 자가 있으면 10금金⁴⁾의 상을 줄 것이다." 그렇지만 누구 하나 움직이는 사람이 없었다. '무슨 속셈이지?' '괜히 나섰다가 화를 당하는 거 아냐?' 며칠 후 위앙은 다시 명령을 내렸다. "나무를 북문으로 옮겨 세우는 자에게 50금의 상을 내린다." '도대체 나무 하나 옮긴다고 왜 저렇게 큰 상금을 준단 말인가?' 사람들의 의혹은 더욱 커져 갔다. 그때 한 사람이 나서서 나무를 옮기자 위앙은 크게 칭찬하며 약속대로 50금의 상을 준다. 허무맹랑해 보이는 약속까지도 지키는 모습을 보여 줌으로써 새로 만든 법과 정책에 대한 백성들의 신뢰를 높인 것이다.

이러한 위앙의 노력으로 진나라는 몇 년 사이에 '천하제일의 부강한 나라'가 되었다. 『열국지』는 "길에 물건이 떨어져 있어도 줍는 자가 없었고 도둑이 사라졌으며 창고마다 곡식과 재물이 가득 쌓였다. 또한 모두가 전쟁에 나가 용감했다. 감히 서로 싸우는 자가 없었다"라고 묘사하고 있다. 그러나 빛이 있으면 그림자가 따르기 마련이다. 위앙은 냉혹하고 독선적으로 국정을 운영했다. 사소하게라도 법을 어기면 가차 없이 가두었고 매일같이 700명 가까운 죄수를 처형했다. 법이 얼마나 강하고 무서웠던지 "백성들은 악몽에 시달리다 소스라치게 놀라 일어나서는 온몸을 벌벌 떨었으며, 진나라 방방곡곡에서 통곡하는 소리가 그치지 않았다"라고 한다. 또한 위앙은 지위 고하를 막론하고 법에 대해 불평하는 것을 금지했다. 한번은 세자가 법이 너무 가혹하다며 비판하자 위앙은 세자의 스승들을 체포해 코를 베어 버리고 얼굴에 죄인이라는 글자를 먹물로 새기게 했다. 원로 중신들이 우려했지만 위앙은 몽매한 소리라며 듣지 않았다. 오히려 "행동에 의심이 따르면 명성을 이룰 수 없고 일을 의심하면 공을 세울 수 없다. 뛰어난 사람의 행동은 세상의 비난을 만나기 마련이고 남다른 사람의 생각은 보통 사람들의 비방을 듣기 마련이다"라며 더욱 강하게 나아갔다. 한마디로 공포의 시대였다.

위앙은 국제적으로도 인심을 잃었는데 한때 자신이 몸담았던 위나라를 가차 없이 몰아붙였기 때문이다. 전국 시대에는 고국을 떠나 다른 나라로 옮겨 가 일하는 경우가 비일비재했다. 다만 그런 상황이 오더라도 이전까지 일했던 나라와 군주에게는 어느 정도 예의를 갖추는 것이 암묵적인 관례였다. 오자서처럼 사무친 원한이 있는 것이 아니라면 말이다. 그러나 위앙은 자신을 믿고 아꼈던 위나라 사령관 앙卬을 속여 포로로 잡았고 위나라의 국토를 유린했다. 위나라 사신이 "신하는 옛 주인을 잊지 않는 법입니다. 지난날에 위왕이 비록 그대를 등용하진 않았으나, 그렇다고 그대가 어찌 부모의 나라를 아주 없애 버리려 든단 말입니까? 너무 무정한 것이 아닙니까?"라고 항의했지만 소용이 없었다.

하지만 위앙이 거둔 성과로 인해 그의 힘은 갈수록 커져 갔다. 진나라 효공은 위앙의 공을 높이 평가하며 후작의 작위를 내렸고 상어商於 등 열다섯 고을을 그의 식읍으로 하사했다. 위앙을 '상앙商鞅'이라고 부르는 것은 바로 '상어'라는 지명에서 유래한 것이다. 그런데 부귀와 권력이 집중될수록 조심하고 겸손해야 함에도 위앙은 그러지 못했던 것 같다. 그는 자신의 공로를 내세우며 자랑하길 좋아했다. 주변이 아첨꾼들로 가득했지만 감언이설에 취해 이들을 물리치지 않았다. 조양趙良이라는 이가 "경께서 진나라 재상이 된 지 8년이 넘었습니다. 비록 경의 법령은 철저하게 시행되고 있지만 무서운 형벌이 그치지 않았고 무수한 사람이 참혹하게 학살당했습니다. 백성들은 경의 위엄만 보았을 뿐 덕을 보지 못했습니다. 그 결과를 보십시오. 지금 진나라 백성들은 이익만 알 뿐 의리를 모릅니다. 게다가 오래전부터 경을 저주하고 있습니다. 이제 임금께서 세상을 떠나신다면 어찌 되겠습니까? 경의 운명도 바람 앞의 등불처럼 위태로워질 것입니다. 그런데도 경께서는 어찌 부귀를 탐하며 스스로 대장부라고 자랑하십니까? 지금도 늦지 않았습니다. 모든 벼슬과 재물을 내려놓으시고 시골에 가서 밭이나 일구며 여생을 마치십시오"라고 간언했지만 듣지 않았다.

그리고 얼마 지나지 않아 효공이 죽으면서 조양의 예언은 현실이 되었다. 세자 시절 자신의 스승들이 형벌을 받은 것에 대해 원한을 품고 있던 새 임금은 위앙의 재상직을 박탈하고 상어 땅으로 물러나게 했다. 위앙은 이때 또 한 번의 실수를 저지른다. 호화찬란한 수레를 타고 함양을 나선 것이다. 위앙을 뒤따르는 의전 행렬의 규모가 임금이나 다름이 없었고 문무백관이 모두 나가 그를 전송했다고 한다. 임금으로서는 당연히 불쾌했을 것이다. 마음 같아서는 당장 위앙을 죽이고 싶었지만 선왕 때 세운 공을 생각하여 목숨을 거두지 않았더니, 자만에 취해 분위기 파악을 하지 못하고 있으니 말이다.

임금은 위앙이 역모를 도모했다며 체포령을 내렸는데 가까스로 도망친 위앙이 어느 여인숙에 묵으려 하자 주인이 신분증을 요구했다. 위앙이 "깜빡 잊고서 가지고 오지 않았다"라며 사정했지만 주인은 단호히 거절한다. "그대는 위앙의 법을 모르시오? 신분증이 없는 사람을 재우면 재워 준 사람까지 참형을 당하게 되어 있소. 썩 떠나시오." 위앙은 탄식했다고 한다. "내가 만든 법 때문에 내가 죽게 되었구나." 결국 위앙은 체포되었고 오우분시五牛分屍[5]로 처형당했다. 위앙이 죽자 이를 구경하던 백성들이 몰려들어 분풀이하느라 그의 시신은 흔적조차 남지 않았다고 한다.

자, 우리는 위앙의 일생을 어떻게 평가해야 할까? 역사 속에서 수많은 개혁가들이 기득권 세력의 반격으로 좌절하고 끝내 목숨까지 잃었듯이 위앙 또한 그 같은 맥락에서 이해해야 하는 것일까? 하지만 위앙의 처지는 분명히 달랐다. 그는 임금의 절대적인 신임과 후원 속에서 국정의 전권을 행사했다. 그에게는 기득권의 저항을 뚫고 자신의 의제를 실현시킬 수 있는 여건이 조성되어 있었고 충분한 힘을 가지고 있었다. 상황이 이와 같다면 위앙은 국가의 대내외 환경을 고려하며 부작용을 최소화하기 위해 노력했어야 했다. 면밀하게 살피며 차근차근 일을 추진해야 했던 것이다. 자신과 다른 의견에 귀 기울이고 구성원들을 다독이며 공동체의 힘을 하나로 모을 필요도 있었다. 그러나 위앙은 독선적인 태도로 정책을 밀어붙였고 가혹한 태도로 일관했다. 자신이 추진하는 일은 무조건 옳다는 오만함으로 구성원들의 인심을 잃었다. 그 결과 개혁을 추진할 수 있는 최적의 조건을 가졌음에도 불구하고, 그리고 나름의 성과를 거두었음에도 불구하고 나라에 혼란을 가져오고 본인 역시 비극적인 종말을 맞게 된 것이다. 위앙의 열전을 작성한 뒤에 "각박함을 조심해야 한다"라고 덧붙인 사마천의 경고는 지금도 유효하다.

1) 본명은 공손앙이다. 위(衛)나라 공족(公族)의 후예이기 때문에 '위앙'이라 불렸고, 후에 '상(商)' 지역을 식읍으로 받으면서 '상앙(商鞅)'이라는 호칭도 얻었다.
2) 좌서장은 직책명이 아니라 작위의 명칭이다. 20등급의 작위 중 중간 정도다.
3) 십오제(什伍制)라고 불린다. 이러한 제도는 중국과 한국을 막론하고 유사한 형태로 계속 이어져 왔는데, 조선에서는 다섯 집을 1통(統)으로 엮어 관리하는 '오가작통법(五家作統法)'이 시행된 바 있다. 오가작통법의 창시자가 바로 위앙이었다고 말할 수 있다.
4) 『전국책』에 따르면 여기서 '금'은 돈의 단위다. 진나라에서는 20냥을 1금이라고 했다고 한다.
5) 죄인의 머리와 팔, 다리를 다섯 마리의 소에 묶고 각기 다른 방향으로 나아가게 하여 사지를 찢어 죽이는 형벌을 말한다.

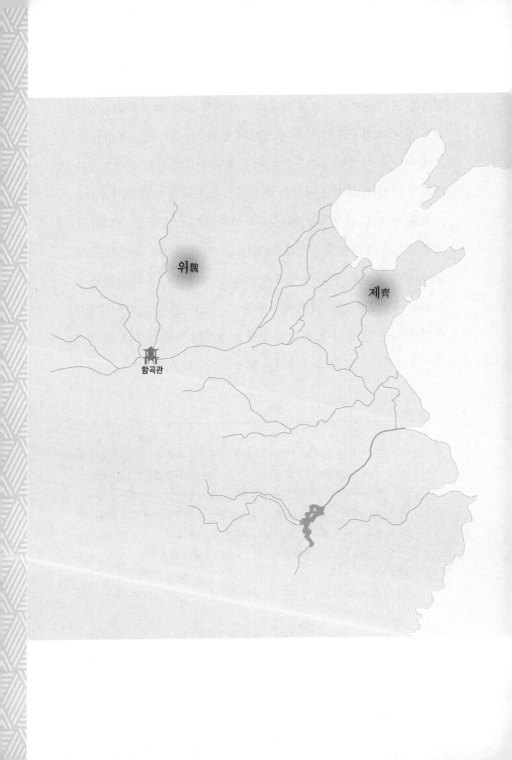

21장

손빈의 전략

『손빈병법』[1]의 저자 손빈孫臏. 그는 『열국지』의 등장인물을 통틀어 손에 꼽을 만큼 고난의 삶을 살았다. 어린 나이에 부모를 잃었고 끼니를 구걸하며 하루하루를 연명했다. 다행히 명성이 높은 사상가 귀곡자의 제자가 되어 총애를 받았지만 더 큰 시련이 닥쳐왔다. 발을 잘라 내고 얼굴에 먹물로 죄목을 새겨 넣는 형벌을 받은 것이다. 손빈의 이름 '빈臏'은 곧 무릎 아래를 잘라 냈다는 뜻으로, 귀곡자가 그의 운명을 예견하고 지어 주었다고 한다.

이처럼 비참한 처지가 된 손빈은 절망했다. 평생을 앉은뱅이에 흉측한 얼굴로 살아야 한다는 생각에 삶의 의욕을 잃어버렸다. 그런데 그때 손빈은 자신이 죄를 받게 된 이유를 알게 된다. 그는 같은 스승에게서 배운 동문 방연龐涓의 추천으로 위나라에 등용되었고 그 위나라에서 적국과 내통했다는 죄목으로 처벌받았는데, 이 모두가 방연의 흉계였다. 평소 손빈의 능력을 질투해 온 방연이 그를 제거하기 위해서 일을 꾸민 것이다. 손빈이 전수받았다고 알려진 『손자병법』을 탐냈다는 설도 있다. 사건의 진상을 알게 된 손빈은 복수를 다짐한다.

손빈은 미친 사람인 척하며 때가 오기를 기다렸다. 돼지우리에서 기거하며 개밥을 먹었다. 혼잣말로 중얼거리다가 울고 웃기를 반복했으며 아무 곳에서나 쓰러져 잠을 잤다. 사람들은 모두 그가 정말로 정신이 나갔다고 생각했다. 그에 따라 방연의 감시도 점차 소홀해졌는데 이 틈을 노린 손빈은 모국인 제나라로 탈출한다.

제나라에 온 손빈은 제나라의 재상이자 명장 전기田忌의 휘하로 들어갔다. 군사軍師가 된 그는 뛰어난 용병술과 전략으로 제나라 군대를 일약 강군으로 만들었다. 다음 세 가지 일화는 그의 능력을 잘 보여 준다. 우선 손빈이 제나라에 도착한 지 얼마 지나지 않았을 때의 일이다. 당시 제나라 군주 위왕威王은 왕족과 신하들을 모아 놓고 경마 시합을 벌이길 좋아했다. 위왕과 재상 전기의 말이 가장 뛰어나다 보니 두 사람이 결승에서 겨루는 경우가 많았는데 그때마다 위왕이 승리했다. 이 모습을 가만히 지켜보던 손빈이 전기에게 말했다. "제가 시합에서 이기게 해 드릴까요?" 눈이 휘둥그레진 전기가 물었다. "나는 이제껏 한 번도 이겨 본 적이 없소. 과연 그게 가능하겠소?" 손빈이 웃으며 답했다. "이 시합은 상·중·하 세 등급의 말이 각기 겨뤄서 3전 2승을 하는 사람이 승리를 차지합니다. 지금 재상의 말은 임금의 말에 비해 조금 못 미칩니다. 그러니 시합을 할 때마다 지는 것이지요. 하지만 무조건 상급 말끼리 겨뤄야 하는 것은 아니지 않습니까? 재상의 하급 말을 임금의 상급 말과 겨루게 하시고, 재상의 상급 말을 임금의 중급 말과 겨루게 하시고, 재상의 중급 말을 임금의 하급 말과 겨루게 하시지요. 그러면 한 번을 지더라도 두 번은 이기실 수 있을 것입니다." 전기는 "참으로 묘책이오!"라며 손빈의 말을 따랐고 결국 2승 1패로 승리하게 된다.

나의 말이 상대방의 말보다 느리다면 보통은 어떻게 하면 내 말을 더 빨리 달리게 만들지를 고민한다. 하지만 말이 가진 역량 자체가 다르다면 작은 차이라 할지라도 쉽게 좁힐 수가 없다. 따라서 기약할 수 없는 결과를 위해 역량을 투입하기보다는 손빈처럼 현재 가지고 있는 자원을 효과적으로 배치하여 승리를 이끌어 내는 것이 현명하다. 물론 이를 위해서는 나와 상대방에 대한 정확한 진단이 전제되어야 할 것이다.

다음으로 살펴볼 것은 조나라에 대한 구원전이다. 중원의 패자가 되고 싶었던 위나라 혜왕은 방연을 총사령관으로 삼아 조나라를 공격했다. 수도 한단이 함락될 위기에 처한 조나라는 제나라에 원군을 요청했고 이에 왕은 전기를 사령관으로, 손빈을 군사로 임명해 지원군을 출병시킨다.[2] 그런데 손빈은 한단을 향해 진군하려던 전기를 말렸다. "지금은 한단으로 갈 때가 아닙니다." 의아해진 전기가 물었다. "아니 무슨 말씀이십니까? 한단을 구하지 않는다면 무엇을 한다는 말씀이십니까?" 손빈이 대답했다. "조나라는 방연의 적수가 되지 못합니다. 우리가 한단에 도착할 때쯤엔 이미 한단이 함락되었을 것입니다. 무릇 어지럽게 엉킨 실을 풀고자 할 땐 주먹으로 쳐서는 안 됩니다. 싸우는 사람을 말리려고 할 때 그 사이에 끼어들어 손으로 밀쳐서는 안 되는 것과 같습니다. 우리는 빈틈을 노리고 급소를 공략해야 합니다. 그러면 형세가 바뀌어 자연히 해결될 것입니다. 지금도 마찬가지입니다. 위나라의 정예군은 모두 조나라로 나와 있고, 위나라 안에는 늙고 병든 자들만 남아 있지요. 우리가 위나라 수도 대량을 공격하는 것처럼 한다면 방연은 필시 조나라에 대한 포위를 풀고 위나라로 돌아올 것입니다. 이때 길목에 군사를 숨겨 회군하는 방연의 부대를 공격하면 우리는 조나라를 구하고 위나라에 타격을 가하는 두 가지 성과를 함께 이룰 수 있을 것입니다."

이 말을 들은 전기가 위나라 대량으로 진군하는 것처럼 연출하자, 손빈의 예상대로 방연은 급히 회군했다. 손빈은 길목인 계릉桂陵에 복병을 배치하여 위나라 군대를 괴멸시켰다. 위나라를 포위하여 조나라를 구한다, '성동격서聲東擊西'와 함께 우회전술의 대명사로 쓰이는 '위위구조圍魏救趙'라는 고사성어가 바로 이 사건에서 유래한 것이다. 요컨대 강한 상대와 대결할 때는 정면 승부를 벌이지 말고 약점을 노려야 한다. 빈틈을 이용해 판을 흔들어야 상대를 혼란에 빠트리고 승리를 쟁취할 수 있다. 남을 도와주면서 동시에 자신의 이익을 취한다는 점에서도 염두에 둘 부분이다.

마지막으로 마릉馬陵 전투를 보자. 제나라에 패해 절치부심하던 위나라는 13년이 지난 기원전 340년, 이번에는 한나라를 공격했다. 한나라는 제나라에 원병을 요청했는데, 손빈은 구원에 나서되 천천히 진행해야 한다고 주장한다. 자칫 제나라의 국력을 많이 소모하게 될 수도 있으니 두 나라가 서로 싸우느라 힘이 빠질 때를 기다리자는 것이다. 그리고 조나라를 도와줄 때와 마찬가지로 한나라가 아닌 위나라의 수도 대량으로 진군했다.

제나라가 이전과 똑같이 움직이자 위나라는 실수를 반복하지 않겠다는 듯 세자 신을 총사령관에 임명하고, 한나라에서 회군하는 방연과 함께 제나라 군대를 치도록 했다. 군사력을 총동원해 사생결단을 내겠다는 것이었다. 이처럼 위나라 군대가 기세등등하게 몰려오자 손빈은 병력을 철군한다. 흡사 겁을 먹고 후퇴하는 것처럼 보이도록 했는데 상황을 오판한 방연은 제대로 살피지도 않은 채 그저 맹렬하게 쫓아왔다. 결국 위나라 군대는 마릉산 협곡에서 손빈의 매복에 걸려 전멸하였고 방연은 자결로 최후를 맞는다. 『열국지』에 따르면 손빈은 마릉 길가의 큰 나무를 하얗게 벗겨 내고 "방연은 이 나무 아래서 죽는다"라고 써 놓았다고 한다. 한밤중에 마릉에 도착한 방연이 나무에 써진 글자를 읽기 위해 불을 밝힌 순간 매복한 5,000명의 궁수가 쏜 화살이 방연을 향해 쏟아졌다. 중상을 입은 방연은 검을 뽑아 스스로 목을 찌르며 "내가 저 앉은뱅이 놈을 진즉에 죽이지 않은 것이 한스럽구나. 저놈만 유명하게 만들었으니"라는 한탄을 남겼다.

무릇 승리하기 위한 가장 효과적인 방법은 상대방의 역량을 면밀하게 분석한 후 자신이 만들어 놓은 전장으로 적을 끌어들이는 것이다. 유리한 환경을 구축하고 전쟁의 규칙을 자신의 것으로 만들어 놓은 후에 전투에 나선다면, 훨씬 수월하게 승리를 거둘 수 있다. 상대방의 심리까지 이용할 수 있다면 더 말할 나위가 없을 것이다. 손빈은 이에 대한 훌륭한 모범을 보여 주었다.

1) 원래는 『손자병법(孫子兵法)』의 저자가 손무(孫武)냐 손빈(孫臏)이냐는 논란이 있었지만 1972년 발굴된 한나라 시대의 무덤에서 『손빈병법』이 발굴되면서, 손빈이 저술한 별도의 병법서가 존재한다는 것이 확인되었다.

2) 처음 위왕은 손빈을 사령관으로 임명하고자 했다. 그러나 손빈이 "소신은 형벌을 받아 다리를 쓰지 못하는 폐인이 되었습니다. 이런 소신에게 군대의 지휘를 맡기신다면 적들이 우리를 비웃을 것입니다. 청하옵건대 전기를 대장으로 삼으시옵소서"라고 사양하자 대신 '군사(軍師)'의 임무를 맡긴 것이다. 손빈은 사방에 장막을 친 치거(輜車)를 타고 전기의 뒤를 따르며 작전과 책략을 책임졌다고 한다.

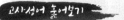

감조지계減竈之計

감조지계란 밥을 지어 먹은 흔적을 줄인다는 뜻으로 적을 속여 방심시키는 전략을 가리킨다. 마릉 전투를 앞두고 손빈은 제나라 군대를 거짓으로 퇴각시키면서 처음에는 10만 명분의 아궁이를 설치했다. 그리고 날마다 7만 명, 5만 명, 3만 명, 이런 식으로 아궁이의 수를 줄여 갔다. 병기와 전차도 버려 두었다. 제나라 군대를 뒤쫓던 방연은 이를 보고 방심하게 된다. 오합지졸인 제나라 병사들이 두려워 도망친 것으로 오판한 것이다. 이에 조심성을 잃고 정신없이 추격했고 결국엔 매복에 걸려 최후를 맞게 된다. 이러한 손빈과 방연의 일화는 계략을 통해 상대방의 마음을 흔들어 잘못된 판단을 내리게 하고, 바로 그 점을 이용하여 승리를 이끌어 내는 모습을 잘 보여 준다. 또한, 전장에서 이런 계책을 사용하는 것도 중요하지만 이런 계책에 당해서는 안 된다는 것도 가르쳐 주고 있다.

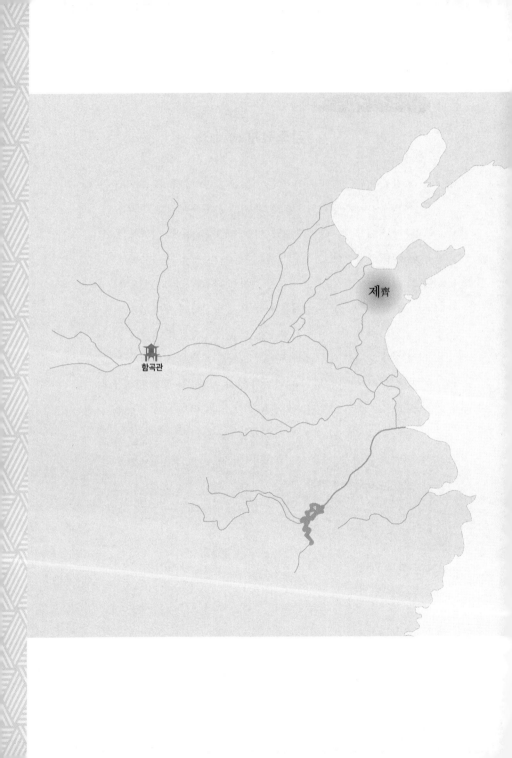

제
선
왕
의
장점

"과인 같은 사람도 왕도王道정치를 펼칠 수가 있습니까?"

"가능합니다."

"정말입니까? 어떻게 과인이 가능한 줄 아십니까?"

"듣자니 왕께서는 소가 제물로 끌려가는 것을 보시고
'놓아주어라. 두려워 벌벌 떨면서 죄 없이 죽을 곳으로 끌려가는 것을
차마 볼 수가 없다'라고 말씀하셨다 들었습니다.

그래서 소 대신에 양으로 바꾸라고 하셨다는데
정말 그런 일이 있었습니까?"

"그렇습니다."

"그런 마음을 가졌다면 충분히 왕도정치를 펼칠 수가 있습니다.

백성들은 왕께서 비용을 아끼느라
큰 것을 작은 것과 바꾸게 했다고들 하지만,

맹자와 제나라 임금 선왕宣王이 나눈 대화다. 어느 날 제물로 바칠 소가 도살장으로 끌려가기 싫어 애처롭게 우는 모습을 목격한 선왕은 소를 풀어 주라고 지시했다. 죄 없는 생명이 죽으러 가는 것을 차마 두고 볼 수가 없었기 때문이다. 그런데 그 같은 이유라면 소 대신 양을 제물로 삼으라는 명령은 온당치 않아 보인다. 죽음의 무게는 소나 양이나 같을 테니 말이다. 맹자는 이 부분을 이렇게 설명했다. "소는 직접 눈으로 보셨고 양은 아직 보지 못하셨기 때문일 것입니다." 물론 궁극적으로는 양에 대해서도 그런 마음을 가져야 한다. 하지만 무엇보다 눈앞에 있는 대상에게 선한 마음을 갖는 것이 왕도정치의 출발점이라는 것이다.

맹자는 말을 이어 갔다. "왕께서는 영토를 넓히고 다른 제후들의 복종을 받아 내어 천하에 군림하고 싶으시지요? 지금의 왕께서 그런 소원을 이루시길 바란다면 이는 나무에 올라가서 물고기를 구하는 것과 다름이 없습니다.[1] 제나라가 무력만으로 비슷한 국력을 가진 다른 여덟 나라를 복종시킬 수 있겠습니까? 불가능합니다. 그러나 왕께서 훌륭한 정치를 펼치고 인정仁政을 베푸셔서 천하의 선비들로 하여금 모두 왕의 조정에서 벼슬하고 싶도록 만들어 보십시오. 농사짓는 이들이라면 누구나 왕의 땅에서 농사를 짓고 싶게 만들고, 상인이라면 모두가 왕의 시장에서 장사를 하고 싶게 만들어 보십시오. 세상 사람 모두가 이 나라의 길을 걷고 싶게 만든다면 누가 감히 왕을 막을 수 있겠습니까?" 군사력으로 천하를 복종시키는 것은 당시의 제나라 힘으로는 어려운 일이었다. 설령 가능하다고 해도 국력이 소모되고 수많은 사람이 목숨을 잃어야 하니 권장할 일이 못 된다. 하지만 왕도정치와 같이 훌륭한 덕으로 좋은 정치를 펼쳐서 세상 사람들이 제나라에 와서 살고 싶게 만들면, 자연히 천하는 진심으로 제나라 임금을 존경하고 마음으로 복종하게 되리라는 것이다.

맹자의 말을 들은 선왕은 "청컨대 선생께서 나를 잘 이끌어 주십시오. 내가 비록 총명하지 못하고 민첩하지도 못하지만 열심히 노력하겠습니다"라고 하였다. 이후 맹자는 여러 차례에 걸쳐 성심껏 조언했고 선왕 역시 이를 경청하고 최선을 다하는 모습을 보인다. 맹자도 선왕에게 어느 정도 기대를 가지고 있었던 것으로 보이는데, 맹자 정치사상의 핵심이라고 할 수 있는 주제들이 대부분 선왕과의 대화를 통해 드러난다는 점에서도 이를 확인할 수 있다.[2]

그렇다면 선왕은 훌륭한 군주였을까? 맹자는 왜 선왕이 좋은 임금이 될지도 모른다고 기대했던 것일까? 원래 선왕은 이상적인 군주상과는 거리가 있었다. 재주도 그리 뛰어나지 못했다. 재위 초기에 손빈을 등용하여 위나라를 제압하는 등 명성을 떨쳤지만 이내 자만에 빠졌다. 술과 여색을 탐닉했고 화려한 궁궐을 지어 풍악을 즐겼으며 40리 길이의 사냥터를 건설했다. 황당무계한 궤변을 일삼는 자들을 가까이에 두며 지적 허영에 빠지기도 했다. 재상 전기의 충언도 듣지 않아서 전기가 울화병으로 죽었을 정도였다.

그런데 이런 그를 180도 변화시킨 사건이 일어났다. 그날도 역시 큰 잔치를 벌이고 있던 선왕에게 한 여인이 찾아왔다. "나는 종리춘鍾離春이란 사람이다. 왕을 뵈러 왔다. 나를 왕께 안내해라." 궁궐 문을 지키고 있던 병사들은 황당했다. 『열국지』에서 종리춘을 묘사한 것을 보면, "여인의 이마는 몹시 높고 눈은 움푹 들어갔으며 코와 목뼈가 심하게 튀어나와 있었다. 등은 꼭 낙타와 같았고 머리털은 가을 풀같이 억세었으며 피부는 옻칠을 한 듯 새까맸다. 옷 또한 다 떨어져 있었다"라고 쓰여 있다. 다른 기록을 보면 눈에 커다란 붉은 반점도 있었다고 한다. 한마디로 용모가 형편없었던 것이다. 이런 여인이 무작정 왕을 만나게 해 달라고 떼를 쓰는 데다 심지어 "내가 지금 나이 마흔이 넘었지만 아직 시집을 가지 못했다. 내가 장차 후궁에 거처하면서 대왕을 섬길 작정이다"라고 당당히 말하니 병사들은 미친 사람 취급을 하며 내쫓으려 했다.

마침 문밖의 시끄러운 소리를 들은 선왕은 그 여인을 안으로 들이도록 했다. "시골의 평범한 백성이라도 그대처럼 못생긴 사람을 데리고 살겠다는 이는 아마 없을 것이다. 그럼에도 왕인 나를 섬기겠다고 찾아왔다니 무슨 까닭이 있겠지. 어디 하고 싶은 말을 해 보아라." "왕께서 소인을 죽이지 않겠다고 약속하시면 감히 한 말씀

올리겠나이다." "네가 무슨 말을 할지라도 벌하지 않을 것이다."

그러자 종리춘이 말했다. "왕께서는 지금 네 가지 잘못을 저지르고 계십니다. 우선 진나라는 위앙을 등용하여 나라의 재정과 군사를 튼튼히 하고 있습니다. 머지않아 진나라의 군대가 쳐들어올 것이 분명한데 임금께서는 좋은 장수를 양성하지도 않고, 국경 방비에도 관심을 두지 않으시니 이것이 첫 번째 잘못입니다. 다음으로 임금에게 옳고 그름을 따지는 신하가 있는 한 그 나라는 망하지 않는다고 하였습니다. 하지만 왕께서는 나라 다스리는 일을 방기한 채 충신들의 간언을 듣지 않고 계시니 두 번째 잘못입니다. 그뿐만이 아닙니다. 아첨을 일삼는 자와 황당무계한 말만 하는 자들이 권력을 잡고 있고, 왕께서는 이들을 의지하고 계십니다. 이것이 세 번째 잘못이라 할 것입니다. 끝으로 왕께서는 큰 궁궐을 짓고 넓은 동산을 만들며 화려한 누대를 쌓았습니다. 이로 인해 백성들은 지칠 대로 지쳤고 나라의 재정을 탕진하였으니 이것이 네 번째 잘못입니다. 이 같은 왕의 잘못으로 인해 지금 우리 제나라는 몹시 위태로운 지경에 놓여 있습니다. 왕께서는 어찌 이런 상황을 보지 못하십니까?" 그 순간 선왕이 옥좌에서 내려와 종리춘의 손을 맞잡았다. "그대가 말해 주지 않았다면 내가 어찌 나의 허물을 알 수 있었겠는가?" 그러고는 즉시 잔치를 파했으며 간신을 추방하고 충신들을 대거 등용했다. 종리춘을 왕후로 책봉하라는 하교도 내린다.

선왕은 똑똑하지도 않았고 능력이 뛰어난 군주도 아니었다. 그는 많은 잘못을 저질렀으며 허영심과 태만한 마음을 끝내 떨쳐 버리지 못했다. 그러나 선왕은 자신이 부족하다는 사실을 잘 알고 있었다. 비록 게으름으로 인해 초심이 자주 무너지곤 했지만 더 나아지고 싶다는 생각을 가지고 있었다. 종리춘의 겉모습만 보지 않고 말에 담긴 진심과 충언을 기꺼이 수용한 것, 나아가 그녀를 왕후로 삼은 것 역시 자신의 부족함을 보완하고 싶은 마음이 뒷받침되었기 때문이다. 맹자가 선왕을 찾은 것은 종리춘의 일이 있은 뒤였는데, 바로 이 같은 선왕의 장점을 읽었기 때문으로 생각된다.

그렇지만 안타깝게도 선왕은 맹자의 기대를 충족시켜 주지는 못했던 것 같다. 당시 시대 환경 속에서 맹자가 말하는 방식을 그대로 실천한다는 것은 어울리지 않는 일이었으리라. 맹자는 결국 선왕의 곁을 떠난다. 그래도 선왕은 제나라를 나름대로 잘 다스렸고 전국 시대의 군주들 중 그나마 괜찮았던 사람으로 꼽힌다. 부족한 점이 많았지만 자신의 모자람을 알고 개선하려 했기 때문이다. 끊임없이 더 나아지고자 노력하는 사람은 최소한 잘못된 길을 가지는 않는다는 것을 보여 준다.

1) 연목구어(緣木求魚)라는 고사성어가 이 대화에서 유래했다.

2) 선왕은 맹자에게 이렇게 말하기도 했다. "과인에게는 병통이 있습니다. 과인은 용감한 것을 좋아합니다." 그러자 맹자가 말했다. "괜찮습니다. 다만 작은 용감함을 좋아하지 마십시오. 검을 어루만지며 상대방을 노려보며 말하기를 '저자가 어찌 감히 나를 당해 내겠는가?'라고 하는 것, 이는 보통 사람의 용감함입니다. 왕께서는 큰 용기를 가지셔야 합니다." 또한, 역성혁명에 대한 논의도 제선왕과의 대화에서 나왔다. 옛날 은나라의 탕왕과 주나라의 무왕이 각기 폭군 걸왕과 주왕을 방벌(放伐)한 것을 두고 선왕이 "신하가 임금을 시해해도 되는 것입니까?"라고 묻자 맹자는 "인(仁)을 해치는 자를 적(賊)이라 하고 의(義)를 해치는 자를 잔(殘)이라 부릅니다. 잔적한 사람은 더 이상 임금이 아니라 일개 개인에 불과하니 임금을 시해한 것이라 할 수 없습니다"라고 대답한 바 있다. [『맹자』, 「양혜왕(梁惠王) 하」]

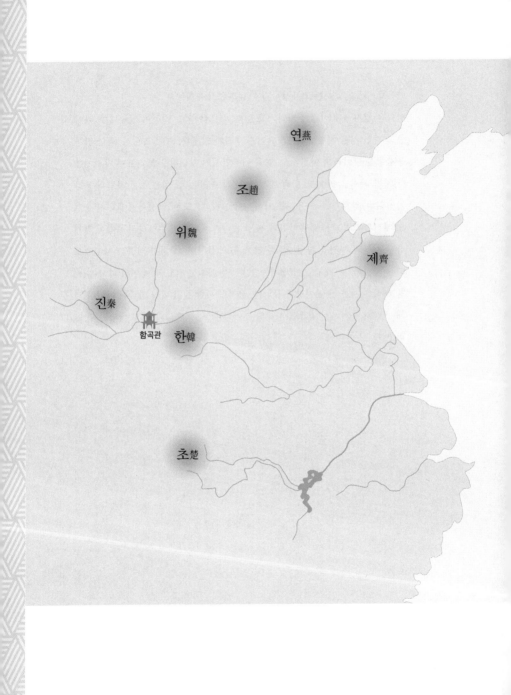

23장

소
진
의
장 합
의 종
의 ,
연
횡

"소진과 장의 두 사람은 참으로 나라를 기울게 만든

위험한 인물이었다."

"소진과 장의는 나라와 백성을 일으키고 바로잡은 호걸이다."

차례로 사마천과 제갈량의 말이다. 두 번
째 말의 경우 『삼국지연의三國志演義』에 나오는 내용이기 때문에 정말
로 제갈량이 저런 생각을 가졌는지는 알 수 없다. 다만 소진과 장의
에 대해 이처럼 상반되는 인식이 존재하고 있음을 잘 보여 준다.

오늘날 국제정치에서뿐만 아니라 기업 전략에서도 자주 등장하
는 '합종合從·연횡連橫'이란 단어는 귀곡자의 문하에서 함께 공부한
소진蘇秦과 장의張儀를 통해 구체화됐다. 소진은 반反진秦나라 연대의

구심점이 되고 장의는 진나라의 재상이 되어 이에 맞섰는데 이번 장은 바로 이들 두 사람의 이야기다.

우선 소진의 출발은 순탄하지 않았다. 이제는 더 이상 배울 것이 없다며 스승의 곁을 떠나올 때만 해도 그는 자신만만했다. 동문 사형인 손빈처럼 자신의 포부를 맘껏 펼치고 천하를 뒤흔들어 보겠다는 야망도 있었다. 하지만 아무도 그를 거들떠보지 않았다. 빈털터리가 되어 고향에 돌아온 소진을 보고 어머니는 "농사를 짓든지 장사를 하든지, 그것도 못하겠으면 막일이라도 해서 식구들을 먹여 살려야 할 것 아니냐? 세 치 혀를 놀려 부귀를 얻겠다니 그 무슨 망상이냐?"라며 야단쳤다고 한다. 이후에도 소진의 좌절은 계속됐는데, 그는 자신을 써 달라며 찾아간 주나라와 진나라에서 모두 냉대를 받았다.

그러자 소진은 방향을 수정한다. 그동안은 단순히 자신의 능력을 홍보하러 다녔다면 그때부터는 각 나라 군주들의 최대 현안을 해결해 주겠다며 나섰다. 그것은 다름 아닌 진나라의 위협으로부터 벗어나는 일이었다. 당시 진나라는 위앙의 부국강병책 덕분에 초강대국으로 떠올랐다. 서쪽 오랑캐라며 무시받던 진나라가 이제는 중원의 여러 나라들을 공포에 떨게 하고 있었다. 소진은 이와 같은 불안 심리를 이용하여 진나라를 제외한 나머지 6국의 연합인 '합종' 체제를 제안한다. 연나라 임금에게는 진나라의 동진을 막기 위해 조나라와 연대할 필요가 있다고 건의하고, 조나라 임금에게는 한나라, 위나라와 힘을 합쳐야 진나라의 공격을 막을 수 있다고 주장하는 식이다. 소진은 이어 한나라, 위나라, 제나라, 초나라를 차례로 방문하며 진나라의 위협에서 빗어나기 위해서는 여섯 나라가 힘을 합쳐야 한다고 강조했다. "천하의 지도를 놓고 살펴보시옵소서. 여섯 제후의 땅덩어리가 진나라보다 다섯 배나 크고 병사는 진나라보다 열 배나 많습니다. 여섯 나라가 한뜻으로 힘을 합쳐 진나라를 공격한다면 반드시 진나라는 무너지고 말 것입니다."

소진의 주장은 6국의 모든 임금들로부터 동의를 얻었다. 각 나라의 역량과 자원, 군사·지리적 여건을 철저히 분석하고 현실적인 국익 확보 방안을 제시한 것이었기 때문이다. 또한 소진은 "만약 진나라가 초나라를 공격한다면 제나라와 위나라가 재빨리 군대를 보내 초나라를 돕고, 한나라는 진나라의 식량 보급로를 차단하며 조나라는 진나라의 국경을 위협하며 … 진나라가 제나라를 공격하면 초나라는 진나라의 후방을 공격하고 위나라는 진나라의 진군로를 틀어막으며 연나라는 군대를 보내 제나라를 돕고, 한나라와 조나라는 진나라의 국경을 공격하게 합니다"라고 하여 진나라가 공격해 올 수 있는 각 상황에 대비하여 6국의 역할을 세심하게 분담시키기도 했다. 그 결과 6국은 원수洹水 땅에 모여 합종 맹약을 체결하였고 소진을 맹약을 총괄하는 종약장從約長으로 추대했다. 이때 소진은 여섯 나라의 재상을 겸임하게 되었는데, 그야말로 천하를 호령하게 된 것이다. 이를 두고 『열국지』는 "여섯 나라 임금이 원수 땅에 모여 맹세했으니 서로서로 의지하여 형제나 다름이 없었다. 비록 그들의 동맹이 언제까지 계속될지 모르나 힘을 합친다면 진나라 하나쯤을 없애기는 쉬울 것이다"라고 서술하고 있다.

국제정세가 이렇게 돌아가자 진나라로서는 당혹스러웠을 것이다. 진과 맞서겠다며 모든 나라들이 한데 뭉쳤으니 말이다. 더구나 제나라와 초나라는 진나라로서도 함부로 할 수 없는 강대국이다. 양적으로나 질적으로나 막강한 힘이 압박해 들어오는 형국이었다. 진나라는 국경인 함곡관을 닫아걸고 15년 동안 암중모색에 들어가야만 했다.

그런데 단순히 두 나라끼리의 동맹이라도 서로의 이해관계를 조율하는 것은 만만치 않은 일이다. 하물며 여섯 나라가 연합동맹을 맺으려면 각 나라의 이익이 매우 복잡하고 첨예하게 뒤섞일 수밖에 없다. 국력의 차이가 크고 각 나라의 처지도 다르니 조율하기가 쉽지 않다. 만약 진나라가 초나라에게 위나라를 함께 쳐서 영토를 나눠 갖자는 제안을 한다고 가정해 보자. 초나라가 합종의 맹약을 지키겠다며 그 제안을 뿌리칠 수 있을까? 진나라는 경쟁자이고 자국에 위협이 될 수 있는 나라니 너희와는 절대 손을 잡지 않겠다고 말할 수 있을까? 그러면서 위나라의 편을 들어 줄 수 있을까? 아마도 어려울 것이다. 언제 올지 모를, 혹은 아예 일어나지 않을 수도 있는 미래의 위협에 대비한다고 눈앞에 놓인 이익을 포기할 수 있는 사람은 드물다. 설령 미래의 위협은 크고 현재의 이익은 사소하더라도 마찬가지다. 대부분의 행위자들은 지금 이 순간의 이익에 따라 행동한다.

진나라로 간 장의는 이 점을 정확히 파고들었다. 장의는 각 나라를 이간질해 소진을 곤란하게 만든다. 장의는 진나라 임금에게 "진나라와 가장 가까이에 있는 나라는 위나라입니다. 전하께서는 위나라에 후한 예물을 보내어 화친을 맺으시옵소서. 그리하시면 6국의 마음속에는 합종에 대한 의심이 싹트게 될 것입니다"라고 건의한다. 위나라 입장에서는 진나라가 친하게 지내자고 하는데 거절할 이유가 없다. 하지만 진나라의 제안을 받아들이면 합종에서 이탈할지도 모른다는 다른 나라들의 의심을 사게 된다. 그 의심만으로도 합종은 뿌리째 흔들린다는 것이다. 이어서 위나라로 간 장의는 위나라 군주를 다음과 같이 설득했다. "진나라의 강력한 힘은 다른 나라들이 상대할 수 있는 수준이 아닙니다. 임금께서 소진의 계책을 따르시느라 진나라를 섬기지 않다가, 만약 다른 나라가 진나라를 받들어 공격해 온다면 그때는 어찌하시겠습니까? 지금 위나라를 위해서는 진나라와 친하게 지내는 것이 가장 좋습니다. 진나라를 섬기게 된다면 초나라와 한나라는 감히 위나라를 위협하지 못할 것입니다."

이뿐만이 아니다. 장의는 합종을 무산시키기 위해 6국을 돌며 각개격파에 나섰다. 그는 "지금 합종하려는 자들은 천하를 하나로 만들고 형제가 되기를 약속하고 있지만, 같은 부모에게서 난 친형제

문동(文同), 〈묵죽도(墨竹圖)〉, 131.6×105.4cm, 대만 국립고궁박물원 소장.

라도 돈과 재물을 다투는 법입니다"라고 말한다. 또한 "합종이라는 것은 양 떼를 몰아 사나운 호랑이를 공격하는 것이나 다를 바 없습니다. 호랑이와 양의 차이는 분명하니, 호랑이와 편이 되지 않고 양 떼의 편이 되시겠습니까?"라는 협박도 서슴지 않았다. 각자의 국익을 추구하는 국제정치에서 합종이란 이상에 불과하다. 더욱이 약소국끼리 힘을 합쳐 봐야 현명한 해결책이 못 된다. 그러니 강대국 진나라와 한편이 되어서 이익을 도모하라는 것이다.

이러한 연횡 과정에서 장의는 기만책을 사용하기도 했다. 초나라에 간 장의는 제나라와의 협력 관계를 단절하면 600리 면적의 땅을 주겠다고 제안한다. 초나라 신하 진진이 "진나라가 초나라를 어려워하는 것은 제나라가 있기 때문입니다. 지금 제나라와 맹약을 끊으면 초나라는 고립되고 맙니다. 진나라가 무슨 이득이 있다고 고립된 초나라에게 600리 땅을 준단 말입니까? 게다가 제나라와 진나라가 연합하면 어쩌려고 그러십니까?"라고 말렸지만, 땅을 준다는 말에 혹한 초나라 임금 회왕은 장의의 제안을 받아들인다.

진진의 경고대로 장의의 말은 사기였다. 초나라가 제나라와 관계를 끊자 장의는 600리가 아닌 6리를 주겠다며 약을 올렸다. 회왕은 분노했지만 이미 엎질러진 물이었다. 이 밖에도 장의는 한나라를 찾아가 초나라를 공격하라고 회유했고, 제나라 왕과 조나라 왕에게는 이미 모든 나라가 진나라를 섬기기로 했다며 홀로 외톨이가 될 거냐고 협박했다. 조나라와 국경을 맞대고 있는 연나라에게는 진나라를 섬겨야 조나라가 연나라를 공격하지 못한다고 설득한다. 이처럼 장의가 당장 눈앞의 이익을 가지고 각국을 흔들어 대자 합종의 연대는 손쉽게 허물어졌다. 이후 몇 차례 합종이 다시 추진되긴 했지만 별다른 힘을 발휘하지 못한다. 그리고 그 결과는 역사가 보여 주는 그대로다. 50여 년이 지난 후, 진나라를 제외한 모든 나라가 지도에서 사라진 것이다.

그렇다면 '합종'보다는 '연횡'이 더 나은 선택인가? 결과적으로 '연횡'이 '합종'을 이기긴 했지만 그 자체로 어느 것이 더 낫다고 평가할 수는 없다. 대내외적인 상황에 따라서, 지금 국가가 어떤 입장에 놓여 있느냐에 따라서 선택은 얼마든지 달라질 수 있고, 또 달라져야 한다. 중요한 것은 무엇이 자기 나라를 위해 가장 좋은 방법인지를 숙고했느냐다. 초나라 회왕처럼 혹시라도 눈앞의 작은 이익에 얽매이느라 미래의 재앙을 불러들이지는 않았느냐다. 이러한 성찰이 전제되지 않는다면 합종과 연횡 사이에서 갈팡질팡하다가 망해 버린 여섯 나라처럼 되는 것이다.

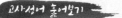

어부지리 漁父之利

소진이나 장의에 관한 것은 아니지만 소진의 동생 소대蘇代가 주인공이고, 합종책을 계승하는 과정에서 나온 고사이기 때문에 여기서 소개한다. 장의에 의해 합종이 붕괴되고 소진은 제나라에서 죽음을 맞았다. 이후 소진의 아우 소대도 유세가가 되어 국제외교전에 뛰어들었는데 한번은 연나라의 부탁을 받아, 연나라를 공격하려는 조나라를 설득한 적이 있었다. 이때 소대는 조나라 혜문왕에게 이런 말을 한다. "신이 이곳으로 오는 길에 큰 조개가 물에서 나와 햇볕을 쬐는 모습을 보았습니다. 마침 도요새가 날아들어 조개의 살을 쪼았고 조개는 급히 껍질을 닫으며 새의 부리를 물어 버렸습니다. 이에 도요새와 조개는 서로 양보하라며 다투었는데 시간이 흐르는 사이 어부가 둘을 모두 잡아가더군요. 지금 조나라와 연나라가 바로 이 같은 상황입니다. 쓸데없이 계속 다투다가는 진나라가 어부처럼 두 나라를 차지하게 될까 두렵습니다." 자기들끼리 다투는 사이에 제3자가 이익을 본다는 뜻의 '어부지리'라는 말이 여기서 유래했다. 조개 '방蚌' 자와 도요새 '휼鷸' 자를 써서 '방휼지쟁蚌鷸之爭'이라고 말하기도 한다.

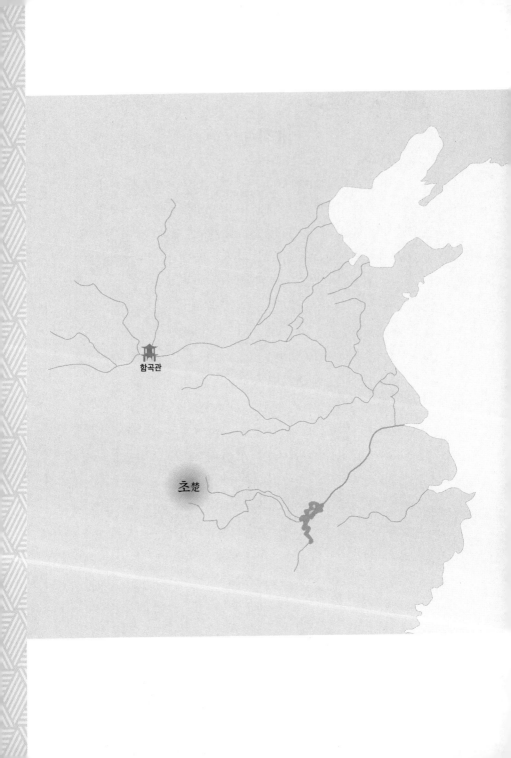

24장

굴원의 최후

말할 수 없이 무도한 세상을 만나 그 몸을 버렸구나!

아아 슬프다! 좋지 않은 때를 만났으니

봉황은 숨어 엎드렸는데 올빼미가 이리저리 날아다니는구나!

나쁜 사람이 귀한 몸이 되고 아첨하는 자들이 뜻을 얻었도다!

성인과 현인이 끌려다니고 올곧은 사람들이 뒤바뀐 자리에 놓였네.

한漢나라의 학자 가의賈誼가 지은 「조굴원 부弔屈原賦」라는 글의 한 대목이다. 간신들의 모함을 받아 머나먼 외 지로 부임하던 길, 그 답답한 마음을 굴원屈原에 대한 조사弔辭를 빌려 토로하고 있다. 비단 가의뿐이 아니다. 동아시아의 수많은 선비가 굴원을 노래했다. 마음속에 품은 포부를 펼쳐 보이지 못하는 슬픔. 자신의 재주와 뜻을 알아주지 않는 세상에 대한 한탄. 정의가 사라

진홍수(陳洪綬), 〈굴원〉, (출처: 위키백과).

지고 불의가 판치는 시대에 대한 절망. 이 모든 것을 한 몸에 안은 이가 바로 굴원이었기 때문이다.

전국 시대 말기 초나라에서 태어난 굴원은 학문과 능력이 뛰어났을 뿐만 아니라 외교에도 탁월했다고 전해진다. 그는 내정개혁에 앞장서며 초나라를 강하게 만들고자 했다. 이런 굴원을 초나라

귀족들은 고깝게 보았다. 자신들의 기득권을 빼앗으려 드니 말이다. 하여 갖은 중상모략이 쏟아졌고 이내 그는 한직閑職[1]으로 좌천이 됐다. 이때 굴원은 「이소離騷」라는 글을 짓는다. '이소'란 '걱정스러운 일을 만나다'라는 뜻으로, 여기서 그는 "님과 이별하는 것은 어렵지 않으나 님의 마음 자꾸 바뀌시는 것이 가슴 아파라"라고 토로한다. 좌천된 것은 아무렇지도 않다. 자신의 포부를 펼칠 수 없다면 물러나면 그만이다. 다만 간신의 말에 휩쓸려 줏대 없이 흔들리는 임금이 안타깝다는 것이다. 사마천이 『사기』에서 설명한 대로 "신의를 지켰으나 의심을 받았고 충성을 다했으나 비방을 당했으니 원망하는 마음도 있었을 것"이다.

하지만 굴원은 나라와 임금에 대한 충성을 버리지 않았다. 초나라 군주 회왕이 진나라와 제나라 사이에서 어리석게 행동하다가 위기를 초래하자 어떻게든 막아 보려고 애썼다. 아무도 가려 하지 않는 제나라 사신을 자원한 것이다. 회왕이 진나라의 장의에게 속았을 때에도 거듭 나서서 깨우쳐 주려고 노력했다. 진나라가 회왕을 초청하자 "진나라는 호랑이나 승냥이 같은 나라입니다. 우리 초나라가 진나라에게 속은 것이 한두 번이 아니니, 만약 대왕께서 이번에 진나라로 가신다면 돌아오지 못하실 겁니다"라며 임금의 진나라행을 만류했는데, 회왕은 그 충고를 듣지 않았고 결국 진나라에 억류된 채 머나먼 타향에서 눈을 감고 만다.[2]

굴원은 비통했다. 한 나라의 임금이 다른 나라에 붙잡혀 객사하고 말다니. 본국에서는 그것을 바라만 보고 있다니. 그러나 굴원은 체념하지 않고 이제서라도 나라가 바로 서야 한다며 간신을 물리치고 어진 사람을 등용하며, 좋은 장수를 뽑아 군대를 단련시켜야 한다고 여러 차례 간언을 올렸다. 정상적인 나라라면 이와 같은 굴원의 노력이 받아들여졌어야 했다. 적어도 그의 뜻만은 존중받아야 했다. 하지만 안타깝게도 굴원의 시련은 계속된다. 초나라의 세도가들은 굴원을 끊임없이 헐뜯고 모함했는데, 예로부터 소인小人이 군자를 공격하는 이유는 군자로 인해 자신의 민낯이 여과 없이 드러나기 때문이다. 회왕을 잘못된 길로 이끌었던 신하들은 본인들의 과오를 감추기 위해 모든 문제가 굴원 때문에 일어났다며 공격했다. 결국 굴원은 도성 밖으로 멀리 쫓겨난다. 충격이 컸던 것일까? 초췌하고 잔뜩 야윈 몰골로 물가를 거닐며 탄식하는 것이 그의 일과였다고 한다.

당시 굴원은 자신이 지은 「어부사漁父辭」라는 글에서, "세상은 온통 탁한데 나 홀로 깨끗하고 세상은 모두 취해 있는데 나만 홀로 깨어 있어서 이렇게 추방당한 것"이라고 말한다. 왜 세태를 따르고 세상과 타협하지 않느냐는 어부의 질문에 "사람이 어찌 자신의 몸에 더러운 때를 묻힌단 말입니까? 차라리 강물에 몸을 던져 물고기 배 속에 장례를 지낼지언정 어찌 속세의 먼지를 뒤집어쓸 수 있겠습니까?"라고 하였다. 아무리 힘들고 괴로워도 자신의 신념과 지조를 굽힐 수 없다는 것이다.

그러나 이후에도 상황은 달라지지 않았다. 아니 오히려 악화되었고 굴원이 그토록 사랑하던 조국 초나라는 돌이킬 수 없는 망국의 길로 접어들고 있었다. 절망한 굴원은 "나라가 이 지경에 이르렀으니 나는 차마 나라가 망하는 모습을 지켜볼 수 없다"라는 말을 남기며 「어부사」에서 그가 말한 대로 강물에 몸을 던져 생을 마감했다.[3] 그의 절명시 「회사懷沙」에는 "한을 참고 분노를 삼켰다. 마음을 눌러 스스로 애쓰면서 어두운 세상을 만났어도 내 절개를 바꾸지 않았다", "나의 능력은 무겁고 큰 임무를 짊어지고 견딜 수 있건만 꺼지고 막혀 성취할 길이 없구나!", "마을의 개들이 떼를 지어 짖어 대는 것은 저들 눈에는 내가 이상하게 보이기 때문이겠지", "세상이 혼탁하여 나를 알지 못하니 내 마음을 말해 무엇 하랴? 죽음을 사양할 수 없음을 알기에, 바라노니 나를 위해 슬퍼하지 말라"라는 말들로 채워져 있다.

흔히 고난을 겪고 절망을 맛본 사람들에게 우리는 이렇게 위로하곤 한다. 머지않아 그 시련이 끝날 테니, 이 또한 지나가고 말 테니 참고 기다리라고. 체념하거나 포기하지 말고 끝까지 앞으로 나아가라고. 하지만 끝끝내 그 어둠에서 벗어날 수 없는 경우도 많다. 실패와 좌절이 계속되고 질식할 것 같은 세상의 어둠이 더욱 짙어지는 일이 비일비재하다. 그러한 상황에서 인간은 대체 어떤 실존적 선택을 할 수 있을까? 현실에 타협하는 것, 현실에 적응하는 것, 현실에서 도피하는 것, 현실을 거부하는 것, 그 어느 쪽이든 정답은 없다. 단지 파괴될지언정 패배하지 않은 굴원의 삶이 왜 수천 년 동안 추모의 대상이 되었는지 한번 되새겨 볼 필요가 있을 것이다.

구사일생九死一生

굴원은 그의 작품 「이소」에서 "비록 아홉 번 죽을지라도 후회하는 일은 하지 않을 것이다(雖九死 猶未其悔)"라고 적었다. 올바름을 추구하고 신념을 지켜 내는 과정에서 더 큰 고통이 닥치더라도 현실과 타협하지 않겠다는 것이다. 이 「이소」는 훗날 양梁나라의 소명세자 소통蕭統이 편찬한 『문선文選』에 수록되었는데, 당나라 현종 때 학자 유량劉良은 굴원의 이 말 뒤에 "충성과 신의, 올곧음과 고결함이 내 마음이 추구하는 바이니 비록 아홉 번 죽어서 한 번도 살아남지 못한다 할지라도(雖九死无一生) 아직 후회하고 한탄하기에는 족하지 못하다"라고 주석을 달았다. '구사일생'은 여기서 유래한 말이다. 다만 오늘날에는 그 의미가 변하여, 온갖 죽을 고비를 넘기고 간신히 살아났다는 뜻으로 쓰이고 있다.

1) 직역하면 한가한 직책이나 직무라는 뜻이지만, 보통은 힘도 없고 중요하지 않은 자리라는 의미로 쓰인다. 그래서 강등이나 격하의 뜻을 가진 '좌천(左遷)'과 함께 쓰이곤 한다.

2) 진나라 수도에 억류되어 있던 회왕은 감시가 소홀한 틈을 타 도망쳐서 가까운 조나라로 향했다. 그러나 진나라와의 관계가 악화될 것을 우려한 조나라에서 국경 관문을 열어 주지 않았고 회왕은 추격병에게 붙잡힌다. 그리고 얼마 후 사망했다고 한다.

3) 굴원이 죽은 날이 음력 5월 5일이기 때문에 중국에서는 단오절을 '굴원일(屈原日)'이라고 부르기도 한다. 단오날이 되면 용선(龍船)을 만들어 강을 빨리 건너는 시합을 벌이는데, 이것이 굴원을 구조하기 위한 당시 마을 사람들의 행동에서 유래했다고 『열국지』에 기록되어 있다.

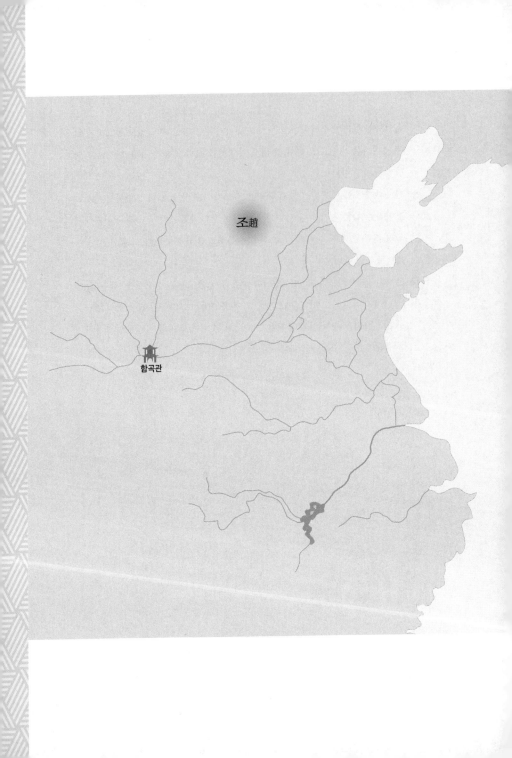

25장

조무령왕의
후계자 승계

일반인에게는 잘 알려져 있지 않지만 전국 시대에 성공적인 개혁을 이룬 군주가 있다. 조나라에서 처음으로 왕을 자칭한 무령왕武靈王이다. "그 기상이 참으로 웅대했고 그 뜻은 천하를 삼키고도 남을 만했던" 무령왕은 어떻게 해서든 조나라를 튼튼하게 만들겠다는 일념뿐이었다. 소위 호복개혁胡服改革을 단행한 것은 그래서였다.

호복개혁이란 사람들의 의복을 오랑캐가 입는 옷인 '호복'으로 바꾸었다는 뜻이다. 이름만 들으면 좋지 않은 일 같지만 호복은 간편하고 튼튼하며 활동적인 옷이다. 활을 쏘고 말을 타기에 적합한 옷차림으로서 실용성을 상징한다. 무령왕은 비단 의복뿐만 아니라 국가와 사회 전반에 걸쳐 허례허식을 타파하고 효율성을 강화했다.

옛 전통과 기존 질서를 무너뜨리는 것에 대해 신하들이 우려하자 그는 다음과 같이 말한다.

"예법과 제도는 상황에 따라 일을 잘 처리할 수 있도록 갖추는 것이고 의복은 몸을 움직일 때 편리하도록 만드는 것이다. 나라와 백성의 이익을 도모하기 위해서는 반드시 옛것을 그대로 본받을 필요가 없으니, 옛 성인들도 시대의 변화와 현실의 상황에 맞게 예법과 제도를 고치지 않으셨던가! 하·은·주 삼대는 각기 의복이 달랐지만 천하를 통일했고, 오패五霸[1]는 법령을 달리하고서도 나라를 잘 다스렸다. 사물에 제한을 당해 변통할 줄 모르고 습속에 구애받아 새로운 생각을 내놓지 못한다면 어찌 되겠는가? 책 속의 지식만 가지고 말을 모는 자는 말의 습성을 온전히 이해하지 못하기 때문에 말의 능력을 모두 발휘하게 만들 수 없다. 옛날의 법도를 가지고 오늘의 나라를 다스리려는 자는 현세의 실상을 제대로 알지 못하기 때문에 좋은 정치를 펼치기가 힘들다. 과거를 뛰어넘고 새로움을 만들어 내는 일은 더더욱 불가능할 것이다. 그대들은 어찌 이러한 생각을 하지 못하는가?"

이처럼 현실에 대한 시의적절한 대응을 중시하고 관행과 구습을 탈피하여 혁신할 것을 강조한 무령왕은 수많은 반대를 뚫고 개혁 작업을 차근차근 진행했다. 덕분에 조나라는 일약 강대국으로 발돋움한다. 하지만 무령왕은 이에 만족하지 않았는데, 그는 왕위를 세자에게 물려주고 상왕인 '주부主父'로 물러난다. 일상적인 국정은 아들에게 맡기고 자신은 영토 확장 사업에 집중하기 위해서였다. 그는 패권 국가였던 진나라를 넘어서겠다며 연일 부국강병에 매진했다. 그런데 이런 무령왕은 비참한 최후를 맞는다. 그 옛날 제나라 환공처럼 궁궐에 갇혀 유폐된 채 굶어 죽었다. 도대체 무슨 일이 벌어졌던 것일까?

본래 무령왕에게는 두 명의 적자嫡子가 있었다. 그는 첫 번째 왕후에게서 장章이라는 아들을 얻었고 두 번째 왕후에게서 하何를 얻었다. 둘째 왕후를 총애한 무령왕은 세자였던 장을 폐하고 하를 세자로 삼았는데, 여기서 문제가 시작된다. 세자 하에게 보위를 넘겨주고 어느 날, 왕이 된 어린 동생 앞에서 굽실거리는 큰아들을 본 무령왕은 문득 그가 불쌍하다는 생각이 들었다. 잘못을 저지른 것도 아닌데 폐위시켜 이복동생의 신하로 만들어 버렸으니 말이다. 무령왕은 옆에 있던 또 다른 아들 승勝에게 물었다. "너도 폐세자 장을 보았겠지? 장성한 그가 한참 어린 동생을 왕으로 섬겨야 하니 자연 불만이 없지 않을 것이다. 내가 조나라 땅을 둘로 나누어 두 아들에게 모두 왕을 시켜 볼까 하는데, 너의 생각은 어떠냐?"

승은 펄쩍 뛰며 반대했다. "지난날 아바마마께서 장을 폐위하신 것은 분명 잘못된 일입니다. 그러나 이미 임금과 신하의 직분이 정해진 마당에 다시 그 질서를 흔드신다면 장차 무슨 변란이 일어날지 모릅니다." 명분도 없이 형을 폐위하고 동생을 세자로 삼은 것은 분명 무령왕이 잘못한 일이다. 하지만 기왕 결정된 군신의 관계를 뒤집어 버린다면 더 큰 혼란이 야기될 수 있다는 것이다. 승의 말이 옳다고 생각한 무령왕은 뜻을 거두어들였다.

한데 무령왕의 맏아들은 실제로 큰 원한을 품고 있었다. 그는 왕위가 원래 자기 것이었다는 생각에 동생을 제거하기 위해 군사를 일으켰다. 장의 반란은 손쉽게 진압되었지만 무령왕이 도망쳐 온 장을 숨겨 주면서 사태가 커졌다. 반란을 진압한 대신들이 무령왕의 반대에도 불구하고 강제로 군사를 진입시켜 장의 목을 벤 것이다. 왕에게 도전한 역적을 그대로 둘 수 없었기 때문이지만 이로 인해 상왕에게 죄를 지은 셈이었다.

이에 대신들은 일을 꾸민다. "주부께서는 장을 동정하여 궁궐 안에 감춰 주었소. 우리가 할 수 없이 직접 장을 찾아내어 죽이긴 했소만, 진노한 주부는 필시 우리에게 궁궐을 침범한 죄와 허락 없이 장을 처형한 일을 문책할 것이오. 우리 일족을 모조리 죽여 버릴지도 모르오. 그러니 이제 우리가 살기 위해서라도 과감히 대응해야 합니다." 그러고는 무령왕의 궁궐을 폐쇄하고 사람들을 모두 쫓아내 버렸다. 식량도 없애 버린다. 차마 직접 손을 댈 순 없지만 무령왕을 굶어 죽도록 만들겠다는 것이었다.

유폐된 무령왕은 배고픔에 시달렸다. 새 둥지의 알을 집어먹으며 필사적으로 버텼지만 한 달이 지난 후, 그는 쓰러진 채 더 이상 움직이지 못했다. 석 달이 지나 궁궐 문이 다시 열렸을 때 무령왕의 시신은 시들고 말라 살가죽만 남은 상태였다고 한다. 한때 천하를 호령했던 군주가 굶어 죽은 것이다. 만약 무령왕이 처음부터 큰아들에게 보위를 물려주었다면 어땠을까? 둘째 아들에게 왕위를 물려준 후 큰아들을 엄히 단속했다면 어땠을까? 그도 아니면 큰아들의 반란을 직접 제압하거나, 원칙에 따라 처벌받도록 했다면 어땠을까? 이 세 가지 중 하나만 지켰더라도 저와 같은 비극은 막을 수 있었을 것이다.

무령왕의 사례는 후계 승계 과정에서 유념해야 할 점을 보여 준다. 우선, 후계자의 자격 문제다. 왕위는 가장 현명하고 뛰어난 사람이 잇는 것이 이상적이지만 현실은 그렇지 못하다. 세습군주제라는 질서와 정치적 안정을 고려해야 한다. 적장자 승계 기준이 세워진 것은 그 때문이었다. 적장자 승계는 후계 구도를 둘러싼 분쟁을 차단하고 안정적인 왕위 계승을 가능하도록 하며, 리더십의 예측 가능성을 높인다는 장점을 가지고 있다. 그런데 무령왕은 이 기준을 지키지 않음으로써 혼란을 자초한 것이다. 물론 적장자라고 해도 과오를 범했거나 왕위를 이을 자질이 없다면 당연히 교체해야 할 것이다. 하지만 무령왕의 맏아들 장에게는 그러한 하자가 없었다. 그렇다고 둘째 아들 하가 형보다 뛰어난 것도 아니었다. 심지어 한 나라를 책임지기에는 나이도 매우 어렸다. 단지 무령왕이 두 번째 왕비를 총애했기 때문에 그녀의 아들로 세자를 교체해 버린 것이다. 명분 없이 후계자를 바꾼 것, 그리하여 장남에게 불필요한 원망을 심어 준 것, 이것이 무령왕의 크나큰 실수라 할 수 있다.

왕권의 안정성을 해친 것도 잘못이었다. 과정이야 어찌 됐건 일단 후계자에게 권력을 승계하기로 마음먹었다면 그의 권위를 세워 주어야 한다. 후계자를 위협할 수 있는 요인들을 제거하는 것은 그 첩경이다. 그런데 무령왕은 나라를 둘로 갈라 권력을 나눠 주겠다는 의중을 보임으로써 후계자의 위상을 흔들어 놓았다. 아무리 자식이라지만 왕을 죽이려고 반란을 일으킨 아들을 숨겨 주려고 했다. 이는 국가의 공적 질서를 무너뜨리는 행동이었다.

무릇 후계자는 공동체의 미래를 위한 존재다. 아무리 자식을 후사로 삼는 세습군주제라고 하더라도 철저히 공적으로 생각하고 절차와 원칙에 입각하여 결정해야 한다. 무령왕은 후계 문제를 사사로운 자식 문제로 여겼다. 그로 인해 나라의 질서를 흔들었고 신하들을 혼란에 빠트렸으며, 본인의 몰락까지 초래한 것이다.

1) 춘추 시대의 다섯 패자를 가리킨다.

마원(馬遠), 〈산경춘행도(山徑春行圖)〉, 비단에 수묵담채, 27.4×43.1cm, 대만 국립고궁박물원 소장.

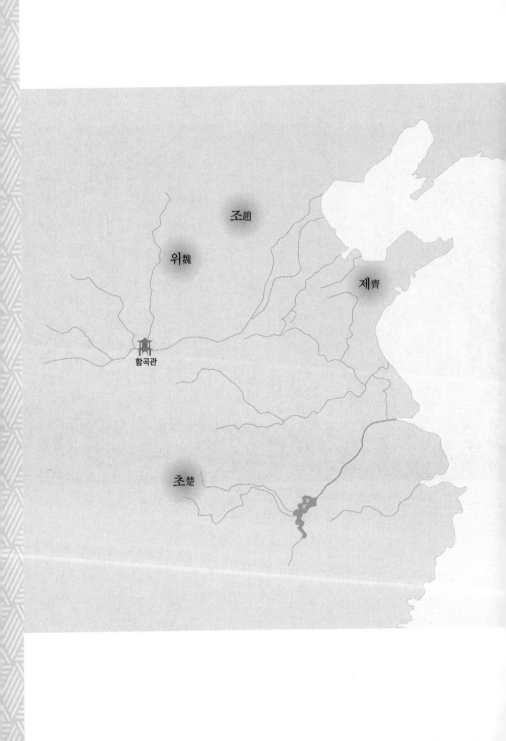

26장

천국사공자의
인재
사랑

전국 시대 말기, 강대국 진나라의 파상 공
세에 맞서 자국을 지켜 냈던 네 명의 정치가가 있다. 제나라의 맹상
군孟嘗君, 조나라의 평원군平原君, 위나라의 신릉군信陵君, 초나라의 춘신
군春申君이 그들이다. '전국사군戰國四君' 또는 '전국사공자戰國四公子'라
고 불렸던 이들 네 사람은 수천 명의 식객食客[1]을 거느렸을 정도로 인
재를 사랑했다.

우선 맹상군은 제나라의 왕족이자 재상을 지낸 전영의 서자로,
이름은 전문田文[2]이다. 그런데 5월 5일에 전문이 태어났을 때 아버
지 전영은 아기를 내다 버리도록 했다. 이날 태어난 아이가 방문 높
이만큼 자라면 부모에게 해를 끼친다는 속설 때문이었다. 그러나
전문의 어머니는 차마 아들을 버리지 못했고 5년이 지나서야 이 사

실을 알게 된 전영은 불같이 화를 냈다. 그 모습을 본 전문이 아버지에게 이렇게 말했다고 한다. "사람의 목숨은 하늘이 부여하는 것입니다. 어찌 방문이 정해 주는 것이겠습니까? 만에 하나 정말 방문이 사람의 목숨을 결정한다면 방문을 더 높게 만들면 그뿐입니다."

이처럼 어렸을 때부터 현명함이 돋보였던 전문은 아버지의 작위를 이어받아 맹상군에 봉해진다. 인재를 귀하게 여긴 그는 문하에 수많은 식객을 거두었는데 그 수가 3천 명에 이르렀다고 한다. 자연히 맹상군의 명성은 천하에 널리 퍼졌고 진秦나라 임금의 귀에까지 소문이 들어갔다. 진나라 소양왕은 동생 경양군을 볼모로 보내면서까지 맹상군을 초빙했는데, 맹상군을 진나라의 재상으로 삼고 싶어서였다.

맹상군은 내키지 않았다. 그에게 진나라가 주는 인상은 품격이라고는 없는 이리나 승냥이와도 같았다. 자신들의 이익을 위해서라면 무슨 짓이든 벌일 수 있는 나라. 최근에만 해도 초나라 회왕을 속여 땅을 빼앗았을 뿐만 아니라 억류하여 죽게 만들지 않았는가. 하지만 초강대국 진나라의 요청을 거절할 수만도 없는 노릇이다. 저들의 요구를 따르지 않는다면 자신에게나 제나라에게 어떤 위해가 가해질지 모를 일이었다. 결국 맹상군은 진나라를 향해 길을 떠났다.

진나라에 도착한 맹상군은 우려했던 대로 위기에 빠졌다. 맹상군에게 자신의 자리를 빼앗길까 두려웠던 진나라 승상 저리질이 맹상군은 제나라의 왕족이므로 결코 진나라를 위해 일하지 않을 것이라며, 후환을 남기지 않도록 죽여 버리자고 주장한 것이다. 맹상군은 진나라 소양왕이 총애하는 후궁 연희에게 뇌물을 바쳐 가까스로 탈출했는데 이 과정에서 개 흉내를 내며 보물을 훔쳐 온 식객과 닭 울음소리를 내어 관문을 열게 만든 식객으로부터 결정적인 도움을 얻는다.[3] '계명구도鷄鳴狗盜'라는 고사성어가 여기서 유래된 것으로, 맹상군이 평소 보잘것없고 천시받는 재주를 가진 사람들까지 모두 보듬었기 때문에 가능했던 일이었다.

이 밖에도 맹상군은 아무 능력도 없어 보이는 풍환馮驩을 중용했다. 그는 풍환에게 백성들에게 빌려준 돈을 거두어들이는 임무를 맡겼는데 풍환은 마음대로 차용증서를 불태우고 빚을 탕감해 주었다. 맹상군이 화를 내자 풍환은 이렇게 말한다. "가난한 사람들은 이자만 늘어 갈 뿐 돈을 갚을 처지가 못 됩니다. 이런 이들을 성급히 독촉하면 바로 달아날 테니 영원히 받을 수 없을 것입니다. 이는 이익에 눈멀어 백성을 사랑하지 않는 꼴이니, 백성이 빚을 갚지 않으려 주군을 떠난다는 말을 듣게 될 것입니다." 이 말을 들은 맹상군은 풍환의 손을 부여잡고 고마워했다고 한다. 훗날 풍환은 정치적 위기에서 맹상군을 구해 주기도 했는데 인재를 알아보고 소중히 대한 맹상군의 도량 덕분이다.

다음으로 평원군은 조나라의 왕족으로 이름은 조승趙勝이다. 그는 혜문왕과 효성왕 대에 세 차례에 걸쳐 재상을 지냈다. 평원군은 자신의 애첩이 절름발이 선비를 비웃자 그녀의 목을 베고 사과할 정도로 인재를 아꼈다. 그와 관련해서는 '모수자천毛遂自薦', '낭중지추囊中之錐'라는 유명한 고사가 전해 온다.

평원군이 외교 담판을 위해 초나라로 떠날 때의 일이다. 그는 자신의 식객 중 용맹하고 학문이 뛰어난 스무 명을 골라 수행원으로 삼고자 했다. 열아홉 명을 뽑고 나머지 한 자리를 채울 적임자가 없어 고심하고 있을 무렵, 모수라는 이가 스스로 추천하며(모수자천毛遂自薦) 평원군 앞에 나섰다. 평원군이 물었다. "선생은 내 문하에 있은 지 몇 해나 되었소?" 모수가 대답했다. "3년이 되었습니다." 평원군은 차갑게 말했다. "현명한 선비가 세상에 있는 것은 비유하자면 주머니 속에 송곳이 있는 것과 같소(낭중지추囊中之錐). 그 끝이 금세 드러나 보여야 하는 법이오. 지금 선생이 내 문하에 3년이나 있었지만 내 주위 사람들은 선생을 칭찬한 적이 한 번도 없소. 나도 선생에 대하여 들은 적이 없소. 이는 선생에게 이렇다 할 재능이 없다는 뜻이오. 선생은 같이 갈 수 없으니 남아 있으시오."

그러자 모수가 말했다. "저는 오늘에야 당신의 주머니 속에 넣어 달라고 부탁드리는 것입니다. 만약 공께서 저를 좀 더 일찍 주머니 속에 있게 하였더라면 그 끝만 드러나 보이는 것이 아니라 송곳 자루까지 밖으로 나왔을 것입니다." 평원군은 여전히 모수가 못 미더웠지만 혹시나 하는 생각에 수행원으로 삼았다. 이 모수가 초나라와의 외교전에서 큰 활약을 펼치게 되는데 평원군은 돌아와 이렇게 감탄했다고 한다. "나는 다시는 감히 선비를 고르지 않겠다. 내가 지금까지 고른 선비는 못해도 천 명은 될 것이다. 그러면서 내가 보지 못하고 잃어버린 선비는 없다고 자만해 왔다. 그런데 이번 모 선생의 경우를 보니 내가 크게 오만했던 것이다. 모 선생의 세 치 혀는 군사 100만보다도 강했다. 나는 다시는 감히 선비를 고르지 않을 것이다."

이어서 세 번째 신릉군의 이름은 위무기魏無忌로 그 역시 수천 명의 문객을 거느렸다. 그는 조나라를 침입한 진나라 군대를 격파하고, 조나라·초나라·한나라와 연합하여 진나라를 압박하는 등 종횡무진 활약했다. 신릉군은 특히 정성을 다해 초야에 묻혀 있는 인재들을 찾아 나섰는데, 이를 두고 사마천은 "당시 천하의 여러 공자들이 선비들을 좋아했다. 그러나 오직 신릉군만이 깊은 산과 계곡에 숨어 사는 사람들을 만나고, 신분이 낮고 천한 사람들과 사귀는 것을 부끄럽게 여기지 않았다고 하니 일리가 있다"라고 평가한다. 맹상군, 평원군, 춘신군이 자신을 찾아오는 인재들을 우대하는 수준에 머물렀다면 신릉군은 직접 인재에게 다가갔다는 것이다.

신릉군은 문지기였던 후영, 푸줏간 백정에 불과했던 주해의 능력과 인품을 알아보고 진심으로 예를 갖춰 대했는데 후에 두 사람은 목숨을 바쳐 신릉군을 보위했다. 이때 주해가 남긴 말은 다음과 같다. "저는 시장에서 칼을 휘둘러 짐승을 잡는 백정입니다. 그럼에도 불구하고 공자께서 몸소 자주 찾아 주셨습니다. 그간 일일이 공자께 답례하지 않은 것은 하찮은 예의 같은 것은 아무 쓸모가 없다고 생각해서입니다. 그런데 이제 공자께서 위급한 처지에 계시니 지금이야말로 제가 목숨을 바칠 때인 것 같습니다."

이뿐만이 아니다. 신릉군은 노름꾼 사이에 숨어 살았던 모공, 술집을 운영하던 설공을 찾아가 친교를 맺었다. 이에 대해 신릉군의 매형 평원군은 아내에게 다음과 같이 말했다고 한다. "나는 당신 아우가 천하에 둘도 없는 인물인 줄 알았소. 그런데 지금 들리는 말로는 노름꾼이나 술 파는 자와 사귀고 있다니 참으로 망령되지 않았소?" 이 말을 전해 들은 신릉군은 크게 실망하는 낯빛이었다. "평원군은 사람을 사귐에 있어 그저 호걸인 척하는 몸짓만 있을 뿐 참다운 선비를 구하는 것이 아니군요. 저는 예전부터 이 두 사람이 어질다고 들은 터라 혹시라도 그들을 만나지 못할까 봐 두려웠습니다. 내가 사귀고 싶어 해도 그들이 나를 좋아하지 않을까 봐 두려웠습니다. 그런데 평원군은 그들과 사귀는 것을 부끄럽게 여기다니, 평원군이야말로 사귈 만한 인물이 못 됩니다." 인재를 찾고 인재를 대함에 있어서 평원군처럼 편견을 가져서는 안 된다는 것이다. 이 모공과 설공 역시 훗날 신릉군에게 큰 보탬이 되었으니 신릉군이 평원군보다 한 수 위였다고 평가할 수 있을 것이다.

마지막 춘신군은 초나라의 정치가로 이름은 황헐黃歇이다. 진나라에 인질로 잡혀 있던 초나라 세자를 탈출시켜 왕위에 오르게 한 공로로 재상에 올랐다. 춘신군도 인재를 아끼고 좋아하여 3,000여

명의 식객을 거느렸는데 그 위용이 실로 웅장했다고 한다. 그는 순자荀子를 등용하여 법제를 정비했고 추나라와 노나라를 병합하는 등 많은 업적을 남겼다.

그런데 다른 세 공자가 문객의 도움을 잘 활용해 성공했다면 춘신군은 문객의 조언을 흘려들어 몰락했다. 그가 재상이 된 지 25년째가 되던 해, 초나라 임금이 병석에 눕자 주영이라는 문객이 춘신군에게 조언한다. "세상에는 생각지도 않던 복이 찾아올 수 있고 또 생각지도 않은 재앙이 찾아올 수 있습니다. 지금 임금께서 병에 걸려 돌아가시려 합니다. 그러면 어린 세자가 즉위할 텐데, 이 틈을 노려 세자의 외숙부 이원이 권력을 잡고 공을 제거하려 들 것입니다." 그러면서 몇 가지 대응 방안을 제시했는데 춘신군은 코웃음을 쳤다. "이원은 나약한 사람이오. 더구나 평소에 부지런히 나를 섬겨 온 사람인데 어찌 그런 일을 저지르겠소? 걱정할 필요가 없소." 하지만 이로부터 열이레가 지나 임금이 죽자 이원은 정말로 정변을 일으켰다. 이원이 숨겨 둔 병사들의 칼날에 춘신군의 머리가 잘렸고 그의 집안은 몰살당한다.

이상 맹상군, 평원군, 신릉군, 춘신군 네 사람의 행적은 오늘날에도 유념해야 할 교훈을 준다. 인재를 잘 예우하고 정성을 다하는 것은 둘째 문제다. 편견이나 선입관을 배제하고 인재를 판단하는 일이 무엇보다 중요하다. 만약 이들이 인재의 출신성분을 따졌다면 결정적인 위기를 벗어나게 해 준 도움을 얻을 수 있었을까? 아니,

그 이전에 그런 인재를 찾아낼 수 있었을까? 내가 알아보지 못하고 놓쳐 버리는 인재가 없으려면, 아무리 모자라 보여도 인재일 수 있고 아무리 보잘것없어 보이는 곳에도 인재가 있을 수 있다고 생각해야 한다. 나의 자만심과 편견 때문에 인재를 사장시키고 있지는 않은지 반성해야 한다. 그리고 경청하는 것이다. 인재가 말해 주는 소중한 조언을.

1) 문객(門客)이라고도 한다. 귀족 등 실력자의 집에서 '손님'으로 머무르며 대우를 받는 대신 집주인을 위해 일했던 사람들을 부르는 말이다.

2) 18장의 위나라 재상 전문과는 동명이인이다.

3) 진나라 소양왕에 의해 연금된 맹상군은 연희에게 뇌물을 주어 소양왕을 설득하고자 했다. 연희는 맹상군이 가져온 호백구(여우 겨드랑이의 흰 털로 만든 귀한 옷)를 달라고 요구했는데 이미 소양왕에게 진상한 뒤였다. 맹상군이 당혹해하자 개 흉내를 잘 내는 식객(어느 기록에서는 개 도둑 출신이라고 한다)이 왕의 보물 창고로 잠입해 호백구를 훔쳐 오는 데 성공한다. 맹상군은 이를 연희에게 바쳤고 덕분에 풀려날 수 있었다. 하지만 이내 마음을 바꾼 소양왕이 추격군을 보냈다. 국경 관문에 도착한 맹상군 일행은 추격군에 붙잡힐 위기에 놓였지만 아직 날이 밝지 않아 관문이 열리지 않고 있었다. 이때 식객 하나가 닭 울음 소리를 내자 마을의 닭들이 모두 울어 댔고, 아침이 왔다고 여긴 경비병들이 관문을 열어줌으로써 맹상군은 위기에서 벗어나게 된다.

명불허전 名不虛傳

평판과 실제의 모습이 일치하는 사람을 만나게 되면 '아 정말 저렇게 유명할 만하구나. 저 사람의 명성이 빈말이 아니었구나!' 하고 감탄하게 된다. 이때 자주 쓰이는 말이 '명불허전'이다. 이 말은 사마천의 『사기』, 「맹상군열전」에서 유래했다. 사마천은 맹상군의 일생을 기술하며 "세상에 전해지기를 맹상군은 빈객들을 좋아하며 스스로 즐거워했다고 하는데 그 이름이 헛된 것이 아니었다"라고 말한다. 인재를 아낀다는 명성만큼이나 실제 행동도 그에 부합하는 인물이었다는 것이다. 여기서 '그 이름이 헛되지 않았다'를 한자로 옮기면 '명불허의名不虛矣'가 된다. 이 구절이 '이름이 헛되이 전해지지 않았다'는 뜻의 '명불허전名不虛傳'으로 변모한 것이다.

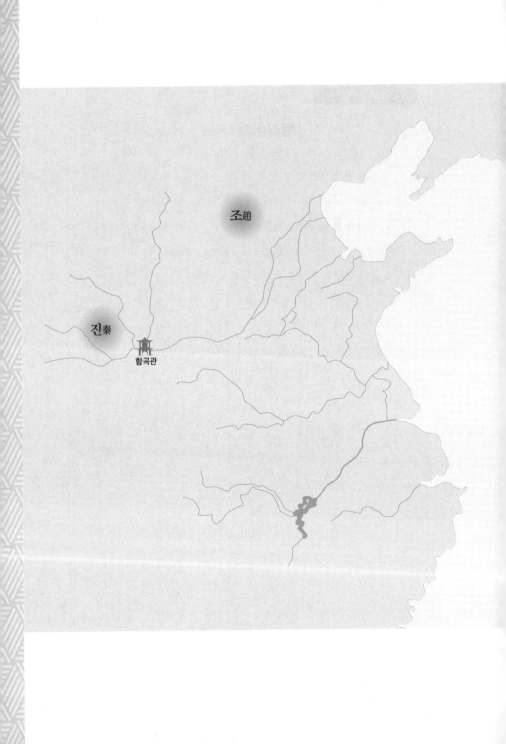

27장

인
상
여
의
담
판

　　　　　　　　　"'하자瑕疵'를 보수해서 '완벽完璧'하게 만들
어드리겠습니다." 지금도 자주 사용하는 이 단어들은 전국 시대 조
나라의 인상여藺相如로부터 비롯됐다. 옛날 중국에 '화씨지벽和氏之璧'[1)]
이라는 유명한 보배가 있었다. 초나라 사람 변화卞和가 처음 발견했
다 하여 '화씨'라는 이름이 붙었고 옥벽玉璧[2)]으로 세공되었기 때문에
'벽'이라고 불린다. '화씨지벽'은 신묘한 능력을 가지고 있었는데 어
두운 곳에 두면 저절로 빛이 나고 겨울에는 따뜻한 기운이 퍼져 난
로를 대신할 수 있으며 여름에는 시원한 기운을 온 방 안에 내뿜었다.
또한 화씨지벽이 놓여 있는 곳에서 100걸음 안에는 벌레들이 들어
오지 못했다고 한다. 이 화씨지벽이 당시 조나라 혜문왕惠文王의 손에
들어왔고 진나라 소양왕昭襄王이 이를 탐내면서 사건이 벌어진다.

소양왕은 조나라에 사신을 보내 '화씨지벽'을 자신에게 주면 대신 성 15개를 내어 주겠다고 제의했다. 물론 거짓말이다. 조나라에서 화씨지벽을 바치면 그대로 빼앗을 생각이었다. 소양왕의 요구에 조나라는 골머리를 앓았다. 진나라에 화씨지벽을 보내자니 대가도 받지 못하고 빼앗길 것이 뻔했고 그렇다고 보내지 말자니 보복이 두려웠다. 오랜 고심 끝에 혜문왕은 사신을 파견하였는데 이는 다음과 같은 인상여의 의견을 따른 것이었다. "진나라가 성 15개를 주겠다고 했는데도 우리가 받아들이지 않으면 그 책임은 조나라가 져야 합니다. 조나라가 화씨지벽을 전달했는데도 진나라가 성을 주지 않으면 그 책임은 진나라에 있습니다. 이 두 가지 경우를 따져 본다면 후자를 택하는 것이 낫습니다. 그리고 소신을 보내 주시옵소서. 열다섯 성이 조나라로 오게 된다면 화씨지벽을 진나라에 두고 올 것이지만 그러지 않는다면 반드시 완전하게 다시 가지고 돌아오겠나이다."

그렇게 진나라에 도착한 인상여가 화씨지벽을 바치자 소양왕은 예상대로 약속을 지킬 생각이 없어 보였다. 화씨지벽을 감상하며 감탄할 뿐 15개의 성을 주는 것에 대해서는 일언반구도 하지 않았다. 그 모습을 지켜보던 인상여는 벽옥에 작은 흠, 즉 '하자瑕疵'가 있으니 알려드리겠다며 화씨지벽을 건네받는다. 그러고는 "대왕께서 열다섯 성을 주실 마음이 없다는 것을 알겠습니다. 만약 강제로 빼앗으시겠다면 저의 머리와 화씨지벽은 이 자리에서 박살 날 것입니다"라며 기둥에 몸을 날리려 했다. 소양왕은 놀라서 만류했고 성을 내주겠다며 다시금 거짓 약속을 했지만 이를 간파한 인상여가 몰래 화씨지벽을 조나라로 돌려보냄으로써 상황은 종결된다. 보배를 탐하느라 외국 사신을 죽였다는 오명을 듣기 싫었던 소양왕 덕분에 인상여도 무사할 수 있었다. 이때 화씨지벽이 완전하게 조나라로 귀환했다고 하여 '완벽귀조完璧歸趙'라는 말이 생겨났는데 '완벽'은 바로 이를 줄인 것이다.

하지만 이것으로 끝낼 진나라가 아니었다. 소양왕은 분풀이라도 하듯 조나라를 침공하여 여러 성을 빼앗고 2만여 명의 조나라 군사를 죽였다. 그런 다음 혜문왕에게 사신을 보내 민지澠池에서 회담을 열자고 요청했다. 표면적인 이유는 화친을 맺자는 것이었지만 그즈음 초나라 회왕을 억류한 진나라의 전과로 볼 때 조나라 임금에게도 무슨 짓을 저지를지 몰랐다. 혜문왕이 두려움에 떨며 가지 않겠다고 하자 인상여가 고개를 저으며 말했다. "임금께서 가시지 않는다면 조나라는 비겁하고 나약하다는 소리를 듣게 될 것입니다. 걱정하지 마시옵소서. 소신이 모시고 가겠나이다." 그러면서 인상여는 조나라 총사령관 염파廉頗와 상의해 임금이 한 달이 지나도 돌아오지 못한다면 세자를 옹립하여 나라를 지켜 가도록 했다. 만에 하나 진나라가 조나라 임금을 볼모로 잡아 협박할 수도 있으니 그 가능성을 신속히 차단하겠다는 것이다. 또한 행사장 주변 곳곳에 조나라 군대를 숨겨 놓았고 만일의 사태가 벌어지면 조나라 대군이 즉시 달려올 수 있도록 조치했다.

그리하여 마침내 민지에서 진나라와 조나라가 마주 앉았다. 두 군주가 주거니 받거니 하며 술자리가 무르익어 갈 무렵, 소양왕이 이렇게 말한다. "조나라 왕께서 거문고를 잘 다루신다면서요? 한 곡조 들어 보고 싶습니다만." 개인과 개인의 만남이고, 또 친한 사이라면 악기 연주를 부탁하는 것쯤은 별일이 아닐지도 모른다. 그러나 한 나라의 임금에게 이를 요구하는 것은 분명 무례한 일이다. 아랫사람 취급을 하며 깔아뭉개겠다는 의도가 담겨 있다. 혜문왕은 불쾌해하면서도 거문고를 뜯었는데 소양왕은 진나라의 사관史官을 불러 이렇게 적게 했다. "모년 모월 모일에 진나라 왕이 조나라 왕을 만나 술을 마시고 조나라 왕에게 거문고를 연주하게 했다." 진나라와 조나라가 상하 관계에 있다는 의중을 드러낸 것이다. 그러자 인상여가 나섰다. 그는 소양왕에게 부缶[3]를 바치면서 "저희 전하께선 진나라 왕께서도 음악에 조예가 깊다고 들으셨다고 합니다. 청하옵건대 부를 두드려 진나라의 소리를 들려주시옵소서"라고 하였다. 조나라 임금에게 악기를 연주하게 했으니 진나라 임금도 해야 공평하다는 것이다.

소양왕은 들은 척 만 척 했다. 속으론 매우 화가 났을 것이다. '이 자리에서 가장 높은 사람이 나인데 감히 내게 악기를 연주하라니. 조나라 따위가 어찌 나에게 이런 모욕을 줄 수 있는가?' 이 모습을 본 인상여가 말했다. "대왕께서는 진나라의 강한 힘만 믿고 이리하시는 것입니까? 지금 신과 대왕의 거리는 다섯 발자국도 채 되지 않습니다. 제 목을 칼로 찔러 그 피로 대왕을 물들일 수도 있음입니다." 마음만 먹으면 당신을 죽일 수도 있다는 것이다. 인상여의 기세에 눌린 소양왕은 어쩔 수 없이 부를 두드렸는데, 인상여도 조나라 사관을 불러 적도록 했다. "모년 모월 모일에 진나라 왕이 조나라 왕을 위해 부를 두드렸다."

진나라 신하들은 가만히 있을 수가 없었다. 조나라를 꺾어 누르려는 소양왕의 시도가 실패했으니 이제는 자신들이 뭐라도 해야 했다. 이에 "오늘 참으로 기쁜 날이 아닙니까? 조나라 임금께서는 성 열다섯 곳을 바치셔서 우리 대왕의 만수무강을 기원해 주심이 어떠십니까?"라고 하였다. 땅을 바치고 신하국으로 복속하라는 것이었다. 인상여가 차분히 말했다. "좋은 일입니다. 예절이란 서로 주고받아야 하는 것입니다. 저희가 열다섯 성을 바칠 테니 진나라에서는 그 답례로 수도인 함양을 주시어 우리 대왕의 장수를 축원해 주십시오." 자신들이 먼저 도발을 했으니 뭐라 항의할 수도 없는 상황. 소양왕은 쓴웃음을 지으며 자리를 마무리하게 한다. 인상여의 말솜씨도 만만치 않았지만 인상여의 지휘 아래 조나라가 군사적으로도 철저히 대응준비를 했다는 보고를 받고, 그냥 물러난 것이다. 인상여는 이날의 공으로 재상인 상경上卿에 제수된다.

그런데 인상여가 이처럼 높은 지위에 오르자 조나라의 백전노장이자 최고사령관인 염파가 못마땅해한다. "나는 성을 공격하고 들판에서 싸워 큰 전공을 세웠다. 인상여는 고작 세 치 혓바닥을 놀려 미미한 공로를 세웠을 뿐인데도 그의 벼슬이 나보다 윗자리에 있게 되었다. 더욱이 그자는 미천한 출신이 아닌가? 나는 부끄러워 도저히 그자 밑에 있을 수가 없다. 내 반드시 그놈에게 모욕을 줄 것이다."

이 말을 전해 들은 인상여는 염파를 피해 다녔다고 한다. 조회가 열릴 때마다 병을 핑계 대며 나가지 않았고 길을 가다가 염파의 수레가 보이기라도 하면 황급히 자신의 수레를 골목으로 피해 숨게 했다. 이 모습을 본 인상여의 문객들은 "저희가 상공을 모시는 것은 공을 이 시대의 대장부로 여기고 공의 드높은 뜻을 흠모하기 때문입니다. 한데 지금 공께서는 염파 장군이 온갖 악담을 퍼붓는데도 대응할 생각은 하지 않으시고 그저 두려워하며 피하고 계십니다. 도대체 왜 그러시는 것입니까? 저희는 공의 행동이 부끄러워 더 이상 공을 모시고 싶지 않습니다"라고 항의했다.

문객들의 말을 잠자코 듣고 있던 인상여가 빙그레 웃으며 물었다. "그대들은 진나라 임금과 염파 장군 중 누가 더 무서우시오?" 문객들이 대답했다. "당연히 진나라 임금이지요." 인상여가 말했다. "나는 그 진나라 임금을 면전에서 꾸짖었고 그의 신하들을 욕보인 바 있소. 아무리 내가 부족한 사람이라지만 그런 내가 염 장군을 두려워할 것 같소? 다만 내가 생각하기에 저 강력한 진나라가 우리 조나라를 어쩌지 못하고 있는 것은 염 장군과 나 두 사람이 있기 때문이오. 우리 둘이 싸우면 어찌 되겠소? 그 소식을 들은 진나라는 필시 우리를 공격할 것이니, 내가 지금 염 장군을 피해 다니는 것은 그가 두려워서가 아니라 나랏일이 우선이기 때문이오." 인상여 자신도 염파의 교만한 태도가 마음에 들진 않지만 나라를 위해 양보하고 있다는 것이었다.

이러한 인상여의 생각을 전해 들은 현자賢者 우경이 염파를 찾아 갔다. "공로를 논하자면 이 나라에 장군보다 더 나은 사람이 없겠지 만 도량을 논하자면 인 상경이 위인 것 같소." 염파가 발끈 화를 냈 다. "나만 보면 피하기 급급한 그 겁쟁이가 무슨 도량이 있단 말이 오?" 우경은 자신이 들은 인상여의 말을 전하며 조용히 염파를 타 일렀다. "이는 인 상경이 겁쟁이여서가 아니라 나라의 앞날을 생각 했기 때문이오. 지금 한 사람은 계속 양보하고 한 사람은 계속 분쟁 을 일으키고 있으니, 장군의 명성만 훼손될 뿐이오." 염파는 깨닫는 바가 있었다. "선생이 말씀을 해 주시지 않았다면 나는 내 잘못을 알지 못했을 것이오." 염파는 그 길로 인상여를 찾아가 사과했다고 한다.

이후 인상여와 염파는 합심하여 조나라를 든든하게 지켰다. 두 사람이 건재한 동안에는 패권국이었던 진나라도 감히 조나라를 넘 보지 못했다고 한다. 물론 염파 역시 잘못을 알면 즉시 반성하고 고 칠 줄 아는 인물이었기 때문에 가능한 일이었지만, 애초에 인상여 가 양보하지 않았다면 어떻게 되었을까? 상경이라는 지위와 권위를 내세우며 염파와 반목했다면 어떻게 되었을까? 『열국지』의 표현을 빌리자면 두 호랑이가 싸우다 결국 둘 다 살아남지 못했을 테고 조나라도 위기에 빠졌을 것이다. 무릇 양보란 더 나은 자가 보여줄 수 있는 미덕이며 포용은 강한 자가 누릴 수 있는 권리이다. 사마천의 말처럼 인상여는 염파에게 겸손히 양보함으로써 그 이름이 태산처럼 무거워졌다.

1) 훗날 '화씨지벽'은 진시황의 손에 들어가 옥새(황제나 왕의 인장)로 만들어졌다. 이를 '전국옥새(傳國玉璽)'라고 부르는데 진나라가 멸망하면서 한나라 유방에게 전해진다. 『삼국지』에 보면 이 전국옥새가 손견, 원술을 거쳐 조조에게 이어지는 이야기가 나온다. 후당(後唐)의 마지막 황제 이종가가 분신 자결할 때 사라졌다고 한다.

2) 둥그런 모양의 옥 장식품. 의례(儀禮)에서 사용하며 보통 가운데에 구멍이 뚫려 있다.

3) 배가 불룩하고 목은 좁은 질그릇(장군이라고도 불린다)의 일종으로 진나라 사람들은 이를 타악기로 사용했다.

문경지교刎頸之交

사과하기 위하여 인상여를 찾아간 염파는 윗옷을 벗고 가시나무 회초리를 등에 진 채 인상여의 집 문 앞에 꿇어앉았다고 한다. 자신이 죄인이라는 뜻이다. 염파는 "이 비루한 자가 상경께서 그토록 너그러우신 줄 몰랐소이다. 나의 죄는 죽어도 용서받을 수 없을 것이오"라며 사죄했고, 인상여는 황급히 염파에게 달려가 그를 일으키며 말한다. "장군께서 이렇게 아량을 베풀어 주시니 얼마나 다행인지 모르겠습니다. 우리 두 사람은 임금을 섬기고 사직을 지키는 신하입니다. 우리 사이에 무슨 사과가 필요하겠습니까?" 이때 염파가 "지금부터 나는 공과 생사를 함께하는 벗이 되고자 하오. 비록 목이 잘리는 일(문경刎頸)이 있어도 우정을 변치 않겠소"라고 하였는데 문경지교刎頸之交라는 고사성어가 이 일화에서 비롯됐다.

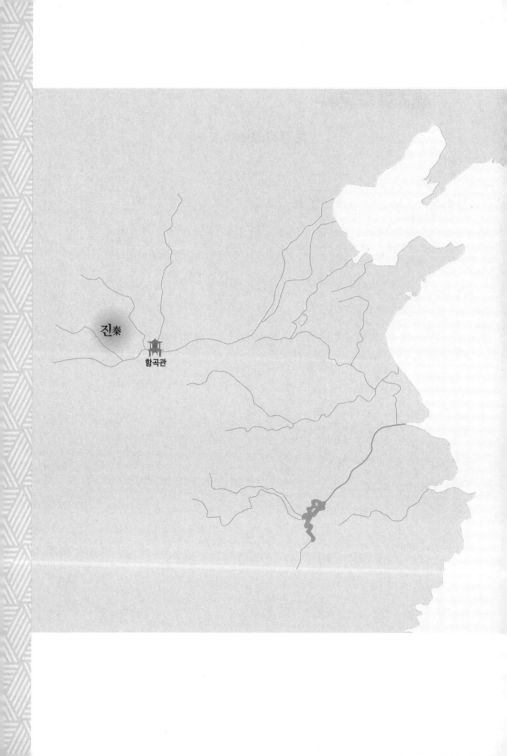

28장

범수의 진퇴

전국 시대 진秦나라 재상들에게는 공통점이 있다. 큰 업적을 이루고 명성을 날린 사람일수록 말로가 좋지 않았다는 것이다. 각종 개혁을 주도하며 진나라를 초강대국으로 만든 위앙은 처형당했고, 소진의 합종책을 격파하여 진나라를 외교적 고립으로부터 구한 장의는 나라 밖으로 쫓겨났다. 킹메이커 여불위는 독주를 마셔야 했고 진시황을 보좌해 천하통일에 큰 공을 세운 이사는 허리가 잘리는 형벌을 받고 죽었다. 예외가 있다면 범수范雎[1]다. 그는 많은 공을 세운 뒤 스스로 은퇴하였으며 천수를 누렸다.

범수는 원래 위나라 사람이었다. 머리가 뛰어났고 말솜씨도 남달랐으며 나라를 경영해 보고 싶다는 포부를 가지고 있었다. 하지만 집이 가난했기 때문에 출세할 기회를 얻지 못했다. 겨우 중대부

벼슬을 하던 수가須賈의 문객이 되었는데 제나라에 사신으로 가는 수가를 수행했다가 세상의 주목을 받게 된다. 위나라를 문책하는 제나라 임금의 말에 아무런 대답도 하지 못한 수가와는 달리 범수는 조목조목 반박하여 제나라 임금의 사과를 받아 낸 것이다. 범수가 범상치 않은 인물이라는 것을 알게 된 제나라 왕은 몰래 사람을 보내 객경客卿²⁾으로 예우할 테니 제나라에 머물러 달라고 요청했다. 범수가 "사신단의 일원으로 온 사람이 돌아가지 않는다면 신의를 지키지 않는 것"이라며 사양하자 술과 소고기, 황금을 하사하여 마음을 표시하였다. 범수는 황금을 돌려준 뒤 술과 소고기만 받는다.

이를 본 수가는 납득할 수가 없었다. 자기가 보기에는 보잘것없는 인물인 범수가 제나라 왕으로부터 저런 선물을 받다니. 그것도 사신인 자신이 아니라 일개 수행원인 범수에게 선물을 주다니. 분명히 범수가 위나라의 정보를 제나라에게 넘기고 내통한 대가라고 생각하게 되었다. 하여 수가는 귀국하자마자 위나라 재상인 위제에게 범수를 고발한다. 격노한 위제는 범수를 잡아들여 초주검이 될 정도로 매질했다. 견디다 못한 범수는 정신을 잃었는데 그가 죽었다고 생각한 위제는 범수의 몸을 거적에 싸서 변소에 갖다 놓게 했다. 그러고는 사람들에게 그 위로 오줌을 누게 한다. 실로 처참한 모욕이었다.

한참의 시간이 흘러 범수의 정신이 돌아왔다. 범수는 자신을 지키고 있던 병사에게 뇌물을 약속했고, 병사는 범수의 시체를 가져다 버리겠다며 위제의 허락을 받아 냈다. 덕분에 그는 위제의 집에서 빠져나올 수 있게 된다. 집으로 돌아온 범수는 아내에게 사정을 설명한 후 친구 정안평의 도움을 받아 위나라를 떠날 채비를 했다. 이름도 장녹張祿으로 개명했다. 그대로 남아 있다가는 위제나 수가에게 언제고 다시 걸려들지 모를 일이었기 때문이다. 그는 때마침 위나라에 온 진秦나라 사신 왕계王稽에게 접근하는 데 성공하여 마침내 위나라에서 탈출하게 된다.

그런데 왕계가 범수를 진나라 임금에게 추천했음에도 진나라 소양왕은 마땅찮은 반응을 보였다. 객사에 머물고 있으면 나중에 자신이 불러 보겠다는 말뿐이었다. 왕계의 체면을 봐서 곧바로 거절을 하지는 않았지만 범수라는 인물에게 관심이 없었던 것이다. 그렇게 1년의 시간이 흐른 어느 날, 우연히 소양왕의 외숙이자 승상 양후穰侯가 군사를 거느리고 출정하는 모습은 본 범수는 주위 사람들에게 물었다. "승상께서 어느 나라를 정벌하시려는 겁니까?" "제나라의 강綱과 수壽 땅을 치신다는구려." "제나라 군사가 우리 국경을 침범했습니까?" "아닙니다." 범수는 생각에 잠겼다. '진나라와 제나라는 서로 멀리 떨어져 있고 두 나라 사이에는 위나라와 한나라가 끼어 있다. 그런 제나라가 진나라를 침범하지도 않았는데 어찌 그들을 공격한단 말인가? 필시 승상의 영지가 그 부근에 있으니 사적인 욕심을 채우려는 것이리라.'

객사로 돌아온 범수는 진나라 왕에게 올릴 상소문을 작성한다.

"신이 하릴없이 어명을 기다린 지 1년이 지났습니다. 만약 신이 쓸모가 있다고 생각하신다면 잠깐이라도 시간을 허락하시어 신의 말을 들어 주소서. 만약 신이 쓸모가 없다고 생각하신다면 대체 여기에 계속 머물게 하는 까닭이 무엇이옵니까?" 범수를 잊고 있던 소양왕은 상소문을 보고 그제야 그를 궁으로 부른다. 이 자리에서 범수는 양후의 출정이 잘못되었음을 지적했다. 또한 진나라는 앞으로 '원교근공遠交近攻'을 국가의 기본 전략으로 삼아야 한다고 주장했다. 원교근공이란 멀리 있는 나라와 사귀고, 이웃에 있는 나라를 공격한다는 뜻으로 범수는 "멀리 있는 나라와 사귄다는 것은 저들 사이의 우호관계를 이간하는 계책이며, 이웃에 있는 나라를 공격한다는 뜻은 우리의 땅을 넓히는 계책입니다"라고 설명한다. 위나라를 중간에 두고 양쪽에 진나라와 제나라가 위치해 있는 현실에 대입해 보자. 진나라가 제나라와 친교를 맺고 위나라를 공격하게 되면 위나라는 제나라에게 도움을 받고 싶어도 의심하여 쉽게 손을 내밀지 못한다. 제나라 또한 진나라가 위나라를 공격해도 자신들과는 상관없는 일이라며 방임하게 된다. 이렇게 먼 곳에 있는 적을 안심시켜 놓고 가까이 있는 적부터 차례로 점령해 가자는 것이다.

범수의 의견이 마음에 든 소양왕은 그를 승상에 임명하고 매일같이 나랏일을 상의했다. 범수의 원한을 갚아 주었고 다른 나라를 공략하는 일은 모두 범수의 계책에 따라 진행했다. 범수도 양호와 화양군, 고릉군, 경양군 등 진나라를 좌지우지하던 권력자들을 제거하는 데 잎징섬으로씨 소양왕의 왕권을 강화해 준다. 소양왕이 강력한 통치권을 행사하며 일사불란한 국가체제를 확립할 수 있었던 것은 범수의 치밀한 보좌 덕분이었다.

하지만 범수에게도 위기가 닥친다. 범수는 소양왕에게 청원하여 자신의 은인 정안평과 왕계에게 높은 벼슬을 내리게 했는데 조나라 군대에게 포위당한 정안평이 병사 2만 명과 함께 항복하는 일이 벌어졌다. 왕계 또한 위나라로부터 뇌물을 받고 내통했다가 발각되었다. 진나라 법에 따르면 추천받은 사람이 죄를 지었을 경우 추천한 사람도 똑같이 처벌을 받는다. 원칙대로라면 범수 또한 삼족이 멸문당하는 처벌을 받아야 했다. 그를 총애했던 소양왕이 불문에 부쳤지만 범수는 불안할 수밖에 없었다.

그런데 이 무렵 채택蔡澤이라는 사람이 범수를 찾아왔다. 채택은 범수에게 물었다. "진나라 상군(위앙), 초나라 오기, 월나라 문종과 같은 사람들은 큰 공을 세웠지만 비참하게 죽었습니다. 승상께서는 이 사람들처럼 되고 싶으십니까?" 범수가 말했다. "그들이 비록 제명에 죽지는 못했지만 대장부로서 살신성인하여 나라에 기여하지 않았는가? 그리하여 그 이름이 후세에까지 전해지고 있다. 내가 저들처럼 되고 싶지 않을 까닭이 무엇인가?" 채택이 웃으며 말을 이어 갔다. "지금 승상께서는 상군, 오기, 문종과 같은 삶을 살겠다고 하시는데, 진나라 대왕께서 신하를 대하시는 것이 진효공과 초도왕, 월왕 구천에 비해 어떻습니까?"³⁾ 범수가 대답했다. "어떤지 아직은 잘 모르겠다." 채택이 또 물었다. "승상께서 생각하시기에 나라를 위해 승상이 세운 업적이 상군, 오기, 문종에 필적한다고 보십니까?" "내가 그분들보다 못하다." "그렇다면 지금 진나라 왕께서 신하를 신임하는 것은 진효공, 초도왕, 월왕 구천보다 두텁지 못하고, 승상의 공적은 상군, 오기, 문종보다 못합니다. 그런데도 승상의 지위는 지극히 높고 재산은 저들 세 대부보다 몇 배나 많습니다. 사정이 이와 같은데 어찌 삼가고 물러나 몸을 보전할 계획을 세우지 않으십니까? 저 대부들도 비참한 종말을 면하지 못했는데 하물며 승상께서는 어떻게 화를 피하시겠습니까?"

범수는 크게 깨닫는 바가 있었다. '왕께서 신임하고 있으니 내 지위는 이상이 없을 것이다. 나에게는 아직 나라를 위해 할 일이 있다'라고 자위하고 있었지만 사실은 물러날 때였다. 지난날의 원한도 갚았고 마음껏 뜻을 펼쳐 보았으며 임금의 기대에도 충실히 부응했다. 부귀와 권세는 이미 정점을 찍었다. 게다가 나라의 법을 위반하였으니 자리에 연연하는 모습을 보여서는 안 되는 것이다. 이에 범수는 자신의 자리에 채택을 추천하고 사직했다. 소양왕이 만류했지만 병을 핑계로 조정에 나가지 않았다. 마지막까지 재상의 지위에 집착했던 위앙, 장의, 여불위, 이사와는 다른 모습이었다.

역사를 보면, 아니 지금 우리가 살아가는 이 시대에도 잘나가다가 끝맺음에 실패하는 사람들이 있다. 분명 뛰어난 사람이고 큰 업

적도 이루었는데 말로가 좋지 못하다. 자신이 누리던 명예와 권력, 부귀를 놓치기가 싫어 매달리다가 과욕을 부리고 잘못된 선택을 했기 때문이다. 집착을 버려야 무리수를 두지 않는 법이다. 범수는 늦지 않게 이 사실을 깨우친 덕분에 편안하게 여생을 마칠 수 있었다.

1) 기록에 따라 범수(范雎)가 아닌 범저(范睢)로 표시된 경우도 많다. 사마천의 『사기』가 대표적이다. 한자가 매우 유사하기 때문에 혼동된 것으로 보인다. 다만 『열국지』의 경우 '범수'로 기록하고 있기 때문에 이 글에서는 범수라고 호칭한다.

2) 외국에서 온 사람에게 내리는 고위급 관직.

3) 진효공과 초도왕, 월왕 구천은 각각 상군, 오기, 문종이 섬겼던 군주이다.

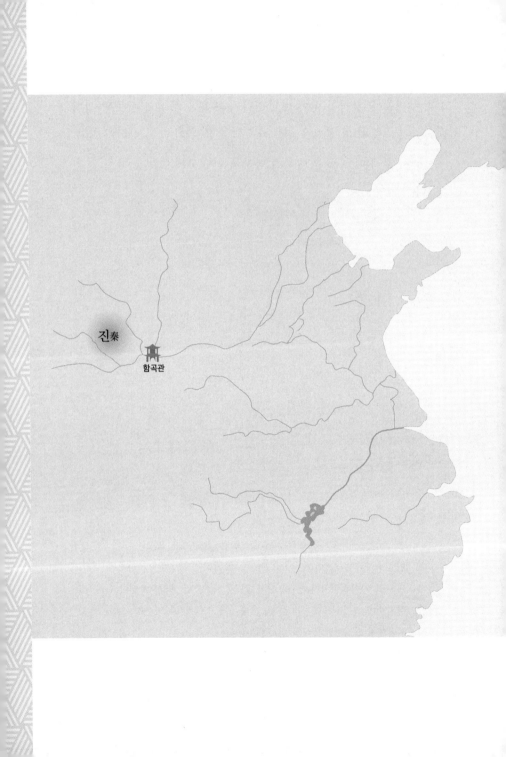

29장

여
불
위
의
투
자

"아버지, 농사를 지으면 이윤을 몇 배 남길 수 있습니까?"

"풍년이 든다는 전제로 열 배 정도 남길 수 있을 것이다."

"귀한 원석을 구해다가 가공하여 팔면 몇 배의 이윤이 남습니까?"

"백 배는 되지 않을까?"

"그렇다면 누군가를 도와 한 나라의 임금으로 옹립한다면

그 이윤은 얼마나 되겠습니까?"

"그럴 수만 있다면야 어디 천 배 만 배에 그치겠느냐?

실로 다 계산할 수 없을 것이다."

투자에 관한 어느 아버지와 아들의 대화다.

살다 보면 자신의 운명을 바꿔 줄 수 있는
투자의 기회를 만날 때가 있다. 성공한다면 그 수익이 실로 헤아릴

수가 없는 경우다. 그러나 사람들은 대부분 이런 투자에 나서지 못한다. 실패하면 쪽박, 아니 모든 것을 잃을 수도 있는 '고위험'에다가 확률까지 낮으니 아예 도전할 생각조차 하지 않는 것이다. 하지만여기 그런 투자에 과감히 승부수를 던진 사람이 있다. 상인商人에서초강대국 진秦나라의 킹메이커가 되고 2인자가 된 여불위呂不韋다. 위의 대화 속 아들이 바로 이 여불위다.

무역 상인으로 큰돈을 번 여불위가 조나라 수도 한단에 머물고있던 어느 날, 길을 걷다 우연히 눈길을 끄는 한 남자를 발견했다. 초라한 옷차림이었지만 기품이 서렸고 웃고 있었지만 슬픈 눈을가진 사나이. 조나라에 볼모로 와 있던 진나라의 왕자 이인異人이었다. 이인은 진나라 세자 안국군의 아들이었지만 서출로서 힘이 없었던 탓에 조나라에 볼모로 와 있었고 진나라도 그를 버려두다시피 했다. 더구나 진나라가 조나라를 자주 공격하며 못살게 굴었기때문에 조나라는 이인을 심하게 박대하고 있었다. 후환이 두려워차마 죽이지 못했을 뿐 그야말로 찬밥 신세였다.

그런데도 여불위는 이인을 보자마자 '내게 큰 이익을 가져다줄수 있겠구나!'라고 생각했다고 한다. 아마도 여불위의 머릿속에서는 빠르게 계산이 오고 갔을 것이다. '안국군은 아들이 스무 명이나되지만 안국군이 사랑하는 정실 아내 화양부인에게는 자식이 없다. 총애를 독차지하는 아들도 없다. 이인을 화양부인의 양자로 만들수만 있다면 후계싸움에서 유리한 위치를 차지할 수 있을 것이다.

이인은 자신이 왕이 될 수 있으리라는 기대는 꿈에도 해 보지 않았을 테니 내가 그를 왕으로 만들어 준다면 큰 대가를 얻을 수 있을 것이다'라고 말이다.

결심을 굳힌 여불위는 곧바로 행동을 개시했다. 먼저 이인의 마음을 얻은 뒤 막대한 재산을 털어 진나라로 건너갔다. 화양부인의 여동생에게 뇌물을 써서 화양부인을 만난 그는 "이인은 어렸을 때 친어머니가 죽었습니다. 안타깝게도 부인께서는 친자식이 없으시니 훗날 누구에게 의지하시겠습니까? 끝까지 부인께 효도를 다할 수 있는 이인을 양자로 삼으시는 것이 좋지 않겠습니까?"라고 설득했다. 임금의 처남이자 조정의 실세였던 양천군에게도 "화양부인이 이인을 양자로 들이도록 도와주면 다음 대까지 권세를 누릴 수 있을 것"이라며 이인의 편을 들도록 만들었다. 자신의 권유를 따라야 각자의 이익을 최대화할 수 있다고 믿게 한 것이다. 결국 화양부인은 이인을 양자로 삼았고 자초子楚라는 이름을 하사했다.[1] 세자 또한 그를 후계자로 삼겠다고 약속했으며 진나라 임금도 기회를 봐서 그를 불러들이라고 지시하게 된다. 이 과정에서 조나라가 이인을 제거하려 들었지만 여불위의 활약으로 무사히 탈출할 수 있었다.

이후 여불위는 이인과 안국군의 극진한 예우를 받으며 진나라 조정의 실세로 떠올랐다. 그런데 진나라 소양왕이 죽고 보위에 오른 세자 안국군, 즉 효문왕이 즉위한 첫 해에 갑자기 세상을 떠난다. 뒤를 이은 이인, 장양왕도 3년 만에 승하했다. 이를 두고 『열국지』는 여불위의 계략 때문이라고 말한다. 이인의 아들 정政, 훗날의 진시황이 사실 여불위의 아들이라는 것이다. 원래 여불위의 여자였던 조희가 임신한 상태로 이인에게 시집을 가서 정을 출산했고,[2] 여불위가 자신의 아들을 임금으로 옹립하기 위해 왕을 독살했다는 주장이다. 그러나 이는 어디까지나 야사野史다. 특히 장양왕의 경우에는 굳이 무리수를 둘 이유도 없었다. 여불위가 장양왕의 은인이자 1등 공신이었으니 오히려 장양왕 밑에서 더 안정적이고 큰 권력을 누릴 수 있었을 것이다.

아무튼 여불위는 장양왕과 진시황 시대에 걸쳐 무소불위의 힘을 얻었다. 장양왕에 의해 문신후文信侯에 봉해지고 승상에 임명되었으며 낙양 10만 호를 식읍으로 하사받았다. 진시황은 그를 상국相國으로 더욱 높였으며 아버지처럼 예우하겠다는 뜻에서 '중보仲父'라고 불렀다. 여불위의 과감한 투자가 '고위험'과 '희박한 확률'을 극복하고 엄청난 수익을 가져다준 것이다. 여불위 자신의 치밀한 설계와 노력이 뒷받침되었음은 물론이다.

하지만 수익을 거두었으면 그것을 유지하는 것도 중요하다. 자만하여 무리수를 두거나 자신이 이룬 성공에 집착해서 물러날 때를 놓쳐서는 안 된다. 여불위는 바로 이 지점에서 실패했다. 『열국지』에 따르면 장양왕이 죽고 나자 태후 조희가 옛 남자인 여불위를 불러들여 간통했는데 여불위도 이를 거절하지 않았다고 한다. 옛 사랑을 잊지 못해서, 이성이 필요해서 그러진 않았을 것이다. 왕실의 최고 어른인 태후와 내밀한 관계를 유지함으로써 자신의 정치적 위상을 유지하겠다는 속셈으로 보인다. 문제는 진시황이 성년이 되었는데도 태후가 계속 정을 통하길 요구했다는 것이다. 여불위는 걱정이 됐다. 냉혹한 성격의 진시황에게 이 일이 발각되었다가는 무슨 사달이 날지 모를 일이었다. 그래서 여불위는 정력이 뛰어나기로 유명했던 노애嫪毐를 환관으로 가장시켜 태후전에 들여보낸다. 태후의 음욕을 채워 주면 자신을 찾지 않겠거니 하는 생각이었다. 하지만 사건이 터졌다. 그냥 잠자코 태후 곁에 있어 주기만 했으면 좋았으련만. 노애가 태후와의 사이에서 낳은 아들을 보위에 올리겠다며 반란을 일으키다 발각된 것이다.

노애를 죽인 진시황은 여불위에게도 책임을 물어 직위를 해임하고 식읍으로 내려가 근신하게 했다. 마음 같아서는 당장이라도 죽이고 싶었을 테지만 큰 공을 세운 신하이고 나라 안에 영향력도 막강하니 그럴 수는 없는 노릇. 관직에서 물러나 반성하라는 명령을 내린 것이다. 그런데 낙향하는 여불위의 행차가 왕을 능가할 정도로 화려했으며 전송 인파로 수도 함양이 텅 빈 듯했다고 한다. 각 나라들도 앞다투어 사람을 보내 자국의 재상으로 와 달라며 간청하기도 했다. 여불위는 이러한 상황을 즐기는 듯한 모습을 보여 주었는데 이 점이 진시황의 심기를 건드렸다. 진시황은 여불위에게 다음과 같은 편지를 보낸다. "그대가 진나라에 무슨 공을 세웠기에 진나라가 그대에게 10만 호를 식읍으로 내렸는가? 그대가 나와 무슨 관계가 있다고 중보라 불러야 하는가? 진나라가 그대를 후하게 대접했거늘 그대는 어찌하여 노애에게 반역을 일으키게 하였는가? 그럼에도 과인이 용서해 주어 봉읍에 내려가 살게 해 주었거늘 그대는 자신의 잘못을 모르고 다른 나라들과 연통하였으니 이는 또 무슨 뜻인가? 이것이 그대에게 관대하였던 과인에 대한 보답인가?" 결국 여불위는 독약을 먹고 자결한다.

여불위는 실로 뛰어난 승부사였다. 기회를 포착하자마자 자신의 운명을 걸고 과감히 도전했다. 희박한 확률에도 불구하고 치밀한 설계와 아낌없는 투자로 자신이 원하던 바를 쟁취했다. 덕분에 엄청난 이익을 거두어들이며 천하를 뒤흔들 수 있는 위치에까지 올랐다. 그러나 그는 그렇게 거둔 성공을 유지하는 데 실패했다. 욕심을 부렸고 그 욕심에 집착하다가 잘못된 선택을 했다. 『논어』, 「양화」 편에 보면 "얻기 전에는 얻으려 근심하고 이미 얻은 다음에는 그것을 잃을까 걱정하니, 만일 잃을 것을 근심하게 되면 이르지 않는 바가 없게 된다"라는 말이 있다. 자신이 가진 것에 집착하다 보면 그것을 놓치지 않기 위해 무슨 짓이든 저지를 수 있게 된다. 만약 조희를 이인에게 보냈을 때, 태후와 부적절한 관계를 맺었을 때, 노애를 추천했을 때, 진시황에게 근신 처분을 받아 조정에서 물러났을 때, 이 모두가 아니라, 그저 이 중 단 한 번만이라도 여불위가 다른 선택을 했더라면 그의 최후는 달라지지 않았을까?

기화가거奇貨可居

　'진기한 물건은 사들여 간직할 만하다'는 뜻으로 여불위의 투자 전략을 잘 보여 주는 고사성어다. 여기서 '진기하다'는 것은 애초부터 값어치가 높거나 귀하다는 의미가 아니다. 그런 상품이라면 사 두어 봤자 시세차익을 별로 얻지 못한다. 당장은 보잘것없어 보이더라도 잠재력이 풍부한 인재라든가, 상황이 변화하면 가격이 크게 올라갈 물건이라든가, 점차 더 희소해질 물건이라든가 하는 것들을 가리킨다. 즉 '기貨'란 현재의 가치보다는 미래의 가치를 뜻한다고 할 수 있다. 미래에 큰 이익을 가져다줄 것으로 예상되는 인재나 상품을 보면 망설이지 말고 투자하라는 것이다. 여불위가 이인에게 한 것처럼 말이다.

1) 화양부인이 초나라 사람이기 때문에 초나라의 자식이라는 뜻이다.
2) 『열국지』에서는 조희가 이인에게 시집을 간 것은 아이를 가진 지 2개월이 된 시점이었고 진시황은 조희가 임신한 지 12개월 만에 탄생했다고 서술한다. 따라서 이인은 진시황을 다른 사람의 아이라고 생각하지 않았다는 것이다. 진시황을 여불위의 아들로 서술하기 위해 '12개월설'을 등장시킨 듯하다. 하지만 야사일 뿐 대부분의 정사에서는 채택하지 않고 있다.

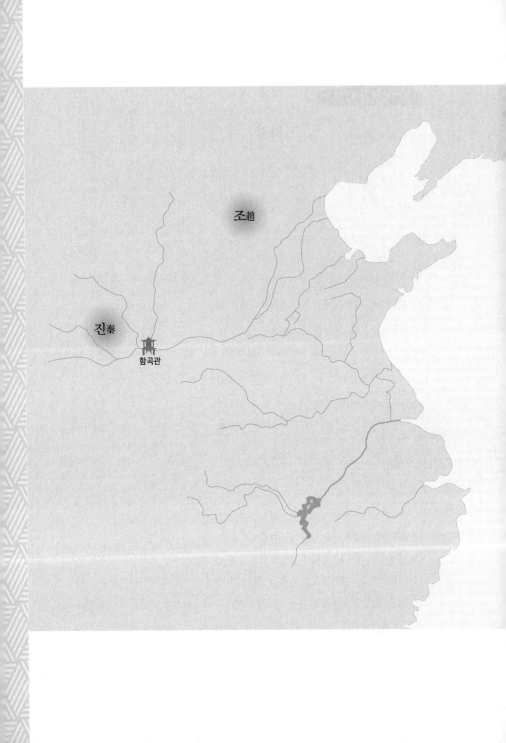

30장

명장들의 수난

『천자문千字文』에 '기전파목起翦頗牧 용군최정用軍最精'이라는 구절이 있다. 백기白起·왕전王翦·염파廉頗·이목李牧이 군대를 가장 정예롭게 잘 통솔했다는 뜻이다. 전국 시대 말기 동시대에 활동했던 이들 네 장군은 자신들의 나라를 위해 최선을 다해 싸웠고 눈부신 무공을 세웠다. 하지만 왕의 의심과 권력자들의 질시에 끊임없이 시달려야 했고, 왕전을 제외한 세 사람의 말년은 매우 불우했다. 도대체 왜 그랬을까?

먼저 염파는 조나라의 백전노장이다. 27장에서 소개한 고사성어 '문경지교'의 주인공이기도 한 그는 진나라의 침략을 번번이 격퇴하며 나라의 안보를 책임졌다. 염파는 견고한 수비로 진나라에 대항했는데 그가 있는 한 조나라의 국경을 뚫을 수 없다고 판단한 진나라는 이간책을 펼쳤다. '염파는 진나라와 싸울 생각이 없다. 저렇게 무능하니 얼마 지나지 않아 무너질 것이다. 진나라가 두려워하는 장수는 오직 조괄趙括뿐이다'라는 말을 흘린 것이다. 안타깝게도 조나라 임금은 여기에 넘어가고 만다. 인상여가 한사코 반대했음에도 불구하고 염파를 해임하고 대신 조괄을 국경 방어책임자로 내보낸 것이다. 얼마 후 조괄의 군대는 장평전투에서 진나라에게 대패했는데, 조괄은 전사했으며 투항한 40여 만의 조나라 군사는 구덩이에 생매장당해 죽는 참극이 벌어진다. 이후 염파가 다시 기용되었지만 그에 대한 임금의 의심은 지워지지 않았다. 염파에게 문제가 있어서가 아니었다. 염파를 끌어내리고 그 자리에 조괄을 임명한 자신의 과오를 인정하기 싫었던 것이다. 어떻게든 염파를 해임한 자신의 조치가 정당하다며 우기고 싶었을 것이다. 결국 염파는 얼마 지나지 않아 또다시 파면당하고 만다. 성격이 다혈질이었던 염파는 임금이 임명한 후임자를 공격하는 등 크게 반발하였는데 이로 인해 위나라로 망명길에 올라야 했다. 망명시절 염파는 자주 "조나라의 군사를 지휘하고 싶다"라 중얼거리며 슬퍼했다고 한다. 하지만 그의 바람은 끝내 이루어지지 못했고 염파는 이국 땅에서 쓸쓸히 최후를 맞았다.

다음으로 이목도 조나라의 장군이다. 탁월한 지략으로 흉노족 10만 기병을 괴멸시켰고 조나라의 영토를 넓히는 데 크게 이바지했다. 진나라의 대대적인 침입을 막아 내며 진나라 사령관 환의를 전사하게 만든 것도 바로 이목이다. 그러자 진나라는 이목을 제거하기 위한 작업에 돌입한다. 조나라 재상 곽개郭開[1]에게 막대한 뇌물을 주며 이목이 진나라와 내통하고 있다는 허위정보를 흘린 것이다. 곽개는 이 정보가 거짓이라는 것을 알고 있었지만 이목이 장차 자신의 자리를 위협하리라는 생각에 왕에게 거듭 이목을 모함했다. 아연실색한 조나라 임금이 급히 전방에 나가 있던 그를 소환하자 이목은 이렇게 말했다고 한다. "지금 나는 진나라 군대와 생사를 걸고 겨루는 중이오. 우리 조나라가 망하느냐 존속하느냐가 여기에 달려 있는데 어찌 내가 자리를 뜰 수 있단 말이오? 비록 왕명이 중하다고는 하나 그리할 수 없소." 전장에 나선 장수는 필요에 따라 후방의 명령을 거스를 수 있다. 현장 지휘관의 판단을 최우선하기 때문이다. 하지만 조나라 임금은 그의 충성심을 믿지 않았고 결국 이목은 체포되어 죽임을 당하고 말았다. 이목이 죽은 지 얼마 지나지 않아 조나라는 멸망하고 조나라의 군주 유목왕은 진나라의 포로로 붙잡혔는데, 이때 유목왕이 "이목이 살아 있었다면 어찌 이런 일이 있었겠는가?"라며 한탄했다고 전해진다.

 이어서 살펴볼 백기는 진나라를 대표하는 명장이다. 적의 상황을 잘 헤아리고 변화에 맞추어 무궁하고 기발한 계책을 냄으로써 그 명성이 천하를 떨게 했던 백기는 한나라, 위나라, 조나라, 초나라를 공격하여 크고 작은 성 수백 개를 빼앗아 진나라의 땅으로 만들었다. 그런데 그는 매우 잔혹했던 것 같다. 사마천의 『사기』를 기준으로 하면 소양왕 14년(기원전 293년)에 한나라와 위나라를 쳐서 24만 명을 잡아 죽였고, 소양왕 34년에는 삼진三晉, 즉 위나라, 조나라, 한나라의 장수와 군사 13만 명을 처형하였으며, 조나라 군대 2만 명을 황하에 수장시켰다고 한다. 그뿐만이 아니다. 소양왕 43년(기원전 264년)에는 한나라 군사 5만 명의 목을 베었고 소양왕 47년에는 조나라로부터 사로잡은 포로 40만 명을 구덩이에 묻어 죽이는 참극을 벌였다. 이 숫자가 정확한지에 대해서는 이견이 있겠지만 백기가 엄청난 수의 사람들을 가혹하게 마구 죽였음은 분명해 보인다.

더욱이 백기는 고집스러운 성품이었기 때문에 조정의 통제도 잘 받지 않았다. 천하통일을 위해서는 민심의 지지를 얻어야 한다고 판단한 진나라 대신들이 백기의 학살을 막고자 했지만 그는 후환의 싹을 제거해야 한다며 들은 척도 하지 않았다. 백기는 진나라의 실력자이자 재상인 범수와도 갈등을 빚었는데 두 사람이 강 대 강으로 충돌하면서 군권을 잃고 자리에서 물러나야 했다. 어떤 기록에서는 백기가 공을 세워 자신의 자리를 위협할까 두려워했던 범수가 백기의 앞을 계속 가로막았다고도 한다.

이후 백기는 다시 지휘관으로 출전하라는 왕의 명령을 따르지 않았다. "소신의 말을 듣지 않아서 어떻게 됐습니까?"라는 그의 발언으로 볼 때 자신을 파면한 왕에게 불만을 가졌던 것 같다. 가뜩이나 자신이 세운 공로만 믿고 오만불손하다는 의심을 사고 있던 터에 이렇게 행동했으니 왕은 크게 격노한다. 결국 백기는 일반 병졸로 강등되고 유배형에 처해졌는데 여기에 모함까지 더해지며 자결하라는 어명을 받게 된다. 백기가 자신의 충심을 토로했지만 왕은 그를 믿어 주지 않았다. 백기는 칼로 목을 찌르기 전에 이런 말을 남겼다고 한다. "내가 대체 무슨 죄를 지었기에 이런 지경에 이르렀단 말인가? 아니다. 생각해 보니 나는 참으로 죽어 마땅하구나. 장평대전에서 조나라 군사 40여만 명을 하룻밤 새 모두 죽여 구덩이에 묻었으니, 이 죄가 얼마나 큰가? 내가 죽어야 함은 지극히 당연한 일이다."[2]

그렇다면 마지막 인물인 왕전은 어땠을까? 젊은 시절부터 수많은 전장에서 활약한 왕전은 진나라군의 총사령관으로서 조나라와 연나라를 차례로 멸망시켰다. 그 후 연로한 나이를 이유로 은퇴했지만 초나라 정벌에 나섰던 이신李信이 참패하면서 다시 진시황의 부름을 받는다. 왕전은 진나라의 전 병력을 동원하여 초나라 공격에 나섰는데 이때 이상한 모습을 보인다. 진시황에게 좋은 집과 정원, 기름진 논밭을 내려 달라고 거듭 청원한 것이다. 진군을 시작한 후에도 몇 번이나 사람을 보내 약속을 잊지 말아 달라고 요청했다. 이를 본 참모들이 너무 지나치지 않냐고 물으니 그는 이렇게 말했다고 한다. "왕은 본래 포악하여 다른 사람을 믿지 않네. 그런데 지금 진나라 군사를 모두 나에게 맡기지 않았는가? 내가 자손을 위한 재산을 축적하겠다며 많은 논밭, 정원, 연못을 요청하는 것은 내게 다른 뜻이 없음을 보이기 위함일세. 이렇게 하지 않는다면 왕은 계속 나를 의심할 것이야." 실제로 왕전의 편지를 받은 진시황은 못마 땅해하기는커녕 오히려 안심하는 모습이었다고 한다.

염파, 이목, 백기, 왕전 이 네 장군이 놓여 있던 상황은 각각 다르지만 한 가지 중요한 공통점이 있다. 바로 왕이 장군을 믿지 않았다는 것이다. 이는 왕조 시대 뛰어난 군인들에게 숙명과도 같은 것이었다. 강력한 무력을 가지고 있는 데다가 군부와 백성들의 추앙을 받으니 마음만 먹으면 언제든 왕권을 위협할 수 있다고 여겨졌기 때문이다. 조나라 임금들이 쉽게 이간질에 넘어가서 염파와 이목을 버린 것은 바로 그래서이다. 백기의 항명에 왕이 쉽게 발끈하고 왕전이 오해를 받으면서까지 탐욕스러운 행세를 해야 했던 것도 같은 이유이다.

나라의 든든한 울타리가 되어 주던 장군들이 사라지면 그것이 곧 나라의 위기로 이어진다는 것은 역사가 주는 분명한 교훈이다. 따라서 군주는 왕권을 지키기 위해 의심의 끈을 놓을 수 없다고 하더라도 그 의심이 맞는 것인지 항상 반성해야 한다. 나라에 보탬이 되는 장군이 있다면 의심만 가지고 그를 흔들어서는 안 된다. 염파와 이목이 사라진 조나라가 얼마 안 가 멸망했고, 백기와 왕전을 의심하던 진나라가 오래 지나지 않아 장군들의 투항으로 쇠락했다는 사실을 기억할 필요가 있다.[3]

1) 곽개는 염파를 모함한 인물이기도 하다. 조나라 임금이 염파를 다시 기용하려고 사람을 보내 염파의 건강 상태를 살피게 하자 곽개가 뇌물을 써서 "염파가 늙어서 똥오줌을 지린다"라고 보고하게 했다.

2) 『열국지』에는 이런 이야기가 전한다. 훗날 당나라 말기에 소 한 마리가 벼락을 맞아 죽었는데 그 소의 배에 '백기(白起)'라는 두 글자가 쓰여 있었다고 한다. 백기가 하도 많이 사람을 죽여서 그 죄로 수백 년이 지나도록 짐승이 되어 벼락을 맞았다는 것이다.

3) 진나라 말기의 장군 장한(章邯)은 진승-오광의 난을 진압하고, 6국의 잔여세력이 일으킨 반란을 제압하는 등 큰 공을 세웠다. 그러나 조정의 실권자 조고(趙高)의 박해를 받아 항우에게 투항하였다. 이는 진나라가 급격히 쇠락하는 분기점이 된다. 장한과 함께 항우에 의해 왕으로 봉해진 사마흔, 동예도 진나라 군부의 중추였던 인물들이다.

망국과 부국의 갈림길

　기원전 221년 제나라가 멸망했다. 진나라의 장군 왕분王賁[1]이 제나라의 항복을 받고 제나라 임금을 사로잡았다. 태공망 여상이 건국한 이래 환공, 관중, 포숙아, 안영, 손빈 등 수많은 거인들을 배출한 제나라가, 여씨呂氏에서 전씨田氏로 왕위가 넘어간 후에도 굳건히 동쪽의 패자로 자리 잡았던 제나라가 멸망한 것이다. 진나라가 한나라를 무너뜨린 지 9년 만으로, 그사이 조나라, 위나라, 초나라, 연나라 등 열국이 차례로 진나라의 수중에 떨어졌다.

　물론 진나라는 원래 강국이었다. 춘추 시대 초기부터 목공이 백리해의 보좌를 받아 천하를 뒤흔들었고, 다른 나라들은 진나라가 함곡관 밖으로 나와 중원으로 진출하지 않을까 하는 두려움에 벌벌 떨어야 했다. 여기에 뛰어난 군주들이 연이어 배출되었으며 신하와 온 백성들이 힘을 합쳐 나라를 부강하게 만들기 위해 노력했다. 국가의 역량을 한데 모으고 군사를 단련시켰으며, 법과 제도를 개혁하고 정치와 교육을 바르게 시행했다. 그런데 뭐니 뭐니 해도 중요한 원동력은 인재였다. 진나라는 인재를 소중히 여기고 이들을 적재적소에 배치했다. 인재가 마음껏 자신의 능력을 펼칠 수 있도록 기회를 주었다.

이는 다른 여섯 나라와 비교해 보면 더욱 도드라진다. 6국이 왜 멸망했는지를 생각해 보자. 합종책을 주창했던 소진은 "6국의 영토는 진나라보다 다섯 배나 크고 병사는 진나라보다 열 배나 많았다"라고 말했다. 그럼에도 왜 속절없이 무너지고 말았을까? 물론 여러 가지 이유가 복합적으로 작용했겠지만 공통점이 하나 있다. 이들 국가는 인재를 중시하기는커녕 있던 인재마저 배척하고 쫓아냈으며 그들이 올린 충언에 귀를 기울이지 않았다는 것이다. 강태공이 세운 나라이자 춘추전국 시대의 첫 패권국이었고 오랜 세월 중원을 호령하던 제나라가 진나라와의 경쟁에서 패배한 것도 간신 후승이 나라 안의 인재들을 쫓아내고 달콤한 말로 임금의 귀와 눈을 가렸기 때문이다.

위나라도 마찬가지다. 문후가 위성, 전자방, 단간목, 적황 등 인재를 대거 등용함으로써 일대 강국으로 떠올랐지만 인재를 알아보지 못하고 심지어 굴욕을 준 혜왕의 어리석음 때문에 점차 쇠락의 길을 걸어야 했다. 전국 시대 말기에 와서도 나라의 기둥이자 든든한 방패가 되어 주었던 신릉군을 숙청한 바 있다. 만약 신릉군이 건재

했더라면, 그가 외로이 생을 마감하지 않았더라면, 위나라의 운명은 어찌 되었을지 모를 일이다.

무령왕의 단호한 개혁으로 강대국이 되었고 명재상 인상여의 활약으로 한때 진나라마저 눈치를 봐야 했던 조나라는 또 어떤가? 임금이 간신의 모함에 넘어가 나라를 구한 명장 염파를 축출했으며, 역시 여러 차례 나라를 지켜 낸 바 있는 명장 이목의 목숨을 거두어 갔다. 염파와 이목이 그대로 있었더라면 진나라는 쉽게 조나라를 넘보지 못했을 것이다. 죽는 순간까지 오로지 조나라의 안위만을 생각했던 염파의 충심을 묵살했기 때문에 진나라의 상대가 되지 못한 것이다. 한비韓非의 능력을 활용하지 못한 한나라, 오자서에게 원한을 심어 주었으며 굴원의 충언에 귀를 막았고 탁월했던 재상 춘신군을 비참하게 죽게 만든 초나라, 권력투쟁으로 인해 수많은 인재들을 사장시킨 연나라도 비슷한 길을 걸었다.

그뿐만이 아니다. 이들 여섯 나라는 외부의 인재를 포용하지 못했다. 출신과 신분을 따지며 다른 나라에서 온 인재들을 배척했다. 6국에서 타국의 인재를 중용해 성공한 사례는 거의 찾아보기 힘들다. 이에 비해 진나라는 달랐다. 적은 인구, 척박한 환경에서 세워진 진나라는 한계를 극복하기 위해서라도 더욱 강해져야 했다. 서쪽 오랑캐라는 다른 나라들의 멸시를 이겨 내기 위해 끊임없이 인재를 갈망했고 나라에 도움이 되는 사람이라면 출신성분 따위는 개의치 않고 등용했다. 천 리를 마다하지 않고 찾아가 자기편으로 만든 사람들도 많았다.

예컨대 목공은 초나라에서 소를 치던 백리해를 등용했고 오랑캐 융戎 땅에서 유여를 초빙해 왔으며 송나라로부터는 건숙을 맞아들였다. 효공은 위나라에서 온 보잘것없던 위앙을 발탁하여 국가를 일신하였으며 혜문왕 역시 위나라 출신의 무명 선비 장의를 중용하여 국력을 키웠다. 순식간에 진나라 권세가들의 힘을 눌러 버린 범수는 또 어떤가? 보잘것없는 출신이었지만 소양왕은 그에게 일약 재상의 역할을 맡겼다. 이렇듯 천하의 인재들을 끌어들여 그들의 힘을 나라의 힘으로 만들고, 그들의 능력을 나라의 능력으로 치환한 덕분에 진나라 백성은 부유해졌고 나라는 강해질 수 있었다. 마치 태산泰山은 한 줌의 흙도 버리지 않았기에 그 높음을 이룰 수 있었고, 하해河海는 작은 물줄기도 가리지 않았기에 그 깊음을 이룰 수 있었듯 말이다.[2]

이러한 노력은 진시황 대에 이르면서 더욱 강화됐다. 비록 불미스럽게 퇴진하기는 했으나 조나라 출신 상인이었던 여불위의 능력을 적극 활용하였으며, 위나라 사람 울료를 발탁하여 마음껏 실력을 펼치게 했다. 한비의 재주를 탐내어 직접 초빙하려 했고, 초나라에서 온 이사를 승상으로 삼았다. 진나라가 가진 힘을 남김없이 하나로 모았을 뿐 아니라 여기에 천하의 인재를 더함으로써 진나라의 시야를 더욱 넓게, 진나라의 국력을 더욱 강하게 만들었던 것이다. 인재의 성품과 재능은 살펴보지도 않고, 그저 자기 나라 사람이 아니라며 물리치고 배척한 6국과 비교할 때 참으로 현명한 일이 아닐 수 없다.

　무릇 인력이든 물력이든 모든 자원은 유한한 법이다. 일정한 한계 속에서 승부를 펼쳐야 한다. 진나라는 '그 사람'이 어느 나라 출신이든지 간에 '우리'로 포용하여 나라를 위해 힘을 쏟게 만들었다. 인재가 가지고 있는 잠재력에 주목하고, 다른 나라가 아직 발견하지 못했거나 놓쳐 버린 인재가 있으면 재빠르게 영입해 역량을 강화시켰다. 편견과 선입관을 버리고 인재가 마음껏 능력을 펼칠 수 있는 마당을 만들어 주었기 때문에 천하통일이라는 대업을 이룩할 수 있었던 것이다. 흥미로운 것은 이러한 통일제국 진나라가 불과 15년 만에 몰락한다는 점인데, 그 주된 원인 역시 인재를 제대로 쓰지 못했기 때문이었다. 명장 몽염이 억울하게 죽임을 당했고 나라를 지키기 위해 동분서주하던 장한이 핍박을 받아 적에게 항복하는 등 그 사례는 무수히 많다. 요컨대 망국과 부국의 갈림길은 '인재', 결국 사람에 있는 것이다. 이 일에 소홀하면 짧은 시간 동안에도 국가의 운명이 뒤바뀔 수 있다는 것, 그 준엄한 사실을 우리는 잊어서는 안 된다.

1) 30장에 나오는 왕전의 아들이다.

2) 조나라 출신 여불위가 몰락하자 진나라 조정에서는 외국에서 온 유세객들을 모두 내쫓아야 한다는 논의가 일어났다. 그러자 초나라 태생으로 진나라 객경이었던 이사(李斯)가 반대하는 상소를 올린다. 이 글이 유명한 '상진황축객서(上秦皇逐客書)'로, "태산(泰山)은 한 줌의 흙도 버리지 않았기에 그 높음을 이룰 수 있었고, 하해(河海)는 작은 물줄기도 가리지 않았기에 그 깊음을 이룰 수 있었다[泰山不讓土壤故, 能成其大, 河海, 不擇細流故, 能就其深]"라는 문장이 가장 유명하다. 이사는 여기서 진나라가 부국강병을 이룰 수 있었던 것은 천하의 인재들을 가리지 않고 포용했기 때문이라고 지적하고 유세객을 추방해서는 안 된다고 주장했다. 외국에서 온 인재들을 내쫓아 이들이 다른 나라로 가게 된다면 이는 진나라의 무기를 적에게 빌려 주고 도둑에게 양식을 가져다주는 꼴이라는 것이다.

이 책에 등장하는 조연들

건숙寒叔 백리해의 의형제로 그의 잠재력을 알아본 인물이다. 백리해의 추천을 받아 진나라 목공에게 중용되었으며, 그의 아들 건병은 명장으로 이름을 날렸다. ☞ 4장

계연計然 범려의 스승 격인 인물인데 실체가 분명하지 않다. ☞ 12장

공손고公孫固 송나라 장공莊公의 손자로 '공손'이라는 말은 공公의 손자라는 뜻이다. 아래 공손무지에서도 볼 수 있듯이 이 시대 이름에서 자주 등장한다. 양공襄公 대에 이르러 군사를 총괄하는 대사마大司馬를 역임했다. 성공成公이 죽고 성공의 동생 어禦가 왕위를 찬탈할 때 살해당한다. ☞ 5장

공손무지公孫無地 제나라 장공의 손자이자 양공과는 사촌지간이다. 연칭, 관지보 등과 모의하여 양공을 시해하고 보위에 올랐다. 하지만 그 역시 살해당한다. ☞ 2장

공숙좌公叔痤 위나라의 재상으로 위앙을 중용하려 했지만 실패했다. ☞ 19, 20장

관중管仲   이름은 이오夷吾, 자가 중仲이다. 자를 따라서 흔히 관중이라고 불린다. '관포지교'의 주인공으로 제나라 환공에게 발탁되어 크게 활약했다. 주나라 왕실을 받들고 오랑캐를 물리치는 '존왕양이尊王攘夷' 노선을 확립하였으며 각종 부국강병 정책을 추진하여 환공을 패자霸者로 만든다. 도덕과 명분을 존중하면서도 경제 문제를 중시하는 현실주의 경향을 보였다. ☞ 2장

귀곡자鬼谷子   춘추전국 시대의 대표적인 기인으로 『열국지』에서는 묵자와 친구로 나온다. 천문, 지리, 점술, 병법, 외교술에 통달하였으며 소진, 장의, 방연, 손빈 등 전국 시대를 뒤흔든 전략가들을 제자로 키워 냈다. ☞ 19, 21, 23장

노정공魯定公   공자를 발탁해 등용했지만 노나라의 유력 세 가문에게 밀려 제대로 된 왕 노릇을 하지 못했다. 더구나 제나라의 꾐에 빠져 정사를 등한시했고 이에 실망한 공자가 노나라를 떠나게 만들었다. ☞ 13장

노환공魯桓公   제나라 양공의 이복누이 문강과 결혼했다. 친정을 방문한 문강이 양공과 잠자리를 가진 것을 알고 크게 화를 냈는데, 이 일로 양공에게 살해당한다. 아들인 장공莊公은 어머니 문강의 강권으로 양공의 딸과 혼인하는 고통을 겪었다. 원수의 딸과 결혼한 셈이니 말이다. 이 밖에 환공의 세 아들 경보, 아, 계우가 훗날 '삼환三桓'이라 불리는 가문을 구축하게 된다. ☞ 2장

목이目夷   송나라 환공의 아들로 양공의 이복형이다. 올곧은 성품과 뛰어난 재주를 가진 인물로, 양공이 초나라에 억류되었을 당시 임시로 국정을 맡았다가 양공이 돌아오자 미련 없이 물러난 바 있다. ☞ 5장

사마양저司馬穰苴 제나라의 장군. 안영이 경공에게 추천한 장수로 안영과 함께 제나라를 떠받친 양대 축이었다. 이름은 전양저田穰苴이나 군대를 총괄하는 사마司馬 직책을 오래 역임하여 흔히 '사마양저'라고 불린다. "천하가 비록 평안하더라도 전쟁을 잊으면 반드시 위태로워진다"라는 유명한 말을 남겼다. ☞10장

손무孫武 전쟁의 패러다임을 바꿨다고 평가받는 전략가이자 『손자병법孫子兵法』의 저자. 오자서의 추천으로 한동안 오나라에서 군대를 훈련하고 지휘하는 일을 총괄했다. 채나라로 출정할 때 손무가 대장, 오자서가 부장이었던 것으로 볼 때 오자서보다 높은 지위에 있었던 것으로 보인다. 『열국지』에 따르면 초나라를 격파한 것도 손무의 공이 가장 컸다. 얼마 후, 낙향해 은거한다. ☞11장

손숙오孫叔敖 이름이 위오蒍敖이고 자가 손숙孫叔이어서 흔히 손숙오로 불린다. 춘추전국 시대를 통틀어 손꼽히는 명재상이다. 손숙오가 아직 등용되기 전에 농사를 짓다가 머리가 둘 달린 뱀을 보았는데, "머리가 둘 달린 뱀은 매우 불길하여 이를 보는 사람은 죽는다고 한다. 만약 이 뱀을 살려 두면 다른 사람이 또 해를 입을 것이니 나 혼자 죽는 것이 낫다"라며 뱀을 죽여 땅에 묻었다는 일화가 전해진다. 재상이 된 후에는 장왕을 보좌하여 국가를 일신, 국력을 크게 강화하였다. 죽기 전 아들 손안에게 "너는 재주가 평범하여 나라를 경영할 재목이 못 되니 절대 벼슬을 받아서는 안 된다. 만약 임금께서 땅을 내려 주시거든 극구 사양하고, 정 받아들여지지 않거든 침구 땅을 청하도록 해라. 그 땅은 척박하여 다른 사람들이 욕심내지 않을 것이다"라는 유언을 남겼다. ☞7장

순앵荀罃 진晉나라의 장군으로 초나라에 포로로 붙잡히기도 했다. 도공에게 중

용된다. ☞ 8장

순자荀子 　 전국 시대의 유학자로 초나라 춘신군에게 발탁되었으나 춘신군이 살해당하면서 그 또한 파직당한다. 공자의 제자 자하子夏의 영향을 받았으며 예禮와 교육을 통한 후천적인 교화를 중시했다. 법가의 대표적인 인물인 한비자韓非子와 이사李斯가 순자의 제자다. ☞ 26장

습붕隰朋 　 제나라 군대가 행군할 때 마실 물이 떨어지자 개미의 생리를 이용하여 물을 찾아냈을 정도로 지혜가 뛰어난 인물로 알려져 있다. 관중이 죽음을 앞두고 후임자로 추천하였지만 얼마 지나지 않아 그도 눈을 감는다. ☞ 2장

악양樂羊 　 중산국을 멸망시킨 위나라의 대장군. 악양은 부인이 현명한 것으로 유명하다. 하루는 악양이 길을 걷다가 황금이 떨어져 있는 것을 보고 주워서 집으로 가져왔다. 그러자 아내는 "선비는 남몰래 남의 집 우물물도 마시지 않는 법입니다. 하물며 누가 주인인지도 모를 물건을 함부로 집어 오실 수가 있습니까?"라며 꾸짖었다. 악양이 학문을 중도에 그만두고 집으로 돌아오자 짜고 있던 베를 칼로 잘라 버리며 이렇게 말하기도 했다. "학문을 이룬 후에야 선비답게 행동할 수 있는 것은 마치 베를 다 짠 후에야 옷을 만들어 입을 수 있는 것과 같습니다. 당신이 지금 중도에 학문을 그만두셨으니 제가 베를 잘라 버린 것과 무엇이 다르겠습니까?" 이런 아내의 가르침 속에서 악양은 명장으로 성장했는데, 중산국을 정벌하는 과정에서 희굴이 아들 악서를 볼모로 회유했지만 악양은 듣지 않았다. 희굴은 악서를 죽여 그 살로 국을 끓여 악양에게 보냈는데, 악양은 못난 군주를 섬긴 아들을 한탄하며 그 국을 마셔 버렸다고 한다. ☞ 16장

안회顔回 안연顔淵이라고도 부른다. '복성復聖'의 칭호를 받았으며 공자가 가장 아끼고 사랑한 제자로 알려져 있다. 공자는 그를 회고하며 "안회라는 제자가 있어서 학문을 좋아했는데 그 이후로는 그런 사람이 있다는 것을 듣지 못했다"라 하였고 그 특징으로 '불천노不遷怒 불이과不貳過'를 꼽았다. 노여움을 다른 사람에게 옮기지 않았고 잘못을 두 번 반복하지 않았다는 뜻으로, 학문이란 이처럼 일상의 도리를 실천하는 데 있으며, 그것이 말처럼 쉽지 않으니 열심히 노력해야 한다는 의미이다. ☞ 14, 15장

여희驪姬 진晉나라 헌공獻公의 계비다. 여희는 자신이 낳은 아들 해제를 임금으로 옹립하기 위해 세자 신생을 모함했다. 신생이 자신에 음탕한 마음을 품고 있다고 참소하고, 몸에 꿀을 발라 벌이 몰려들자 이를 신생에게 쫓아 달라고 부탁함으로써, 헌공에게는 흡사 신생이 여희를 희롱하는 것처럼 보이도록 연출한다. 또한 신생이 헌공을 독살하려 든 것처럼 일을 꾸몄는데, 누명을 쓴 신생은 자결을 선택한다. 이러한 구도는 고구려 대무신왕의 아들이자 낙랑공주와 사랑을 나눴던 호동왕자에게서도 찾아볼 수 있다. 둘째 왕비의 소생이었던 호동왕자는 '자신에 음란한 짓을 하려 한다'는 첫째 왕비의 모함을 받아 자결로써 생을 마감한다. 『삼국사기』의 저자 김부식은 이 일을 두고 "신생과 비슷하다"라고 평가한 바 있다. ☞ 6장

오왕 부차吳王 夫差 할아버지 합려가 월나라와의 전쟁에서 부상을 입고 사망하자 절치부심하여 그 원수를 갚았다. 하지만 오자서의 반대에도 불구하고 월나라를 병합하지 않았고 월왕 구천도 살려 주었는데, 20여 년 후 구천에게 사로잡히는 신세가 된다. 오자서를 볼 낯이 없다며 눈을 가리고 자결했다고 한다. 오나

라도 이때 멸망한다. ☞ 11장

월왕 구천越王 句踐 오왕 부차에게 멸망 직전까지 내몰렸지만 범려, 문종 등 신하들의 필사적인 노력으로 살아남았다. 와신상담 끝에 오나라를 멸했지만 범려를 떠나보내고 문종을 자결하게 하는 등 공신들에게 가혹한 모습을 보였다. '춘추오패春秋五霸'의 한 사람으로 꼽히지만 구천이 죽은 후 월나라는 급격하게 쇠퇴했다. ☞ 12장

위선공衛宣公 환공의 동생으로 석작石碏이 주우를 주살한 후 옹립한 인물이다. 선공은 세자 급자의 부인이 될 사람을 빼앗아 차지하였으며 도적을 사주하여 급자를 죽였다. 이 과정에 세자의 이복동생인 수가 세자를 지키려다 목숨을 잃었는데, 이 모든 것이 선공의 또 다른 아들인 삭의 흉계였다고도 전해진다. ☞ 3장

위주魏犨 진晉나라 문공의 최측근으로 용력이 매우 뛰어났다. 문공이 망명시절 자신을 도와준 조曹나라 대부 희부기를 우대하자 이를 시기하여 동료 전힐과 함께 희부기의 집에 불을 질렀다. 이 일로 희부기는 불에 타 죽었고 전힐은 참수된다. 위주도 벌을 받았지만, 후에 성복전투에서 크게 활약함으로써 옛 힘을 되찾는다. 이 위주의 아들 위과가 고사성어 결초보은結草報恩의 주인공이다. 위주는 생전에 자신이 죽으면 젊은 첩을 개가시키라고 당부했다. 하지만 죽기 직전에는 함께 순장하라며 상반되는 지시를 남겼다. 이에 대해 위과는 아버지가 정신이 맑았을 때 내리신 말씀을 따라야 한다며 아버지의 첩을 개가시킨다. 그리고 세월이 흘러 위과가 진秦나라의 두회와 맞서 싸우게 되었는데, 어떤 한 노인이 두회 앞의 풀을 묶어 놓아 계속 걸려 넘어지도록 만들었다. 덕분에 위과는 두

회를 사로잡는다. 이 노인이 전에 개가시켜 준 첩의 아버지로, 딸에게 베풀어 준 은혜를 갚고자 했다는 것이다. ☞6장

위환공衛桓公　위나라 환공은 자신에게 앙심을 품은 이복동생 주우에게 시해됐다. 그러자 위나라의 어진 신하 석작이 주우를 주살하였는데, 이때 석작은 주우에게 협력한 자신의 아들 석후에게도 가차 없는 모습을 보였다고 한다. ☞3장

유여由余　원래 진晉나라 사람이었으나 기회를 얻지 못해 서융西戎에서 벼슬을 했다. 서융의 사신으로 진秦나라를 방문하였는데 목공이 궁궐의 아름다움을 자랑하자 유여가 "저것을 짓느라 백성들을 많이 피로하게 만들었겠군요"라고 받아쳤다는 이야기가 전해 온다. 유여가 마음에 들었던 진목공은 계책을 써서 그를 자신의 신하로 만든다. 목공이 서융을 정벌할 때 크게 기여한다. ☞4장

전기田忌　제나라의 장군이자 실력자. 위나라에서 고통받던 손빈을 구출하였다. 정적인 추기의 모함으로 인하여 잠시 초나라에 망명하였으나 다시 제나라로 돌아와 위나라 방연의 군대를 대파하는 공을 세운다. ☞21장

제위왕齊威王　전씨田氏 제나라의 첫 번째 임금이다. 손빈, 전기 등 인재들을 중용하여 부국강병을 이루었다. ☞21장

제환공齊桓公　제나라 희공僖公의 셋째 아들로 형인 양공이 공손무지에게 시해되고, 공손무지 역시 살해당한 틈을 타서 왕위를 차지했다. 보위에 오른 환공은 관중, 포숙아, 습붕 등 뛰어난 신하들의 보좌를 받아 제나라를 강국으로 만들며 춘

추 시대의 첫 번째 패자霸者가 된다. 하지만 말년에 역아, 수초, 개방 세 사람을 총애했고 이들로 인해 감금된 채 굶어 죽는 비극을 맞이했다. 심지어 제나라 내부의 권력투쟁으로 인해 환공의 시신은 계속 방치되었는데 그의 유해가 수습된 것은 무려 67일이 지난 뒤였다. 당시 환공의 시신은 참혹하게 썩어 뼈가 다 드러나 있었고 벌레가 들끓다 못해 방 밖으로까지 기어 나왔다고 한다. ☞ 2장

조괄趙括 조나라의 명장 조사趙奢의 아들이다. 어릴 때부터 병법에 매우 뛰어나서 아버지도 당해 내지 못할 정도였다고 한다. 그런데 조사는 이런 아들을 절대로 칭찬하지 않았다. 아내가 그 이유를 묻자 조사는 "전쟁은 사람이 죽고 죽이는 곳이요. 조괄은 그런 전쟁을 너무 쉽게 생각하고 있소. 만약 장차 괄이가 장수가 된다면 조나라 군대를 무너뜨리고 말 것이오"라고 하였다. 아들이 현장을 모른 채 이론에만 뻔지르르하면서 자신의 재주를 믿고 오만하다는 것이다. 이때 조괄이 발탁되자 조괄의 어머니는 아들의 그릇이 형편없다며 반대했다. 임금이 한사코 고집하자 어머니는 "임금께서 기어이 저 아이를 내보내시겠다면 만약 임무를 완수하지 못하더라도 저희 집안을 연루시키지 말아 주시옵소서"라고 말했다고 한다. ☞ 30장

조무趙武 조돈의 손자이자 조삭의 아들로 조씨 집안이 멸문당하는 참화 속에서 구사일생으로 살아남았다. 이때 조삭의 문객 정영이 자신의 아들을 조무로 속이고 대신 죽게 했다고 한다. ☞ 8장

조양자趙襄子 이름은 무휼無恤로 조씨 가문의 우두머리이자 자작子爵의 작위를 받아 조양자라고 불린다. 자신을 제거하려 한 지백에게 역공을 가하여 지씨 가

문을 멸문하였다. 한씨, 위씨와 함께 진나라를 삼분하여 훗날 조나라가 탄생하는 기틀을 세운다. ☞ 17장

조최趙衰 진晉문공文公이 천하를 유랑한 19년 동안 생사고락을 같이했다. 아들 조돈이 진나라의 최고 권력자가 되었으나, 간신 도안가에 의해 조돈의 아들 조삭, 조최의 아들 조동과 조괄이 죽임을 당하는 등 멸문에 가까운 피해를 입었다. 이후 조삭의 아들 조무가 간신히 살아남아 복수에 성공한다. 이 이야기를 모티브로 만들어진 것이 바로 극작품《조씨고아》다. ☞ 6장

주무왕周武王 주문왕의 둘째 아들로, 형인 백읍고가 은나라 주왕에게 죽임을 당해 대신 대를 이었다고 한다. 아버지가 발탁한 강태공의 보좌를 받아 은나라를 멸망시키고 천하를 통일했다. 문왕과 함께 유교에서 성인聖人으로 추앙받는다. ☞ 1장

주문왕周文王 성은 희姬고 이름은 창昌이다. 주나라가 천하를 통일하는 기틀을 닦은 인물로 강태공을 등용하였다. 한번은 은나라 주왕에게 붙잡혀 투옥된 적이 있었는데, 이때 『주역』 괘卦의 「괘사卦辭」를 지었다고 전해진다. ☞ 1장

지백智伯 진晉나라의 실력자로 이름은 지요智瑤지만 '지씨 가문의 우두머리'라는 뜻에서 보통 지백이라고 불린다. 진나라의 왕위를 차지하려고 마음먹고 그 걸림돌이었던 조양자를 제거하려 하였지만, 조씨·한씨·위씨 세 가문의 연합군에게 패배하여 목숨을 잃는다. ☞ 17장

진목공秦穆公 진秦나라가 강성해지는 기틀을 닦은 군주로 백리해, 건숙, 유여 등 뛰어난 신하들을 등용하였다. 진문공晉文公이 보위에 오를 수 있도록 지원하였다. 학자에 따라 '춘추오패春秋五霸'의 한 사람으로 꼽기도 한다. ☞ 4장

진소양왕秦昭襄王 50년 가까이 집권하며 진나라가 천하를 통일하는 기반을 확립한 군주다. 초나라 회왕을 진나라에 억류하였고 제나라 맹상군도 붙잡아 두려 했지만 실패했다. 범수, 백기 등 뛰어난 인재들을 중용하였으며, 서주西周를 멸망시키고(춘추전국 시대의 상징적 천자국이었던 동주東周가 그즈음 다시 서주와 동주로 갈라졌다) 천자의 상징인 구정九鼎을 진나라로 가져왔다. 한나라를 사실상의 속국으로 만들었으며 장평대전으로 조나라를 재기불능 상태에 빠트렸다. ☞ 26, 27, 28장

진양공晉襄公 진晉나라 문공의 아들이다. 즉위한 직후, 아직 상복을 벗기도 전에 진秦나라가 쳐들어왔지만 이를 격퇴하고 진나라의 명장 셋을 사로잡았다. 그런데 진나라 출신인 문공의 정비正妃 회영의 부탁으로 이들을 풀어 준다. 이 소식을 들은 진晉나라 총사령관 선진이 격분하여 양공의 얼굴에 침을 뱉고 "어린아이가 이렇게 철이 없는가! 호랑이를 산으로 돌려보내면 훗날 후회해도 소용없을 것이다"라고 말했다는 일화가 전해 온다. 하지만 양공은 언짢아하지 않고 선진에게 사과하는 도량을 보여 준다. ☞ 8장

진영공晉靈公 황음무도하고 포악했으며 매우 사치스러웠다. 국정을 맡았던 조돈趙盾이 이를 간하자 못마땅하게 여겨 죽이려 들기도 했다. 결국 조돈의 사촌동생인 조천에게 시해되었다. ☞ 8장

진효공秦孝公 위앙(상앙)을 발탁하여 변법개혁을 추진함으로써 진나라를 초강대국으로 만들었다. 위나라와 초나라를 공격하여 영토를 넓힌 군주이기도 하다. ☞20장

채택蔡澤 범수를 설득하여 은퇴하게 한 후 그 뒤를 이어 재상이 되었다. 소양왕, 효문왕, 장양왕을 차례로 보좌하였으며 여불위에게 자리를 넘겼다. 어떤 사서에는 재상이 된 지 1년 만에 모함을 받아 물러났다고 한다. 그러나 연나라의 태자 단을 진秦나라에 인질로 보내게 하는 등 외교관으로서 계속 활약했다. ☞28장

초성왕楚成王 내란을 수습하고 초나라의 국력을 강화한 임금이다. 송나라 양공을 사로잡았고, 진나라 문공에게 대패한 바 있다. 후계자를 교체하려 들었다가 아들인 목왕의 협박을 받아 자결한다. 『사기』에 따르면 죽기 전 곰발바닥 요리를 먹고 싶다고 하였지만 목왕이 들어주지 않았다고 한다. ☞6장

초회왕楚懷王 초나라를 몰락하게 만든 군주. 아버지 위왕은 월나라를 멸망시키는 등 초나라의 국력을 강하게 만들었지만, 회왕은 무능하면서 탐욕만 많았다. 장의에게 속아 제나라와 외교관계를 단절해 초나라의 고립을 자초했고, 진나라 소양왕에게 억류되는 신세로 전락한다. 진나라를 탈출했으나 다시 붙잡혔다. 진나라 수도 함양에서 생을 마감한다. ☞23, 24장

투월초鬪越椒 초나라 목왕이 아버지 성왕을 죽이고 왕위에 오르는 데 기여했다. 용맹이 뛰어나 많은 무공을 세웠으며, 초나라의 최고위직인 영윤슈尹에 올랐다. 장왕 대에 반란을 일으켰다가 양유기의 화살에 맞아 죽는다. ☞7장

피이被離   오나라의 유명한 관상가. 합려에게 오자서를 추천하였으며, 오자서에게 백비를 가까이에 두지 말라고 충고한 인물이다. ☞ 11장

호모狐毛와 호언狐偃   진晉문공의 외숙들로 문공이 천하를 떠도는 동안 옆에서 지극정성으로 보좌했다. 문공을 제거하려 든 회공懷公의 손에 아버지 호돌狐突을 잃는 비극을 겪었다. ☞ 6장

열국지의 재발견